ΔΗΜΗΤΡΗΣ ΙΩΑΝΝΙΔΗΣ

LOBBY POWER:

Το Ελληνικό, Τουρκικό και Εβραϊκό Λόμπι & πώς Επηρεάζουν την Εξωτερική Πολιτική των ΗΠΑ

ΒΟΣΤΟΝΗ 2012

Η πνευματική ιδιοκτησία αποκτάται χωρίς καμία διατύπωση και χωρίς την ανάγκη ρήτρας απαγορευτικής των προβολών της. Επισημαίνεται πάντως ότι απαγορεύεται η αναδημοσίευση και γενικά η αναπαραγωγή του παρόντος έργου, με οποιοδήποτε τρόπο, τμηματικά ή περιληπτικά, στο πρωτότυπο ή σε μετάφραση ή άλλη διασκευή χωρίς γραπτή άδεια του εκδότη/συγγραφέα.

Limit of Liability/Disclaimer of Warranty:
While the publisher and author have used their best efforts in preparing this book, they make no representation or warranties with respect to the accuracy or completeness of the contents of this book and specifically disclaim any implied warranties of merchantability or fitness for a particular purpose. No warranty may be created or extended by sales representatives or written sales materials. The advice and strategies contained herein may not be suitable for your situation. You should consult with a professional where appropriate. Neither the publisher nor the author shall be liable for any loss of profit or other commercial damages, including but not limited to special, incidental, or any consequential or other damages.

Copyright
No part of this publication may be reproduced, stored in a retrieved system, or transmitted in any form or by any means, electronic, mechanical, photocopying, recording, scanning or otherwise, except as permitted under Section 107 or 108 of the 1976 United States Copyright Act, without the prior written permission of the Author/Publisher.

Σελιδοποίηση & Σχεδίαση Εξώφυλλου: Ξένια Ιωαννίδου
Φωτογραφίες Εξώφυλλου: SHUTTERSTOCK IMAGES LLC
Printed in the United States of America

© 2012 by Dimitrios Ioannidis

ISBN-10: 0984906703

ISBN-13: 978-0-9849067-0-3

LOBBY POWER:

Το Ελληνικό, Τουρκικό και Εβραϊκό Λόμπι & πώς Επηρεάζουν την Εξωτερική Πολιτική των ΗΠΑ

Συγγραφέας/Εκδότης:
Δημήτρης Ιωαννίδης, Δικηγόρος

Επικοινωνία:
Dimitrios Ioannidis, Esq.
50 Congress Street,
Boston, MA 02109, USA

Τηλέφωνο:
001 617 723 2800

Fax:
001 617 723 4313

E-mail:
ioannidis@rimlawyers.com

**Αφιερωμένο στις
Χριστίνα, Ειρήνη & Νένα**

ΠΕΡΙΕΧΟΜΕΝΑ

Αντί Προλόγου

Χρόνια τώρα και στις δυο πλευρές του Ατλαντικού ακούμε, μαθαίνουμε και πληροφορούμαστε για το πώς η αμερικανική πολιτική, εσωτερική ή εξωτερική, επηρεάζεται από διάφορες «ομάδες πιέσεως» (κρατών, επαγγελματιών, βιομηχανιών, συνδικαλιστών, κλπ.), που θέλουν κάτι να κερδίσουν από τις κυβερνητικές αποφάσεις αυτής της χώρας με την τεράστια οικονομική, πολιτική και στρατιωτική δύναμη. Χρόνια επίσης ακούμε ότι ορισμένες απ' αυτές τις ομάδες, γνωστές ως λόμπι, είναι τρομερά πετυχημένες και έχουν κερδίσει για τους «πελάτες» τους μεγάλες νίκες στο Κογκρέσο, τον Λευκό Οίκο ή το Πεντάγωνο.

Βέβαια, οι «νίκες» και οι «ήττες» αυτές είναι συνήθως ερμηνείες σχετικές: Οι Τούρκοι π.χ. πιστεύουν ότι το ελληνικό λόμπι κατευθύνει την πολιτική των ΗΠΑ στην ανατολική Μεσόγειο, ενώ οι Έλληνες πιστεύουν το αντίθετο. Είναι όμως αναμφισβήτητο γεγονός ότι μερικές απ' αυτές τις ομάδες, έχουν καταφέρει να διεισδύσουν στα εσωτερικά του αμερικανικού πολιτικού κόσμου. Δημιούργησαν γύρω τους μια τέτοια πειστικότητα ώστε να μπορούν, χωρίς αντίλογο, να παρουσιάζουν τη δική τους πλευρά, παρακάμπτοντας έτσι πληροφορίες του τύπου, διεθνών οργανώσεων ή ακόμα και υπηρεσιών της ίδιας της αμερικανικής κυβέρνησης.

Στα θέματα που ενδιαφέρουν τις ελληνικές θέσεις, συχνά ακούγονται οι νίκες του εβραϊκού και τουρκικού λόμπι στην Ουάσιγκτον και οι σχετικά άκαρπες καμπάνιες της Ελλάδας στα πεδία μάχης της αμερικανικής πρωτεύουσας. Φταίει γι' αυτό, άραγε, η αδυναμία του ελληνικού και ελληνοαμερικανικού λόμπι ή απλώς το γεγονός ότι το αμερικανικό συμφέρον δεν συνέπιπτε με το ελληνικό; Στην εποχή της «εικόνας» και του «πακεταρίσματος» στην οποία ζούμε η απάντηση είναι δύσκολη. Γίνεται ακόμη πιο δύσκολη, αν δεν αναγνωρίζουμε, προσδιορίζουμε και αξιολογούμε τις ομάδες λόμπι που διαμορφώνουν την εικόνα της Ελλάδας και τους στόχους της.

Το βιβλίο του Δημήτρη Ιωαννίδη καλύπτει πλήρως το κενό αυτό. Παρουσιάζει με μεγάλη λεπτομέρεια και βάζει σε ιστορικό πλαίσιο, την αμερικανική πολιτική πραγματικότητα του σήμερα. Επίσης, περιλαμβάνει χρήσιμα στοιχεία για όλες τις ομάδες λόμπι και συγκρίνει με καυστική ειλικρίνεια τα καίρια λόμπι της Ανατολικής Μεσογείου - το ελληνικό, το τουρκικό και το εβραϊκό. Επιπλέον, όπου είναι αναγκαίο κάνει και αναφορές στο κυπριακό, σκοπιανό και αρμενικό λόμπι.

Ο Δ. Ιωαννίδης αναφέρει λεπτομερώς τα χρηματικά ποσά που έχουν διατεθεί από τα διάφορα εθνικά λόμπι, τα ονόματα των προσωπικοτήτων που παίζουν ηγετικό ρόλο, καθώς και τις εταιρείες δημοσίων σχέσεων που έχουν βοηθήσει τα τρία αυτά κράτη της Ανατολικής Μεσογείου να προωθήσουν τις θέσεις τους στην Ουάσιγκτον. Η οικονομική περιγραφή των δραστηριοτήτων τους είναι ιδιαίτερα διδακτική!

Τέλος, ο Δ. Ιωαννίδης, περιγράφει με ρεαλισμό τι χρειάζεται να κάνει το ελληνικό κράτος και η ομογένεια, ώστε να βελτιώσουν μελλοντικά τις πιθανότητες επιτυχίας τους στις ανηλεείς μάχες των πολιτικών διαδρόμων της πρωτεύουσας τούτης της υπερδύναμης.

Είναι προφανές ότι για ν' αλλάξει η στάση της Ουάσιγκτον προς την Ελλάδα, η ελληνική κυβέρνηση πρέπει να παραδεχθεί ότι το λόμπι είναι απαραίτητο όπλο στη σημερινή αμερικανική πολιτική σκηνή. Όπλο το οποίο θέλει σοβαρή πολιτική και οικονομική αντιμετώπιση – ανοργάνωτες ενέργειες δεν έχουν θέση. Το θέμα είναι ζωτικής σημασίας ώστε η ανάθεσή του σ' ένα υπουργείο να το υποβαθμίζει και να το μπλέκει σε μια δυσκίνητη και πολυπρόσωπη γραφειοκρατία. Για να υπάρξουν αποτελέσματα, το θέμα πρέπει να το χειρίζεται το **πρωθυπουργικό γραφείο**.

Εξίσου σοβαρή είναι η οργάνωση και η αξιοποίηση της ομογένειας. Πρέπει να εντοπιστούν οι ικανότεροι Έλληνες της διασποράς, **ανεξαρτήτως πολιτικών αποχρώσεων**, που έχουν τα προσόντα, τη δικτύωση, και το επιχειρηματικό ένστικτο να ελίσσονται στους εδώ πολιτικούς κύκλους (ομοσπονδιακούς και τοπικούς) με συνέπεια, σοβαρότητα και **χωρίς** ιδεολογικούς συναισθηματισμούς ή προσωπικούς κερδοσκοπικούς στόχους. Πρέπει να πεισθούν ώστε να γίνουν προεκτάσεις της εκάστοτε ελληνικής κυβέρνησης, για να δημιουργήσουν μεταξύ τους και με τους γύρω τους μία μακροπρόθεσμα αξιόπιστη εικόνα, ικανή να δημιουργεί αρχικά τις κατάλληλες εντυπώσεις και, τελικά, πράξεις στην αμερικανική εξωτερική πολιτική.

Το βιβλίο αυτό του Δ. Ιωαννίδη αποτελεί πυξίδα για δράση. Είναι τόσο επίκαιρο όσο και χρήσιμο για όλους όσους χειρίζονται εθνικά θέματα.

Δρ. Μανώλης Παράσχος
Καθηγητής Δημοσιογραφίας
Διευθυντής Μεταπτυχιακού Τμήματος
Emerson College, Boston, Massachusetts, USA

Σημείωμα Συγγραφέα

Βοστόνη, Σεπτέμβριος 2012

Το ενδιαφέρον μου για την αμερικανική εξωτερική πολιτική και τα λόμπι ξεκίνησε όταν φοιτούσα στο πανεπιστήμιο και εξακολούθησε στη Νομική Σχολή του Πανεπιστημίου της Βοστόνης. Στο δεύτερο έτος της Νομικής, συνεργάστηκα με τον καθηγητή συνταγματικού δικαίου Αβιάμ Σοΐφερ (Aviam Soifer), σε μια έρευνα που επιχείρησα, σχετικά με την πρώτη αμερικανική νομοθεσία γύρω από τα λόμπι, η οποία είχε ψηφισθεί το 1946. Στο τελευταίο έτος της νομικής σχολής ασχολήθηκα με τις ελληνοτουρκικές διαφορές στο Αιγαίο, την υφαλοκρηπίδα και τα χωρικά ύδατα, υπό την επίβλεψη του καθηγητή διεθνούς δικαίου, Ντεν Παρτάν (Dan Partan).

Πολύ σύντομα, μετά την αποφοίτησή μου, είχα την τύχη να διοριστώ νομικός σύμβουλος του Γενικού Προξενείου της Βοστόνης από τον Αλέξη Κογεβίνα, Γενικό Πρόξενο της Ελλάδας την εποχή εκείνη. Αυτή η συγκυρία συνετέλεσε σημαντικά στη διαμόρφωση της μετέπειτα επαγγελματικής μου πορείας, καθώς είχα την ευκαιρία να εκπροσωπήσω το ελληνικό κράτος σε διάφορες υποθέσεις στις ΗΠΑ, όπως και κάποιες αμερικανικές και ευρωπαϊκές εταιρείες στην Ελλάδα και να ασχοληθώ ενεργά με αρκετές ομογενειακές οργανώσεις στις ΗΠΑ.

Οφείλω κατ' αρχάς να ομολογήσω ότι ο τομέας των δημοσίων σχέσεων και η επήρεια των λόμπι στην εξωτερική πολιτική των ΗΠΑ δεν αποτελούν κρατικά μυστικά για τα οποία χρειάστηκε ιδιαίτερη προσπάθεια να ανακαλύψω. **Τα περισσότερα στοιχεία που παραθέτω στο παρόν εγχείρημα, προέρχονται από πληροφορίες που οι ίδιοι οι οργανισμοί στους οποίους αναφέρομαι, παρουσιάζουν σε δικές τους δημοσιεύσεις ή στις ιστοσελίδες τους.** Στη διάρκεια αυτής της προσπάθειάς μου επεδίωκα να μην παρασυρθώ από φανατισμένες απόψεις άλλων ειδικών μελετητών και να παρουσιάσω μια εικόνα η οποία να κινήσει απλώς το ενδιαφέρον του αναγνώστη γύρω από τους τρόπους με τους οποίους η Τουρκία και το Ισραήλ προωθούν τα εθνικά τους συμφέροντα στις ΗΠΑ τα τελευταία 40 χρόνια. Απώτερος στόχος μου θα ήταν να ξεκινήσει ένας διάλογος για τους λόγους για τους οποίους σήμερα τα ελληνικά θέματα δεν βρίσκουν την κατάλληλη απήχηση στις ΗΠΑ και τα μέσα με τα οποία μπορούμε να ανατρέψουμε τη φιλοτουρκική κατεύθυνση της αμερικανικής εξωτερικής πολιτικής. Πολύ περισσότερο, θα οραματιζόμουν μια ανασυγκρότηση της ελληνικής ομογένειας στις ΗΠΑ και μια αποτελεσματικότερη οργάνωση της πολιτικής δυναμικής των ομογενών.

Η μελέτη μου εστιάσθηκε στο εβραϊκό λόμπι, καθώς η δύναμή του είναι ευρύτερα γνωστή και αποτελεί σημείο αναφοράς και σύγκρισης για το εν λόγω θέμα. Τα πολυάριθμα δημοσιεύματα στις ΗΠΑ γύρω από το εβραϊκό λόμπι έχουν συνήθως αντισημιτικό χαρακτήρα, πιθανόν γιατί η εκδοχή που περιλαμβάνει σκευωρίες, ανάμειξη μυστικών υπηρεσιών και χρηματοδότηση πολιτικών προσώπων βρίσκει ευρεία απήχηση στο αναγνωστικό κοινό. Ωστόσο, αυτό δε συντελεί στη σωστή αξιολόγηση του εβραϊκού λόμπι και των μέσων με τα οποία αυτό εξασφαλίζει την υποστήριξη του αμερικανικού κράτους. Περισσότερο αλυσιτελείς δε, είναι οι πομπώδεις και ρατσιστικές διατυπώσεις, οι ανεύθυνες τοποθετήσεις, η μισαλλοδοξία και η ζηλοφθονία που παρασύρουν ακόμη και πολλούς ειδικούς που προέρχονται από τον ακαδημαϊκό χώρο, να παρουσιάζουν απόψεις και θέσεις που δεν έχουν να προσφέρουν τίποτα ουσιαστικό στην μελέτη των ομάδων λόμπι.

Έχοντας συνεργαστεί για αρκετά χρόνια με αμερικανοεβραίους δικηγόρους και συναναστρεφόμενος με φίλους και συνεργάτες στην εβραϊκή παροικία, θα μπορούσα να ισχυριστώ ότι το χαρακτηριστικό τους γνώρισμα στις ΗΠΑ είναι το τεράστιο φιλανθρωπικό και κοινωνικό έργο τους. Ήδη σε μικρές ηλικίες, η νεολαία της παροικίας έρχεται σε επαφή με τους οργανισμούς της και με το Ισραήλ και μυείται στην ιδέα της προσφοράς προς τα φιλανθρωπικά και κοινωνικά ιδρύματά τους. Αυτός είναι και ένας από τους λόγους που αναφέρομαι στις εβραϊκές οργανώσεις, στα πλαίσια της ανάλυσης του εβραϊκού λόμπι. Όμως, η επιτυχία της εβραϊκής παροικίας οφείλεται, κυρίως, στην οργάνωση της ομογένειάς της και στην προσέγγιση των θεμάτων της μέσα από μια μακροπρόθεσμη στρατηγική και οικονομική υποστήριξη των Αμερικανών πολιτικών, η οποία προέρχεται από τους ψηφοφόρους της εβραϊκής παροικίας, δηλαδή από τη λαϊκή βάση.

Το Τουρκικό λόμπι λειτουργεί διαφορετικά από το εβραϊκό. Δεν μπορεί να βασιστεί στη - σχετικά - μικρότερη ομογένεια των Τούρκων, αφού δεν υπάρχουν πολλές ομογενειακές οργανώσεις ούτε ισχυρές παροικίες και γι' αυτό στηρίζεται σε συνεργασίες που έχει κατορθώσει να αναπτύξει με τη στρατιωτική ηγεσία και τις εταιρείες παραγωγής πολεμικού εξοπλισμού της Αμερικής. Προωθεί τα συμφέροντά του μέσω απόστρατων αξιωματικών και συνταξιούχων πολιτικών που προσλαμβάνει, ενώ ταυτόχρονα συνεργάζεται με τις καλύτερες εταιρείες λόμπι στην Ουάσιγκτον. Έχει ιδρύσει εμπορικά επιμελητήρια στις ΗΠΑ, τα οποία προωθούν συστηματικά τη συνεργασία σε εξοπλιστικά προγράμματα και εμπορικές συναλλαγές, ενώ διοικούνται από πρώην υψηλόβαθμα στελέχη της αμερικανικής κυβέρνησης. Η Τουρκία προωθεί τα συμφέροντά της ακόμα και μέσα από τα αμερικανικά δικαστήρια και έχει προσεγγίσει εδώ και αρκετά χρόνια εβραϊκές οργανώσεις στις ΗΠΑ, με τις οποίες όχι μόνο συνεργάζεται, αλλά μέχρι πρόσφατα είχε αποκτήσει και τη θερμή υποστήριξή τους. Είναι γεγονός πλέον ότι το τουρκικό λόμπι αναγνωρίζεται ως ένα από τα ισχυρά στην Ουάσιγκτον, με πολιτικές διασυνδέσεις, εμπορικές συνεργασίες και μια ομάδα πανίσχυρων επαγγελματιών «λομπιστών», οι οποίοι έχουν την κατάλληλη πρόσβαση στην κυβέρνηση, ώστε να μπορούν να επηρεάσουν την αμερικανική εξωτερική πολιτική.

Το ελληνικό λόμπι δυστυχώς δεν υπάρχει. Το ελληνικό κράτος δεν επενδύει στη συγκρότηση κάποιας ομάδας λόμπι ή δεν έχει προγραμματίσει την προώθηση των ελληνικών συμφερόντων στην Ουάσιγκτον, μέσα από αξιόπιστες εταιρείες δημοσίων σχέσεων εδώ και πολλά χρόνια. Η ομογένεια είναι αποκεντρωμένη και διαιρεμένη σε πολλούς μικρούς εθνικο-τοπικούς οργανισμούς, με την ελληνική ορθόδοξη εκκλησία να αποτελεί το μόνο οργανωμένο κομμάτι της. Δεν υπάρχει καμία ουσιαστική προσπάθεια πολιτικού προσανατολισμού της ομογένειας και εκτός από κάποιους επιφανείς ομογενείς που έχουν πρόσβαση σε συγκεκριμένους πολιτικούς, η ομογένεια δεν έχει τη δύναμη να ακολουθήσει κάποια οργανωμένη πολιτική γραμμή που να υποστηρίζει ουσιαστικά τα ελληνικά συμφέροντα.

Στην πραγματικότητα όμως, αυτή παραμένει το κλειδί για την ελληνική εξωτερική πολιτική και το μόνο όργανο, μαζί με την πρόσληψη εταιρειών λόμπι και προσώπων που έχουν διασυνδέσεις στην Ουάσιγκτον, για να προβληθούν οι ελληνικές θέσεις και σταδιακά να επιτευχθεί μεταστροφή των απόψεων και σχηματισμός αποφάσεων που να υποστηρίζουν τα εθνικά θέματα. Αυτό, αρχικά, απαιτεί την παραδοχή ότι οι διμερείς σχέσεις με την Αμερική πρέπει να αναβαθμιστούν σε όλα τα επίπεδα και ότι η επιδίωξη των στόχων πρέπει να προωθείται μέσα από τους κόλπους ομογενειακών οργάνων με μεθοδικότητα και στρατηγική. Η δύναμη του ομογενή ψηφοφόρου είναι ανεκτίμητη, διαπίστωση η οποία δεν έχει αξιολογηθεί σωστά μέχρι τώρα από την πολιτική ηγεσία της Ελλάδας, τους εμπειρογνώμονες και πολλούς επιτυχημένους ομογενείς. Αντίθετα, υπάρχει υπεροψία, αλαζονεία και ελλιπής κατανόηση της διαδικασίας χάραξης της αμερικανικής εξωτερικής πολιτικής. Από την άλλη, η προχειρότητα και η έλλειψη μακροπρόθεσμων στρατηγικών για την προώθηση των εθνικών συμφερόντων, πρόκειται να επηρεάσει ακόμη περισσότερο τη δυναμική στις σχέσεις της Αμερικής με την Ελλάδα και την Τουρκία.

Θέλω να ευχαριστήσω πολλούς καλούς φίλους και συναδέλφους μου των οποίων οι γνώμες και υποδείξεις συνέτειναν στη βελτίωση της μελέτης αυτής. Την νομικό Άννα Τζιμαπίτη και τις επιστήμονες Κατερίνα Μπάρκα και Ιωάννα Ράπτη που με βοήθησαν στην τελική διατύπωση του ελληνικού κειμένου. Την αδελφή μου Ξένια Ιωαννίδου για την σελιδοποίηση, γραφικά και το σχεδιασμό του εξώφυλλου, για τις παρατηρήσεις και συμβουλές της και για την καθοδήγηση, συμπαράσταση και βοήθεια καθόλη τη διάρκεια της εκδοτικής πορείας του βιβλίου. Τους αγαπητούς φίλους, Ντίνο Σιώτη, Μανώλη Παράσχο και Χαράλαμπο Ποθουλάκη για τις πολύτιμες συμβουλές τους και πολλά μέλη της ομονένειας στην Νέα Αγγλία των ΗΠΑ που επέμεναν στην έκδοση αυτής της μελέτης. Τέλος, θέλω να ευχαριστήσω την Καλλιόπη Τζιβαλίδου για την ακούραστη επιμέλεια του περιεχομένου σε όλη την διάρκεια της προστάθειας αυτής.

Εισαγωγή

Μια δήλωση της πρώην Υπουργού Εξωτερικών των Η.Π.Α., Κοντολίζα Ραΐς (Condoleezza Rice), ότι «δεν έχουμε καλύτερο φίλο από τους φίλους μας στην Ελλάδα», κατά τη διάρκεια της επίσκεψης του πρώην Υπουργού Εξωτερικών της Ελλάδος, Πέτρου Μολυβιάτη, στην Ουάσιγκτον, τον Μάρτιο του 2005, χαρακτηρίστηκε ως πολιτικό επίτευγμα της εξωτερικής μας πολιτικής. Κατά τον κ. Μολυβιάτη, η επίσκεψη έθεσε τις βάσεις, ώστε το «εξαίρετο επίπεδο σχέσεων» των δύο χωρών να επεκταθεί σε «στρατηγική συνεργασία», ενώ παράλληλα συζητήθηκαν το Κυπριακό, τα ζητήματα των Βαλκανίων και οι ελληνοτουρκικές σχέσεις, μαζί με άλλα θέματα που αφορούν στις αμερικανικές επιδιώξεις για επικράτηση της δημοκρατίας και της ελευθερίας. Πέρα από τα εγκωμιαστικά σχόλια και τους επαίνους που ακούστηκαν μόνο στην Ελλάδα - χωρίς καμία ιδιαίτερη αναφορά στα ΜΜΕ των ΗΠΑ - η επίσκεψη Μολυβιάτη (όπως και πολλές άλλες παλαιότερες και πιο πρόσφατες επισκέψεις των πολιτικών μας αρχηγών) δεν πέτυχε κανέναν από τους στόχους της ελληνικής εξωτερικής πολιτικής, καθώς δεν απέσπασε καμία δέσμευση της αμερικανικής κυβέρνησης που να εξυπηρετεί τα εθνικά μας συμφέροντα. Η εμφανής αδυναμία της ελληνικής εξωτερικής πολιτικής να προωθήσει τους εθνικούς μας σκοπούς προς τις ΗΠΑ δεν οφείλεται σε πρόσωπα, αλλά στην εφαρμογή μιας πολιτικής που πάσχει από χρόνια αδυναμία κατανόησης του τρόπου, με τον οποίο διαμορφώνεται η αμερικανική εξωτερική πολιτική. Ιδιαίτερα ανασταλτική θεωρείται η έλλειψη πολιτικής βούλησης, από τις ελληνικές και τις κυπριακές κυβερνήσεις, για την προβολή των εθνικών συμφερόντων στις ΗΠΑ μέσα από σύγχρονες μεθόδους λόμπι. Αντιθέτως, όλα αυτά τα χρόνια εφαρμόζουν μια πολιτική καθυστερημένης αντίδρασης σε ειλημμένες και αμετάκλητες αποφάσεις της πολιτικής ηγεσίας των ΗΠΑ.

Παραδειγματικά και μόνο για λόγους αντιπαράθεσης με όσα προσφώνησε η κ. Κοντολίζα Ραΐς κατά τη διάρκεια της επίσκεψης του κ. Μολυβιάτη, αναφέρω ένα απόσπασμα από την ομιλία του Ρίτσαρντ Β. Τσέινη (Richard B. Cheney), πρώην αντιπροέδρου των ΗΠΑ την περίοδο της προεδρίας του Τζωρτζ Μπους (George Bush), στο Συνέδριο του Ινστιτούτου CATO[1]. Πρόκειται για έναν οργανισμό στην Ουάσιγκτον που επιδιώκει να διευρύνει τις παραμέτρους πολιτικής συζήτησης γύρω από το ρόλο της κυβέρνησης στις ΗΠΑ, τις προσωπικές ελευθερίες, την ελεύθερη αγορά και την επίτευξη της ειρήνης. Η ομιλία του κ. Τσέινη είχε ως θέμα την «Υπεράσπιση της Ελευθερίας στην Παγκόσμια Οικονομία» και εκφωνήθηκε κατά τη «Διάσκεψη για την Παράπλευρη Καταστροφή» στο Ινστιτούτο CATO, στις 23 Ιουνίου του 1998 εκφράζοντας απερίφραστα το πνεύμα της αμερικανικής εξωτερικής πολιτικής.

Όταν άρχισα να εργάζομαι για τον Πρόεδρο Φορντ το καλοκαίρι του 1974, η πρώτη μας κρίση στην εξωτερική πολιτική ήταν ο αλληλοσπαραγμός των Ελλήνων και των Τούρκων και ο πόλεμος μεταξύ τους για το μέλλον της Κύπρου. Η αντίδραση του Κογκρέσου εκείνη την εποχή ήταν, να επιβάλει εμπάργκο στην πώληση όπλων στην Τουρκία. Αυτό παρουσίαζε ιδιαίτερο ενδιαφέρον, καθώς η Τουρκία ήταν σύμμαχος του ΝΑΤΟ. Είχαμε επίσης νομικές υποχρεώσεις που απέρρεαν από διμερείς συμφωνίες που είχαμε συνάψει με τους Τούρκους. Την ίδια σχέση όμως είχαμε και με τους Έλληνες. Ήταν και αυτοί σύμμαχοι στο ΝΑΤΟ. Αλλά, επιβάλαμε κυρώσεις στην Τουρκία και όχι στην Ελλάδα. Γιατί; Δεν το κάναμε αυτό, επειδή βασιζόμασταν στη λογική των γεγονότων της Κύπρου, ούτε επειδή κρίθηκε ως λογικό και δίκαιο από την πλευρά της αμερικανικής εξωτερικής πολιτικής. Η επιβολή των κυρώσεων εναντίον της Τουρκίας οφειλόταν στο γεγονός ότι το Ελληνοαμερικανικό λόμπι ήταν αρκετά ισχυρότερο από το Αμερικανοτουρκικό. Αυτός είναι γενικά ο λόγος. Τελικά, μπορέσαμε και το ανατρέψαμε. Αλλά χρειάστηκαν αρκετοί ψήφοι στο Κογκρέσο πριν γίνει αυτό.

ΚΕΦΑΛΑΙΟ ΠΡΩΤΟ

Τα Λόμπι στις ΗΠΑ

Ο όρος «λόμπι» σημαίνει ομάδα πίεσης και χρησιμοποιείται για να περιγράψει ομάδες, οργανισμούς ή άτομα που ασχολούνται με τη διαμόρφωση αποφάσεων του αμερικανικού Κογκρέσου ή άλλων κυβερνητικών οργάνων. Τις τελευταίες δεκαετίες τα λόμπι αποτελούνται από τους ονομαζόμενους λομπίστες ή διαμορφωτές κοινής γνώμης ή επαγγελματίες παρασκηνιακούς παράγοντες, οι οποίοι έχουν συνεχή επαφή και πρόσβαση σε νομοθετικά και κυβερνητικά όργανα εκπροσωπώντας ομάδες συμφερόντων ή πιέσεων. Το 1975, ο γερουσιαστής Έντουαρντ Κένεντι (Edward Kennedy), μιλώντας για τα λόμπι, είπε τα εξής: *«Μέρα παρά μέρα, στρατιές από λομπίστες περιπολούν τις στοές του Κογκρέσου και όλων των κρατικών υπηρεσιών. Απεριόριστα ποσά δαπανώνται και ισχυρότατη επιρροή ασκείται με μυστικούς τρόπους και για μυστικούς σκοπούς, ώστε πολλά και σημαντικά ιδιωτικά συμφέροντα να αλλοιώνουν, με μυστικά μέσα και χειρισμούς, το δημόσιο συμφέρον».*[2]

Εξετάζοντας κανείς τις δραστηριότητες και τις αυξανόμενες δαπάνες των ομάδων λόμπι στην Ουάσιγκτον, παρατηρεί ότι το πιο σημαντικό πλεονέκτημα των επιτυχημένων λομπιστών είναι η πρόσβαση στο νομοθετικό σώμα και στα κυβερνητικά όργανα. Πολλές από τις οργανώσεις που δημιουργούν, δραστηριοποιούνται επαγγελματικά στην άσκηση πίεσης, με άλλα λόγια ασκούν δραστηριότητες λόμπι με συστηματικές μεθόδους προσέγγισης και πρόσβασης, μέσω ενός οικονομικού οπλοστασίου που διαθέτει απεριόριστα κονδύλια. Ο πολιτειολόγος Λούης Άντονι Ντέξτερ ανέφερε παλαιότερα: *«Το αμερικανικό κυβερνητικό σύστημα είναι το κατ' εξοχή σύστημα με τα πολλά παραθυράκια και τα πολλαπλά σημεία διείσδυσης. Για ένα συγκεκριμένο σκοπό και συμφέρον, η καλύτερη πρόσβαση μπορεί να είναι μέσω του Κογκρέσου, δηλαδή, κάποια περίπτωση μπορεί στην πραγματικότητα να απαιτεί τη χρήση του λόμπι».*[3]

Ιστορικά, ο αριθμός των λομπιστών στην Ουάσιγκτον αυξάνεται με σταθερούς ρυθμούς. Οι εγγεγραμμένοι λομπίστες το 1976 ήταν 3.420, το 1980 ήταν 5.572 και το 1998 ήταν 17.500.[4] Αν και η προσφάτως τροποποιηθείσα νομοθεσία προβλέπει αυστηρότερα κριτήρια και διαδικαστικούς όρους για την εγγραφή και τις δηλώσεις των ομάδων λόμπι, ο αυξανόμενος αριθμός εγγεγραμμένων λομπιστών οφείλεται πρωτίστως στη διαπίστωση ότι το προγραμματισμένο και οργανωμένο λόμπι αποφέρει σημαντικά αποτελέσματα στις ομάδες πιέσεων και ακολούθως στα συμφέροντα που εκπροσωπούν.

Πίνακας 1. Χρηματικά Ποσά για Λόμπι & Λομπίστες

Έτος	Συνολικά Ποσά για Λόμπι	Αριθμός Λομπιστών[5]
1999	$1.44 δις	12.940
2000	$1.56 δις	12.540
2001	$1.65 δις	11.842
2002	$1.82 δις	12.127
2003	$2.04 δις	12.920
2004	$2.18 δις	13.168
2005	$2.43 δις	14.075
2006	$2.62 δις	14.534
2007	$2.85 δις	14.861
2008	$3.30 δις	14.185
2009	$3.49 δις	13.693
2010	$3.51 δις	12.941
2011	$2.45 δις	12.220
Σύνολο	**$31.34 δις**	**13.234 ετήσιος μέσος όρος**

Στις ΗΠΑ, ο επαγγελματίας λομπίστας έχει τις ρίζες του στην αποικιακή περίοδο, ενώ, πολύ σωστά, ο Έντγκαρ Λεΐν (Edgar Lane) δήλωσε ότι το φαινόμενο αυτό *«είναι τόσο βαθιά ριζωμένο στο αμερικανικό πολιτικό σύστημα, ώστε εύλογα να θεωρεί κανείς ότι η ιστορία του λόμπι βαίνει παράλληλα με την ιστορία της αμερικανικής νομοθεσίας».*[6]

Από το 1998 έως τα μέσα του 2003, οι λομπίστες διέθεσαν συνολικά $13 δις σε διάφορες προσπάθειες για την άσκηση επιρροής σε μέλη του Κογκρέσου και άλλα κυβερνητικά στελέχη. Τις μεγαλύτερες δαπάνες σημείωσαν οι παρακάτω οργανισμοί:

Πίνακας 2. Χρηματικά Ποσά ανά Εταιρεία/Οργάνωση

Εταιρεία/Οργάνωση	Ποσά που δηλώθηκαν (σε εκατομμύρια $)[7]
American Commerce Group	193,6
Altria Group	125,3
Verizon	105,4
General Electric	105,2
Edisson Electric Institute	100,3
Northrop Grumman	93,0
Ένωση Φαρμακευτικής Έρευνας & Παραγωγών ΗΠΑ	92,6
Roundtable Commercial Group	90,4
Lockheed Martin	88,9
Medical Organization of USA	84,0
Σύνολο	**1078,7**

Αν και υπήρχαν κάποια δείγματα λόμπι, ήδη κατά την περίοδο του εμφυλίου πολέμου και της οικονομικής ανασυγκρότησης (Reconstruction), η δημιουργία του σιδηροδρομικού δικτύου ήταν το γεγονός που έδωσε την ευκαιρία για να δημιουργηθούν οι ισχυρότερες ομάδες πιέσεων. Οι τοπικοί και πολιτειακοί νομοθέτες ήταν πολύ πρόθυμοι να εξυπηρετήσουν τα συμφέροντα των σιδηροδρομικών εταιρειών, υπερβαίνοντας πολύ εύκολα οποιαδήποτε νομικά κωλύματα υπήρχαν, στο όνομα της ανάπτυξης. *«Οι λομπίστες εμπλέκονταν συχνά σε όλα τα γεγονότα [...] και οι μέθοδοι με τις οποίες προωθούσαν τα συμφέροντα των σιδηροδρομικών εταιρειών ήταν οι απλές εξαγορές αδειών, οι δωρεές γης, τα δάνεια ή τα δικαιώματα απαλλοτρίωσης. Αν και η δωροδοκία ήταν συχνά θέμα συζήτησης την εποχή εκείνη, η διαφθορά των πολιτικών προσώπων ήταν το αποκορύφωμα της επιτυχίας του κάθε λομπίστα.»*[8] Αξίζει να επισημανθεί ότι εκείνη την περίοδο οι σιδηροδρομικές εταιρείες διέθεταν τους περισσότερους πόρους, ενώ χρησιμοποιούσαν όλα τα δυνατά μέσα για να επηρεάσουν τον πολιτικό μηχανισμό της χώρας.

Η περίοδος της Βιομηχανικής Επανάστασης (Industrial Revolution) προώθησε ακόμα περισσότερο τις δραστηριότητες των λομπιστών. Με την πάροδο του χρόνου, η ανοιχτή δωροδοκία αντικαταστάθηκε από τη μέθοδο της έμμεσης επιρροής. Στο δημόσιο τομέα, μικρότερες ομάδες συμφερόντων άρχισαν να συνειδητοποιούν τη σημασία της οργάνωσης και της δύναμης μέσα από κάποια μεγαλύτερη ομάδα. Αυτή η αλλαγή στην νοοτροπία ώθησε πολλές μικρές ομάδες να ενεργοποιήσουν κεντρικούς μηχανισμούς, οι οποίοι θα μπορούσαν να επηρεάσουν τη δημοσιονομική πολιτική του κράτους, ενώ η πρόσληψη των ισχυρότερων λομπιστών έγινε πλέον συνηθισμένο φαινόμενο. *«Η οργανωμένη επιχείρηση πάντα προϋπέθετε το λόμπι, εφόσον εξασφάλιζε την καλύτερη μεθόδευση, τα περισσότερα χρήματα και την ευκολότερη πρόσβαση σε δημοσιότητα».* [9]

Η αμερικανική ανάπτυξη μετά την περίοδο του οικονομικού Κραχ (Great Depression), η αναπτυξιακή πολιτική του Προέδρου Φράνκλιν Ρούσβελτ (Franklin Roosevelt) και η συμμετοχή της χώρας στους δύο Παγκόσμιους Πολέμους, προώθησε την επέκταση του ομοσπονδιακού κρατικού μηχανισμού σε πρωτοφανή επίπεδα. Ως συνέπεια αυτής της ανάπτυξης, η εθνική οικονομία έγινε πολύπλοκη, ενώ το έργο της διαχείρισης των κρατικών επιδοτήσεων έγινε ακόμη δυσκολότερο. Οι δημοτικές και πολιτειακές αρχές δεν μπορούσαν να αντεπεξέλθουν στις νέες απαιτήσεις, καθώς είχε ήδη δημιουργηθεί ένα ισχυρό ομοσπονδιακό σύστημα που όλο και περισσότερο αναλάμβανε πρωτοβουλίες σε νέους τομείς, όπως της ατομικής ενέργειας, του ελέγχου των δημοσίων υπηρεσιών παροχής ηλεκτρικής ενέργειας και επικοινωνιών, της δημόσιας υγείας και των εργατικών δικαιωμάτων. Αυτό οδήγησε στη θέσπιση πολλών μέτρων σε ομοσπονδιακό επίπεδο, επηρεάζοντας ένα μεγάλο ποσοστό του πληθυσμού που όλο και περισσότερο απαιτούσε από τους πολιτικούς την ικανοποίηση των αιτημάτων του. Η γραφειοκρατία όμως της Ουάσιγκτον, σε συνδυασμό με το βεβαρημένο έργο του ομοσπονδιακού κράτους, συνέβαλαν σταδιακά στην προώθηση των απαιτήσεων μέσα από λομπίστες, οι οποίοι ασχολούνταν επαγγελματικά με την προαγωγή των συμφερόντων που εκπροσωπούσαν.

Σπουδαίο ρόλο διαδραμάτισαν και τα συνδικαλιστικά κινήματα τα οποία ανέπτυξαν τεράστια δράση κατά την περίοδο 1935-1945. Τα ιδιαίτερα χαρακτηριστικά των ομάδων αυτών ήταν ότι είχαν στη διάθεσή τους σημαντικούς οικονομικούς πόρους, ενώ παράλληλα μπορούσαν να προωθούν τα θέματά τους μέσα από πολιτικές μεθόδους και οργανωμένα γραφεία. Ταυτόχρονα, ο αγροτικός πληθυσμός άρχισε να μειώνεται σταθερά κατά τη διάρκεια του 20ου αιώνα (από 23.1% του συνολικού πληθυσμού, το 1940, σε 5.5.% το 1967), ενώ ο στρατιωτικός μηχανισμός αυξήθηκε αισθητά την ίδια περίοδο.

Οι ανάγκες για το στρατιωτικό εξοπλισμό της χώρας μετά τους δύο Παγκοσμίους Πολέμους και ο νέος ρόλος που οι ΗΠΑ αναλάμβαναν ως μια υπερδύναμη, δημιούργησαν νέα δεδομένα στην παραγωγή πολεμικού υλικού. *«Ήταν τόσο αυξημένο το ύψος των αμυντικών δαπανών, που ολόκληρες βιομηχανίες και ολόκληρες εκλογικές περιφέρειες βασίζονταν στις στρατιωτικές δαπάνες για την οικονομική τους επιβίωση ή την ευημερία τους.»* [10] Όπως χαρακτηριστικά είπε και ο Πρόεδρος Αϊζενχάουερ στην τελευταία του ομιλία προς τον αμερικανικό λαό στις 17 Ια-

Δημήτρης Ιωαννίδης

νουαρίου 1961: *«Η συνύπαρξη ενός αχανούς στρατιωτικού μηχανισμού και της στρατιωτικής βιομηχανίας είναι μια νέα εμπειρία για την Αμερική. Η συνολική επιρροή - είτε είναι οικονομική είτε πολιτική, ακόμα και πνευματική - είναι αισθητή σε όλους τους δήμους, σε όλες τις κεντρικές πολιτειακές αρχές και σε όλα τα γραφεία του ομοσπονδιακού κράτους. [...] Πρέπει να επαγρυπνούμε για περιπτώσεις αυθαίρετης επέμβασης από το στρατιωτικό-βιομηχανικό συγκρότημα.»*

Αυτά τα φαινόμενα δημιούργησαν νέες ομάδες πιέσεως στην αμερικανική πολιτική σκηνή. Παράλληλα, οι απόστρατοι από την πλευρά τους, επηρέασαν το νομοθετικό πλαίσιο την περίοδο μεταξύ του Πρώτου και του Δευτέρου Παγκοσμίου Πολέμου και κατάφεραν να επιτύχουν τη δημιουργία ενός συνταξιοδοτικού προγράμματος, ενώ σε τρεις περιπτώσεις κατόρθωσαν να κερδίσουν αρκετές ψήφους στο Κογκρέσο, ώστε να υπερβούν τρία προεδρικά βέτο σε νομοθετικές ρυθμίσεις που σχετίζονταν με το συνταξιοδοτικό τους θέμα. Η «Οργάνωση Προστασίας της Αμερικής» ήταν επίσης μια ισχυρή ομάδα, αφού κατάφερε να περάσει νομοθετική τροπολογία το 1930 με την ονομασία Σμουτ-Χάουλι Ακτ (Smoot-Hawley Act of 1930), δυνάμει της οποίας αυξάνονταν οι αντισταθμιστικοί δασμοί στο υψηλότερο επίπεδο στην ιστορία των ΗΠΑ. Ωστόσο, η ίδια ομάδα δεν ήταν σε θέση αργότερα να εμποδίσει την ψήφιση της νομοθεσίας για την αύξηση του εμπορίου και των Διεθνών Συμφωνιών του 1934.

Την περίοδο μεταξύ του τέλος του 19^{ου} και των αρχών του 20^{ου} αιώνα, το Κογκρέσο έλαβε κάποια μέτρα, προκειμένου να περιορίσει τις δραστηριότητες των λομπιστών, αφού τα στοιχεία έδειχναν ότι πολλές ομάδες μπορούσαν να οδηγήσουν στη θέσπιση νομοθετικών ρυθμίσεων σχετικά γρήγορα και χωρίς κοινωνικό διάλογο. Αποτέλεσμα αυτών των νομοθετικών μέτρων ήταν, να ξεκινήσει μια σειρά ανακρίσεων από επιτροπές στο Κογκρέσο το 1913, με την πρώτη, υπό την προεδρεία του βουλευτή Φίνις Γκάρετ (Finis J. Garrett), η οποία μελέτησε την Εθνική Οργάνωση Βιομηχάνων (National Association of Manufacturers) και τις ενέργειες του προέδρου της Μάρτιν Μάλχαλ (Martin Mulhall). Η επιτροπή στο Κοινοβούλιο είχε στοιχεία που απεδείκνυαν ότι ο κ. Μάλχαλ ασκούσε έντονη πίεση σε αρκετά μέλη του Κογκρέσου και επιπλέον ότι είχε ασκήσει επιρροή και κατά το διορισμό προσώπων σε στρατηγικής σημασίας θέσεις σε επιτροπές του Κογκρέσου. Αποτέλεσμα αυτής της έρευνας ήταν, να χάσει το 1914 τη θέση του από το κοινοβούλιο ο βουλευτής Τζέιμς Τ. Μακντέρμοτ (James T. McDermott).

Το 1928, ο γερουσιαστής Θαδέους Κάραγουεη (Thaddeus Caraway) προήδρευσε μιας επιτροπής του Κογκρέσου που προσπάθησε να ελέγξει τα λόμπι. Μια αρχική τροπολογία της επιτροπής ψηφίστηκε από την γερουσία, αλλά δεν εγκρίθηκε από τη Βουλή των Αντιπροσώπων. Το ίδιο έτος, η Κρατική Επιτροπή Εμπορίου (Federal Trade Commission) ερεύνησε τις δραστηριότητες των εταιρειών παραγωγής ενέργειας και ιδιαίτερα τα στοιχεία που δήλωναν ότι οι εταιρείες χρηματοδοτούσαν κάποια προγράμματα που σχετίζονταν με τα δικά τους συμφέροντα/θέματα. Μια άλλη επιτροπή συγκροτήθηκε το 1929, με σκοπό να ερευνήσει τις δραστηριότητες εταιρειών προμήθειας πολεμικού υλικού του αμερικανικού ναυτικού. Συγκεκριμένα, η επιτροπή διερεύνησε τις σχέσεις του αντιπροσώπου ναυτιλιακών εταιρειών, Γουίλλιαμ Β. Σέαρερ (William B. Shearer) με κυβερνητικά στελέχη, καθώς και τον τρόπο με τον οποίο προσπαθούσε να παρακάμψει τους κρατικούς περιορισμούς στην προμήθεια οπλικών συστημάτων για το ναυτικό και στις προμήθειες για την κατασκευή πλοίων, έναντι μεγάλων κρατικών συμβολαίων.

Το 1935, το Κογκρέσο διενήργησε έρευνα για τις δραστηριότητες των οργανισμών κοινής ωφελείας, με επικεφαλής το δημοκρατικό Γερουσιαστή από την Πολιτεία της Αλαμπάμα, Χιούγκο Μπλάκ (Hugo Black), ο οποίος κατέθεσε νομοσχέδιο στη Γερουσία για τις Δημόσιες Εταιρείες Κοινής Ωφέλειας (Public Utilities Company Act). Σκοπός του νομοσχεδίου ήταν η εγγραφή όλων των αντιπροσώπων/λομπιστών των Δημοσίων Εταιριών Κοινής Ωφέλειας, στην Κρατική Επιτροπή Εμπορίου. Αν και ψηφίστηκε παρόμοιο νομοσχέδιο στη Βουλή των Αντιπροσώπων ένα χρόνο μετά, για διαφόρους λόγους το νομοσχέδιο του κ. Χιούγκο Μπλάκ δεν ψηφίστηκε και δεν έγινε ποτέ νόμος του κράτους.

Το ίδιο έτος, το Κογκρέσο με επικεφαλής τον Ρεπουμπλικάνο Γερουσιαστή Τζέραντ Π. Ναϊ (Gerald P. Nye), διερεύνησε τις δραστηριότητες των οργανώσεων λόμπι σε θέματα αμυντικών δαπανών. Το 1938, μετά από αίτηση του Προέδρου Ρούσβελτ, το Κογκρέσο καθιέρωσε την Προσωρινή Εθνική Επιτροπή Οικονομίας με επικεφαλής τον δημοκρατικό γερουσιαστή Τζόσεφ Ομαχόνι (Joseph O' Mahoney) η οποία μελέτησε τις δραστηριότητες τον ομάδων λόμπι. Αποτέλεσμα αυτής της έρευνας ήταν, το Κογκρέσο να ψηφίσει τη νομοθεσία Εγγραφής Ξένων Πρακτόρων του 1938 (Foreign Agents Registration Act of 1938)[11] που υποχρέωνε, με κάποιες μικρές εξαιρέσεις, την εγγραφή όλων των αντιπροσώπων ξένων κυβερνήσεων.

Ο πολιτειολόγος Λέστερ Μιλμπρέϊθ (Lester W. Milbraith) ανέφερε ότι όλες οι δραστηριότητες λόμπι πρέπει να θεωρηθούν παράνομες, καθώς αποτελούν μια *«ανήθικη επιρροή στο νομοθετικό έργο.»* [12] Σε κάποια έκθεση προς την Γερουσία, ο γερουσιαστής Κάραγουεη ανέφερε χαρακτηριστικά: *«Αν υπήρχε περίπτωση να μεταφέρουμε στην κοινή γνώμη αυτής της χώρας ότι οι λομπίστες δεν είναι μόνο ανώφελοι αλλά και επιζήμιοι, τότε αυτοί οι άνθρωποι δεν θα είχαν αντικείμενο εργασίας και θα προσπαθούσαν να βρουν κάποιο άλλο επάγγελμα.»* [13] Αντίθετα, ο Ες Τζέι, Μακιέλσκι Τζούνιορ (S. J. Makielski Jr.) υποστήριξε πως η άποψη ότι όλες οι δραστηριότητες λόμπι είναι διεφθαρμένες, στηρίζεται σε κάποιους μύθους γύρω από τις πολιτικές δραστηριότητες των ομάδων πίεσης, όπως ότι:

α) «οι ομάδες αυτές λειτουργούν μέσα από δωροδοκίες, διαφθορά και αδικαιολόγητη επιρροή [...]

β) *οι ομάδες πίεσης είναι οι εκπρόσωποι κάποιων συμφερόντων, των πλουσίων, των ισχυρών προνομιούχων της αμερικανικής κοινωνίας [...] και*

γ) *ότι υπάρχει κάτι, άκρως αντιδημοκρατικό, με τις ομάδες που ασκούν πίεση.»*[14]

Κατά τον κ. Μακιέλσκι, οι περισσότεροι δημόσιοι υπάλληλοι δεν ελέγχονται από κέντρα διαφθοράς ή δωροδοκίας, παρά το γεγονός ότι οι μύθοι αυτοί ενισχύονται κάθε φορά που αποκαλύπτονται περιπτώσεις διαφθοράς κρατικών στελεχών.[15]

ΚΕΦΑΛΑΙΟ ΔΕΥΤΕΡΟ

Η νομοθεσία του 1946

Η ιδέα του λόμπι απορρέει από το Πρώτο Συμπληρωματικό Άρθρο του Αμερικανικού Συντάγματος (αν και ο όρος «λόμπι» δεν αναφέρεται ρητά στο κείμενο του Συντάγματος) και βασίζεται στο γενικότερο δικαίωμα των πολιτών να εκφράζουν τις απαιτήσεις τους προς την κυβέρνηση και να ζητούν την ικανοποίηση των αιτημάτων τους.

Το Ανώτατο Δικαστήριο των ΗΠΑ (εφεξής «Α.Δ.») ανέφερε το 1876: *«Η ίδια η ιδέα του κυβερνητικού συστήματος, αυτού της ρεπουμπλικανικής μορφής, εμπεριέχει ένα δικαίωμα για τους πολίτες, να συνεδριάζουν ειρηνικά για δημόσια θέματα και να εκφράζουν τις απαιτήσεις τους.»* Σε κάποια αναφορά στη Βουλή των Αντιπροσώπων, τα μέλη της επιτροπής κατέληξαν στο συμπέρασμα ότι *«οι πολίτες μπορούν και πρέπει να ασκούν το δικαίωμα έκφρασης των απαιτήσεων ατομικά ή και μέσω οργανωμένων ομάδων. Χωρίς το συνταγματικά κατοχυρωμένο αυτό δικαίωμα, η σημερινή πραγματικότητα μιας ελεύθερης κυβέρνησης δεν θα υπήρχε.»*

Ιστορικά, η νομοθεσία των λόμπι στις ΗΠΑ ήταν μια προσπάθεια κατοχύρωσης του συνταγματικού δικαιώματος των πολιτών να προωθούν τα αιτήματά τους προς τον κυβερνητικό μηχανισμό (χρήσιμο και συνταγματικά προστατευόμενο λόμπι), με την επίγνωση ότι ένα ανεξέλεγκτο και απρόσωπο λόμπι μπορεί να παρεμβαίνει στη διαμόρφωση της νομοθεσίας με παρασκηνιακούς τρόπους και παράνομα μέσα. Βάσει της ανωτέρω παραδοχής, η χρήση οικονομικών μέσων για την τροποποίηση της εκάστοτε ισχύουσας νομοθεσίας ή την άσκηση επιρροής κατά τη θέσπισή της είναι σύμφυτη με το αμερικανικό κυβερνητικό σύστημα και οι νομοθετικές ρυθμίσεις που ακολούθησαν καθιέρωσαν απλώς την εγγραφή και τις δηλώσεις των λομπιστών σε δημόσιους καταλόγους.

Η φιλοσοφία αυτής της επιλογής είναι ότι το Κογκρέσο, ο κυβερνητικός μηχανισμός και ο λαός θα μπορούν να αξιολογούν και να κρίνουν καλύτερα τις ομάδες πίεσης, όταν γνωρίζουν την ταυτότητά τους και την οικονομική συμμετοχή όλων όσων τις υποστηρίζουν. Εξίσου σημαντικό είναι το γεγονός ότι οι νομοθετικές ρυθμίσεις, δυνάμει των οποίων επιχειρείται να ελεγχθεί ή να περιορισθεί το έργο των ομάδων πίεσης, δεν έγιναν ποτέ αποδεκτές λόγω αμφιβολης συνταγματικότητας. Η αρχή αυτή παραμένει μέχρι και σήμερα τόσο δεσμευτική, ώστε όλο το θεσμικό πλαίσιο που διέπει τα λόμπι να έχει περιοριστεί σε θέματα που αφορούν στις εγγραφές μελών, στην ταυτότητα των λομπιστών («Disclosure through Registration») και στην καταγραφή του ενεργητικού, χωρίς να αγγίζει τη λειτουργία τους, την οικονομική υποστήριξη ή το είδος της επιρροής που ασκούν.

Μια από τις επιτροπές του Κογκρέσου που μελετούσε τις δραστηριότητες των λόμπι ανέφερε σε κάποια από τις εκθέσεις της ότι όλες οι προηγούμενες κοινοβουλευτικές έρευνες ήταν *«μεμονωμένες και επικεντρώνονταν στις δραστηριότητες που προκαλούσαν την αγανάκτηση του Κογκρέσου.[...] Δεν υπήρχαν συγκεντρωτικές πληροφορίες, ούτε κάποιος μηχανισμός που να μπορεί να συλλέξει πρόσφατα στοιχεία και να τα καθιστά διαρκώς διαθέσιμα στο Κογκρέσο και στο λαό, ώστε να είναι γνωστές οι δραστηριότητες των ομάδων πιέσεως.»* [16]

Το 1945, η Κοινή Επιτροπή της Οργάνωσης του Κογκρέσου μελέτησε το θέμα των λόμπι και πρότεινε συγκεκριμένες προτάσεις, βάσει των οποίων το Κογκρέσο ψήφισε στη συνέχεια την Ομοσπονδιακή Νομοθεσία των Λόμπι του 1946. Η Ειδική Επιτροπή που διερεύνησε τις πολιτικές δραστηριότητες, τις χρηματοδοτήσεις εκλογών και τις ομάδες λόμπι, ανέφερε στην τελική έκθεσή της προς το Κογκρέσο, το 1957: *«Η ψηφισθείσα νομοθεσία εμπεριέχει κομμάτια από διάφορα νομοσχέδια που δεν ψηφίστηκαν από το Κογκρέσο σε προηγούμενες προσπάθειες. Η μελέτη που ελήφθη υπόψη κατά την κοινοβουλευτική διαδικασία ήταν πολύ πρόχειρη. Δε βασίσθηκε σε άλλες πολιτειακές νομοθεσίες, ούτε προέκυψε μέσα από καταχρηστικές παρεμβάσεις των ομάδων πίεσης κατά την περίοδο που ψηφίστηκε. Στην πραγματικότητα, η εν λόγω νομοθεσία ψηφίστηκε σε ήπιο κλίμα και σύμφωνα με τη διαδικασία που προβλέπει η Νομοθεσία Διοργάνωσης του κράτους.»* [17]

Σε γενικές γραμμές, η νομοθεσία του 1946 απαιτούσε από όλα τα άτομα που χρηματοδοτούνται για δραστηριότητες λόμπι στο Κογκρέσο, να εγγραφούν στη Γραμματεία της Βουλής και της Γερουσίας. Επίσης, η νομοθεσία απαιτούσε από όλα τα εγγεγραμμένα άτομα να καταθέτουν δηλώσεις κάθε τρίμηνο που να περιέχουν στοιχεία των δραστηριοτήτων τους και στοιχεία των διενεργούμενων δαπανών. Η βασική φιλοσοφία της νομοθεσίας ήταν ότι το Κογκρέσο θα ήταν σε θέση να γνωρίζει το ύψος των εξόδων, τις σχέσεις που αναπτύσσονται με τα κυβερνητικά στελέχη και τους στόχους των λομπιστών, ώστε να διακρίνει τους τυπικά τακτοποιημένους από τους αδιαφανείς λομπίστες.

Αυτό θα επέτρεπε στο Κογκρέσο να χαράξει την κατάλληλη πολιτική, προκειμένου να προωθήσει το δημόσιο συμφέρον. Πολύ σημαντικό στοιχείο στην όλη διαδικασία, ήταν ότι το Κογκρέσο δεν θα επενέβαινε στα συνταγματικά δικαιώματα της ελευθερίας του λόγου και της δυνατότητας του πολίτη να καταθέτει απαιτήσεις στον κυβερνητικό μηχανισμό. Συνεπώς, η νομοθεσία δεν απαγόρευε τις εν λόγω δραστηριότητες, δεν περιόριζε τα χρηματικά ποσά που δαπανούσαν οι λομπίστες, ούτε απέτρεπε τις θετικές εισφορές στις οποίες προέβαιναν, ομάδες ή άτομα προκειμένου να παρέμβουν στην κοινοβουλευτική διαδικασία. Συγχρόνως, επιτεύχθηκε η προβολή στο ευρύ κοινό, ατόμων που εργάζονταν αθόρυβα για να προωθήσουν μέσω των διασυνδέσεών τους τα συμφέροντα αυτών που αντιπροσώπευαν.

Τα αρχικά στοιχεία ήταν περιορισμένα. Μέσα σε σύντομο χρονικό διάστημα όμως, το Α.Δ. των ΗΠΑ στην υπόθεση *United States v. Rumely,* έκρινε ότι πολλές διατάξεις της νομοθεσίας περί λόμπι του 1946 ήταν αντισυνταγματικές. Επίσης, περιόρισε σημαντικά το πεδίο εφαρμογής της προβαίνοντας σε μία συσταλτική ερμηνεία του όρου «λόμπι», ώστε η συγκεκριμένη νομοθεσία να καλύπτει τελικά μόνο «δηλώσεις που απευθύνονται άμεσα στο Κογκρέσο, τα μέλη του και τις επιτροπές».[18] Έτσι, απόπειρες διαμόρφωσης της ιδεολογίας του λαού ή της κοινής γνώμης δεν μπορούσαν να χαρακτηρισθούν ως ενέργειες λόμπι, διότι «*η προσπάθεια διερεύνησης των ενεργειών των πολιτών με σκοπό τη μετατροπή της κοινής γνώμης...όσο κι αν απέχει από την επέμβαση στο νομοθετικό μηχανισμό, εγείρει ζήτημα συνταγματικότητας, αφού διακυβεύει τις συνταγματικά προστατευόμενες ατομικές ελευθέριες.*»

Σύμφωνα με την άποψη του Α.Δ., η προσπάθεια του κρατικού μηχανισμού να διερευνήσει τις δραστηριότητες ικανών ατόμων που επηρεάζουν την κοινή γνώμη, δημιουργεί ζήτημα αντίθεσης με τη διάταξη του Πρώτου Άρθρου του Συντάγματος. «*Για την υποστήριξη της εξουσίας του Κογκρέσου ισχύει η άποψη ότι οι δραστηριότητες των ομάδων λόμπι είναι στο πλαίσιο της συντονιστικής εξουσίας του Κογκρέσου, αφού η επιρροή της κοινής γνώμης είναι έμμεση πίεση, δεδομένου ότι η κοινή γνώμη επηρεάζει τη νομοθεσία. Και ό,τι - ως εκ τούτου - προσπαθεί να επηρεάσει την κοινή γνώμη υπόκειται σε έλεγχο από το Κογκρέσο. Το λόμπι αναμφίβολα υπόκειται στον έλεγχο του Κογκρέσου. . . Αλλά η απλή έννοια του όρου αυτού δεν μπορεί να επεκταθεί ώστε να συμπεριλαμβάνει και θέματα που απαγορεύονται. Ούτε η σημασιολογία, ούτε οι συλλογισμοί δεν μπορούν να σπάσουν το φράγμα που προστατεύει τις ελευθερίες του ανθρώπου να επηρεάσουν άλλους ανθρώπους με βιβλία και άλλα δημόσια έγγραφα . . . Λέγεται ότι οι δραστηριότητες των ομάδων λόμπι είναι το ίδιο κακό και επικίνδυνο φαινόμενο. Συμφωνούμε ότι το λόμπι που λειτουργεί μέσα από προσωπικές επαφές μπορεί να είναι ένα κακό και ένας σοβαρός κίνδυνος στη νομοθετική διαδικασία. Λέγεται ότι η έμμεση άσκηση λόμπι της κοινής γνώμης στο Κογκρέσο είναι επίσης ένα κακό και επικίνδυνο φαινόμενο. Αυτό όμως δεν είναι κακό, αλλά υπάγεται στην σωστή και ουσιώδη λειτουργία της δημοκρατικής διαδικασίας.»* [19]

Ένα χρόνο μετά την έκδοση της απόφασης για την υπόθεση Rumely, το Α.Δ. εξέτασε τη συνταγματικότητα της νομοθεσίας για δεύτερη φορά. Στην υπόθεση *United States v. Hariss,* [20] το αμερικανικό κράτος άσκησε διώξεις εναντίον κάποιων προσώπων και ενός οργανισμού για παραβίαση της νομοθεσίας περί λόμπι, επειδή δεν είχαν γίνει οι απαραίτητες εγγραφές και δηλώσεις. Συγκεκριμένα, η κατηγορία εναντίον τους ήταν ότι δεν είχαν δηλώσει δαπάνες και δεν είχαν καταθέσει δηλώσεις εγγραφής στη Γραμματεία της Γερουσίας και της Βουλής των Αντιπροσώπων, σχετικά με μια εκστρατεία για την άσκηση επιρροής κατά τη θέσπιση νομοθεσίας που συζητούνταν στο Κογκρέσο. Αυτή τη φορά, το Α.Δ. έκρινε ότι η νομοθεσία περί λόμπι του 1946, είναι συνταγματική, ενώ ταυτόχρονα οριοθέτησε ποιες δραστηριότητες και υπό ποιες προϋποθέσεις μπορούν να θεωρηθούν ως λόμπι:

1. «το «πρόσωπο» πρέπει να έχει επιδιώξει, να έχει συγκεντρώσει ή να έχει λάβει εισφορές,

2. ένας από τους κύριους σκοπούς του προσώπου αυτού ή κύριος λόγος των εισφορών, πρέπει να είναι η άσκηση επιρροής για την ψήφιση νομοθετικών μέτρων στο Κογκρέσο και

3. η χρησιμοποιούμενη μέθοδος για την επιτυχία των σκοπών αυτών, πρέπει να είναι η απευθείας επικοινωνία με το Κογκρέσο.»

Η συγκεκριμένη ερμηνεία όμως που απέδωσε το Α.Δ. στον όρο «λόμπι», δημιούργησε περισσότερη ασάφεια και κενά που οι ομάδες πίεσης και οι λομπίστες εκμεταλλεύτηκαν, για να παρακάμπτουν τις απαιτήσεις της νομοθεσίας περί εγγραφής και δηλώσεων.

Το πρώτο ασαφές σημείο αναφέρεται στον όρο «κύριος σκοπός», που αρκετοί οργανισμοί, συμπεριλαμβανομένων και του Εθνικού Οργανισμού Βιομηχάνων και του Αμερικανικού Εμπορικού Επιμελητηρίου, θεώρησαν ότι δεν τους αφορά, καθώς δεν είχαν ως «κύριο σκοπό» τους τη συγκέντρωση οικονομικών πόρων για άσκηση δραστηριοτήτων λόμπι. Επίσης, πολλοί οργανισμοί και λομπίστες ισχυρίζονταν ότι χρησιμοποιούν τα δικά τους χρήματα για να επηρεάσουν το νομοθετικό έργο, πραγματική κατάσταση που δεν υπαγόταν στη συγκεκριμένη νομοθεσία, αφού δεν επεδίωκαν να λάβουν, ούτε ελάμβαναν εισφορές. Το τρίτο σημείο ασάφειας δημιουργήθηκε από την προϋπόθεση που έθεσε το Α.Δ. για τη χρησιμοποιούμενη μέθοδο επιρροής, να πρόκειται δηλαδή για απευθείας επικοινωνία με μέλη του Κογκρέσου. Συνεπώς, οι ομάδες εκείνες ή τα άτομα εκείνα που επηρέαζαν τη διαμόρφωση της κοινής γνώμης μέσα από την απλή επαφή με τους πολίτες, δεν ήταν υποχρεωμένοι να καταθέτουν δηλώσεις και να κάνουν τις απαιτούμενες εγγραφές.

Πέραν των ασαφών σημείων που περιγράφηκαν ανωτέρω, η νομοθεσία δεν περιείχε κάποια ρύθμιση και για συγκεκριμένες επαφές με στελέχη του Κογκρέσου που είχαν ως σκοπό την πληροφόρηση, ενώ ήταν προαιρετική η εξακρίβωση συγκεκριμένων οικονομικών στοιχείων, των εταιρειών και ατόμων, που δαπανώνται για το λόμπι. Επίσης, η νομοθεσία κάλυπτε μόνο προσπάθειες επιρροής του νομοθετικού σώματος και όχι της εκτελεστικής εξουσίας ή διαφόρων κυβερνητικών γραφείων ή υπουργείων, ενώ δεν διευκρίνιζε την αρχή που θα μπορούσε να ερευνήσει τυχόν παραβάσεις σε θέματα εγγραφής και κατάθεσης των απαραίτητων δηλώσεων. Ο Ντέιβιντ Λαντάο (David Landau) χαρακτηριστικά ανέφερε: *«Οι γραμματείες της Βουλής των Αντιπροσώπων και της Γερουσίας δεν έχουν αρμοδιότητα σε θέματα εφαρμογής της νομοθεσίας. Το Υπουργείο Δικαιοσύνης δεν προχώρησε ποτέ σε διαδικασίες για την εφαρμογή της. Μόνο σε 6 περιπτώσεις ασκήθηκε δίωξη, από τις οποίες προέκυψε μία καταδίκη, κατά την οποία ο κατηγορούμενος παραδέχτηκε την ενοχή του. Είναι προφανές ότι τα συνταγματικά όρια της εξουσίας του Κογκρέσου να ρυθμίσει τα θέματα λόμπι δε διερευνήθηκαν επαρκώς.»* [21]

Στην υπόθεση *Buckley v. Valeo*[22], το Α.Δ. έκρινε ότι πρέπει να συντρέχουν δύο προϋποθέσεις σύμφωνα με τη συγκεκριμένη νομοθεσία του 1946. *«Έχουμε εδώ και καιρό αναγνωρίσει ότι σημαντικές παραβιάσεις δικαιωμάτων που προστατεύει το Πρώτο Συμπληρωματικό Άρθρο του Συντάγματος δεν μπορούν να δικαιολογηθούν από ένα απλό αλλά νόμιμο κυβερνητικό συμφέρον. [...] Έχουμε απαιτήσει ότι το συμφέρον του κράτους, αν και δευτερεύον, θα πρέπει να υπερβαίνει το επίπεδο της απλής διερεύνησης. Έχουμε επίσης επιμείνει ότι πρέπει να υπάρχει ένας συσχετισμός ή μια ουσιώδης σχέση μεταξύ του κυβερνητικού συμφέροντος και των πληροφοριών που διερευνώνται.»*

Σε γενικές γραμμές, η νομοθεσία «λόμπι» του 1946 ήταν το πρώτο βήμα στην εξεύρεση λύσης για την αντιμετώπιση των θεμάτων αυτών, χωρίς να είναι προϊόν μελέτης από κάποια συγκεκριμένη εξεταστική επιτροπή του Κογκρέσου. Όμως, δεν κατάφερε να επιτύχει τους βασικούς στόχους της, ούτε έδρασε αποτελεσματικά για την καταγραφή των ομάδων λόμπι ή των λομπιστών και των δραστηριοτήτων τους, ώστε ο κρατικός μηχανισμός να είναι σε θέση να αξιολογεί και να κρίνει την επιρροή των συμφερόντων. Πολύ σύντομα, μετά την ψήφιση της νομοθεσίας, πολλές επιτροπές στο Κογκρέσο απαιτούσαν πρόσθετα νομοθετικά μέτρα ή σημαντικές τροποποιήσεις στην υφιστάμενη μέχρι τότε νομοθεσία, ώστε να δημιουργηθεί ένα ανεξάρτητο κυβερνητικό όργανο, που θα επέβλεπε τη διαδικασία εγγραφής, και θα συντελούσε στην καλύτερη εφαρμογή της νομοθεσίας από το Υπουργείο Δικαιοσύνης. Ο κ. Λαντάο χαρακτηριστικά ανέφερε: *«Σε τελική ανάλυση, η νομοθεσία γνωστοποίησης των ομάδων λόμπι προτίθεται να επανορθώσει μια αποτυχία του Κογκρέσου. Δεν καταλογίζεται ως κατηγορία στις ομάδες λόμπι ή σε κάποιον λομπίστα αν το Κογκρέσο υποκύπτει στις έντονες προσπάθειές τους. Αν το Κογκρέσο διαισθάνεται ότι δεν μπορεί πλέον να αφουγκρα-*

σθεί τα αιτήματα του λαού, ίσως τα μέλη του δεν πρέπει να αφιερώνουν τόσο χρόνο στην Ουάσιγκτον. Οι προσπάθειες αποτροπής και η επίθεση κατά των ομάδων λόμπι δε θα λύσουν τα προβλήματα που δημιουργούνται – η ενθάρρυνση και η προτροπή των ψηφοφόρων να προβάλουν τις απόψεις τους, όμως, μπορεί.» [23]

Η παντελής απουσία όμως από τη νομοθεσία του 1946, κάποιου τρόπου εξαναγκασμού για συμμόρφωση, μαζί με τα κενά και τα πλείστα όσα ασαφή σημεία της, πολύ σύντομα την κατέστησαν ανεπαρκή και αναποτελεσματική. Εν τούτοις, η συγκεκριμένη νομοθεσία, κατέδειξε ότι η ενεργητικότητα των ομάδων πιέσεως αυξήθηκε σταδιακά στις ΗΠΑ, αποκτώντας όλο και περισσότερη οικονομική υποστήριξη και χρησιμοποιώντας ποικίλα μέσα έκφρασης και προώθησης των λομπιστών.

ΚΕΦΑΛΑΙΟ ΤΡΙΤΟ

Η νομοθεσία του 1995

Η αδυναμία αντιμετώπισης των ισχυρών ομάδων πίεσης των οποίων η οικονομική δύναμη διαρκώς αυξανόταν και η δράση τους επεκτεινόταν σε ολοένα και περισσότερους κρίσιμους τομείς, παρακίνησε το Κογκρέσο, το 1995, να τροποποιήσει σε βάθος την ισχύουσα μέχρι τότε νομοθεσία περί «λόμπι» του 1946. Ουσιαστικά, το Κογκρέσο προχώρησε σε μια σειρά από νομοθετικές μεταρρυθμίσεις που αφορούσαν στους όρους εγγραφής και τις δηλώσεις των λομπιστών.

Το Κογκρέσο επεσήμανε ότι:

- Μια υπεύθυνη και δημοκρατική κυβέρνηση έχει την υποχρέωση να πληροφορεί το λαό για τις ενέργειες των ομάδων λόμπι, κατά την προσπάθειά τους να παρέμβουν στη διαμόρφωση των κυβερνητικών αποφάσεων.

- Το υφιστάμενο θεσμικό πλαίσιο που ρυθμίζει τα θέματα των εγγραφών και καταχωρίσεων των ομάδων «λόμπι» αποδεικνύεται αναποτελεσματικό, αν δεν είναι αποσαφηνισμένες οι υποχρεώσεις περί εγγραφών και δηλώσεων των λομπιστών καθώς και αν δεν εξασφαλίζεται η εφαρμογή των νομοθετικών και κυβερνητικών διαταγμάτων.

- Περιεκτικές εκθέσεις που θα ενημερώνουν για την ταυτότητα και το έργο των λομπιστών, θα ενισχύσουν την εμπιστοσύνη του λαού προς τον κυβερνητικό μηχανισμό.

Σύμφωνα με την ανωτέρω προσέγγιση, το νομοσχέδιο του 1995 (The Lobbying Disclosure Act of 1995)[24] έθετε νέες ρυθμίσεις σε σχέση με τη δημιουργία των ομάδων «λόμπι» και τους ιδρυτικούς τους στόχους, ενώ παράλληλα προέβλεπε και νέες υποχρεώσεις σχετικές με τις δηλώσεις και τις εγγραφές των λομπιστών.

Ειδικότερα, οι δηλώσεις πρέπει να γίνονται κάθε εξάμηνο και να περιέχουν εκτιμήσεις δαπανών, καταγραφή των υποθέσεων που χειρίστηκε ο λομπίστας, αναφορά των επαφών που ανέπτυξε με μέλη του Κογκρέσου ή του Γραφείου του Προέδρου, τα ονόματα, τις διευθύνσεις και το έργο των ομάδων ή συμφερόντων που αντιπροσωπεύει, τα ονόματα των υπαλλήλων που απασχολεί καθώς και συγκεκριμένες υποθέσεις με τις οποίες πρόκειται ή ενδέχεται να ασχοληθεί προσεχώς. Για την αντιμετώπιση της έλλειψης ενός τρόπου εξαναγκασμού σε συμμόρφωση, το Κογκρέσο όρισε τη Γραμματεία της Βουλής και τον Γραμματέα της Βουλής των Αντιπροσώπων ως κυβερνητικά όργανα υπεύθυνα για την αρχειοθέτηση των λομπιστών. Για τις περιπτώσεις παραβιάσεων, η νομοθεσία του 1995 προβλέπει την επιβολή προστίμου που δεν υπερβαίνει το ποσό των $50.000, ανάλογα με την έκταση και τη βαρύτητα του παραπτώματος.[25]

Η νομοθεσία του 1995 ορίζει ως λομπίστα *«ένα άτομο που δημιουργεί δύο επαφές επιρροής και αφιερώνει πάνω από 20% του χρόνου του σε δραστηριότητες λόμπι για λογαριασμό κάποιου πελάτη ή εργοδότη στη διάρκεια ενός εξαμήνου.»* Ορίζει επίσης, ότι «επαφές επιρροής» θεωρούνται *«όλες οι γραπτές ή οι προφορικές επικοινωνίες με άτομα της προεδρικής ή της νομοθετικής αρχής για θέματα διατύπωσης, μετατροπής ή υιοθέτησης»* της ομοσπονδιακής νομοθεσίας και ποικίλων κανονισμών που συνδέονται με την προώθηση κυβερνητικών προγραμμάτων, την εξασφάλιση ομοσπονδιακών αδειών, συμβολαίων και επιχορηγήσεων του κράτους. Η νομοθεσία, επίσης, αναγνωρίζει ότι δραστηριότητες λόμπι θεωρούνται όλες *«οι προσπάθειες που ενισχύουν αυτές τις επαφές, συμπεριλαμβανομένης της προετοιμασίας και του σχεδιασμού των δραστηριοτήτων, της έρευνας και οποιασδήποτε άλλης προεργασίας απαιτείται.»*

Στο επίπεδο της προεδρικής αρχής, η νομοθεσία περιλαμβάνει όλες τις επαφές με τον Πρόεδρο, τον Αντιπρόεδρο, τους υπαλλήλους και αξιωματούχους της προεδρικής εξουσίας, άτομα που έχουν διοριστεί σε κυβερνητικά πόστα ευθύνης και όλους τους υψηλόβαθμους στρατιωτικούς ακολούθους. Όσον αφορά στις επαφές με τη νομοθετική εξουσία, η νομοθεσία αναφέρεται σε όλες τις επαφές με τα μέλη του Κογκρέσου, με άτομα που έχουν εκλεγεί σε διάφορες θέσεις σε αυτό και με όλους τους υπαλλήλους του Κογκρέσου που αποτελούν τακτικό προσωπικό του ή συμμετέχουν σε ομάδες εργασίας και νομοπαρασκευαστικές επιτροπές.

Ως εξαιρέσεις από τις προεγγραφείσες υποχρεώσεις προβλέπονται οι ακόλουθες:

Κατ' αρχάς, η νομοθεσία δεν υποχρεώνει τους λομπίστες να καταθέσουν δηλώσεις στην περίπτωση που το εισόδημά τους δεν υπερέβαινε τις $5.500,00 το εξάμηνο, ενώ το ίδιο ίσχυε και για τις οργανώσεις εκείνες που απασχολούσαν υπαλλήλους και το ποσό των εξόδων τους δεν ξεπερνούσε τις $22.000,00 το εξάμηνο. Απαλλασσόταν επίσης, από την υποχρέωση υποβολής δηλώσεως ο δημόσιος υπάλληλος που ανέπτυσσε αυτού του είδους τη δραστηριότητα, προκειμένου να ασκήσει επιρροή κατά τη διαμόρφωση του κυβερνητικού έργου.

Τέλος, δε θεωρούνται δραστηριότητες λόμπι και συνεπώς δεν απαιτείτο σε αυτές τις περιπτώσεις και η υποβολή των σχετικών δηλώσεων, οι επαφές με παράγοντες των μέσων μαζικής ενημέρωσης ή η διενέργεια διαλέξεων, με σκοπό τη δημοσιοποίηση κάποιων θεμάτων στο κοινό. Ομοίως, δε χαρακτηρίζονται ως «λόμπι» οι επικοινωνιακές επαφές που αναπτύσσουν οι διάφορες εκκλησιαστικές και θρησκευτικές οργανώσεις, ή οι συναντήσεις που αιτούνται να έχουν με κυβερνητικά στελέχη, όταν αυτές γίνονται με σκοπό την απλή ενημέρωση και όχι την παρέμβαση στη διαμόρφωση κάποιου νομοθετικού μέτρου ή κυβερνητικού προγράμματος.

Η δήλωση έπρεπε να κατατεθεί 45 μέρες μετά την υλοποίηση της πρώτης επαφής ή μετά την πρόσληψη του λομπίστα και έπρεπε να περιέχει λεπτομέρειες που αφορούσαν στις δραστηριότητές του, στα συμφέροντα που εκπροσωπούσε καθώς και στην αμοιβή που εισέπραξε την περίοδο υποβολής της δήλωσης. Στη συνέχεια, οι λομπίστες υποχρεούνταν να παρουσιάζουν στις εξαμηνιαίες δηλώσεις τους τις επαφές που είχαν αναπτύξει, το όργανο της κρατικής εξουσίας που προσέγγισαν, τη θεματολογία με την οποία ασχολήθηκαν και τη σχετική νομοθεσία. Υποχρεούνταν ακόμη να κατονομάσουν τα κρατικά γραφεία και τις επιτροπές του Κογκρέσου που προσπάθησαν να επηρεάσουν, να αναφέρουν τα ονόματα των υπαλλήλων που χειρίστηκαν τις συγκεκριμένες υποθέσεις καθώς επίσης - σε ένδειξη καλής θελήσεως - το κόστος που θα καλούνταν να καταβάλει ο πελάτης για τις εργασίες λόμπι.

Το Κλείσιμο της «Περιστρεφόμενης Πόρτας»

Το Κογκρέσο προσπάθησε να δυναμώσει κάποια σημεία της νομοθεσίας του 1995 μέσα από ένα νέο ρυθμιστικό πλαίσιο με στόχο τη διαφάνεια στην διακυβέρνηση «The Honest Leadership and Open Government Act» [19] που υπέγραψε ο πρόεδρος Τζωρτζ Μπους (George W. Bush) τον Σεπτέμβριο του 2007.[26] Συγκεκριμένα, οι τροποποιήσεις του 2007 ενισχύουν την περιεκτικότητα των δηλώσεων πάνω στις δραστηριότητες των ομάδων λόμπι και τη χρηματοδότηση τους, ενώ τα πρόσθετα νομοθετικά μέτρα δίνουν μεγαλύτερη βάση στα λεγόμενα «δώρα» προς τα μέλη του Κογκρέσου και το προσωπικό τους και προβλέπουν την υποχρεωτική δημοσιοποίηση στοιχείων σε συγκεκριμένες δαπάνες του προϋπολογισμού.

Η σχετική νομοθεσία είχε επίσης στόχο να κλείσει την λεγόμενη «περιστρεφόμενη πόρτα» για πρώην μέλη του Κογκρέσου που αποκτούσαν αδικαιολόγητη πρόσβαση στην Γερουσία μετά την αποχώρησή τους από την κυβέρνηση. Δηλαδή, πρώην γερουσιαστές δεν μπορούν να επηρεάσουν μέλη της Γερουσίας, ενώ ανώτατα κυβερνητικά στελέχη απαγορεύεται να προσεγγίσουν τα γραφεία ή τους οργανισμούς που εργάζονταν για δύο χρόνια μετά την αποχώρησή τους. Η νομοθεσία επίσης απαγορεύει κάθε προσπάθεια επιρροής για ανώτατα διοικητικά στελέχη της Γερουσίας και της Βουλής, για ένα έτος μετά την αποχώρηση από την θέση τους.

Άλλα σημαντικά σημεία της νομοθεσίας του 2007 είναι ότι απαγορεύει στα μέλη και το προσωπικό τους να επηρεάσουν αποφάσεις πρόσληψης προσωπικού σε ιδιωτικούς οργανισμούς με κριτήρια τα κομματικά οφέλη. Τυχόν παραβιάσεις τη διάταξης αυτής επιφέρουν αυστηρά πρόστιμα και ποινή φυλάκισης που μπορεί να φτάσει τα 15 χρόνια. Επίσης, τα νέα μέτρα προβλέπουν αυξημένα πρόστιμα για παραβιάσεις της νομοθεσίας του 1995, από $50.000 σε $200.000 και σε φυλάκιση 5 χρόνων, ενώ οι δηλώσεις των λομπιστών πρέπει να κατατίθενται κάθε τρίμηνο.

Στις 21 Ιανουαρίου 2009, μία ημέρα μετά την ανάληψη των καθηκόντων του, ο Πρόεδρος Μπαράκ Ομπάμα (Barack Obama) υπέγραψε δύο προεδρικά διατάγματα και τρεις εκτελεστικές αποφάσεις, προκειμένου να διασφαλίσει την αξιοκρατία, την διαφάνεια και την υπευθυνότητα της κυβέρνησής του. Κύριο μέλημα των αποφάσεων αυτών ήταν να χαλιναγωγήσουν την επιρροή των ομάδων λόμπι, να αποσαφηνίσουν τις δαπάνες του ομοσπονδιακού κράτους και να περιορίσουν την επιρροή των πολύπλοκων συμφερόντων. Πολλές ρυθμίσεις επίσης απαιτούν, τυχόν αλληλογραφία με μέλη της κυβέρνησης να είναι γραπτή και να προβάλλεται στο διαδίκτυο, ενώ η επικοινωνία περιλαμβάνει και προφορικές προσπάθειες επιρροής του κυβερνητικού χώρου.

ΚΕΦΑΛΑΙΟ ΤΕΤΑΡΤΟ

Η νομοθεσία για τους αντιπροσώπους ξένων συμφερόντων[27]

Ενδιαφέρον παρουσιάζει και η νομοθεσία περί αντιπροσώπων ξένων συμφερόντων που ψηφίστηκε το 1938. Το πνεύμα της νομοθεσίας αυτής, ουσιαστικά, συμφωνεί με εκείνο της νομοθεσίας περί λόμπι. Σε αντίθεση όμως με εκείνη, η εν λόγω νομοθεσία προβλέπει αυστηρά πρόστιμα για τυχόν παραβάσεις και απαγορεύει τη χρήση οποιουδήποτε μέσου αντιπροσώπευσης ξένου συμφέροντος πριν από την εγγραφή και την υποβολή δήλωσης από τον αντιπρόσωπο στο Υπουργείο Δικαιοσύνης των ΗΠΑ. Οι δηλώσεις πρέπει να υποβάλλονται από τους αντιπροσώπους ξένων χωρών, στις περιπτώσεις που εκπροσωπούν αντίστοιχα συμφέροντα, ασχολούνται με πολιτικές επιδιώξεις και δημόσιες σχέσεις, λειτουργούν ως κέντρα πληροφοριών ή ως πολιτικοί σύμβουλοι, καθώς και όταν ασχολούνται με πολιτική προπαγάνδα προς όφελος ξένων συμφερόντων.

Οι δηλώσεις πρέπει να περιέχουν συγκεκριμένα στοιχεία που να αποτυπώνουν το οικονομικό μέγεθος της συμμετοχής του ξένου κράτους και να περιγράφουν τα αντικείμενα της αντιπροσώπευσης, τον τρόπο και τα μέσα που πρόκειται να χρησιμοποιηθούν. Θα πρέπει επίσης να αναφέρεται η ενδεχόμενη συνεργασία με άλλους φορείς ή οργανισμούς και να επισυνάπτονται αντίγραφα όλων των εγγράφων που σχετίζονται με τη συνολική διαδικασία της αντιπροσώπευσης.

Η νομοθεσία «περί» λόμπι του 1995, επέφερε τροποποιήσεις και στο ανωτέρω θεσμικό πλαίσιο, απαιτώντας την εγγραφή στο Υπουργείο Δικαιοσύνης όλων των προσώπων που ασχολούνται με πολιτικές δραστηριότητες για λογαριασμό αλλοδαπών εταιρειών, πολιτικών κομμάτων, συνεταιρισμών ή οργανώσεων και όλων αυτών που εκπροσωπούν εν γένει αλλοδαπά συμφέροντα ενώπιον των αμερικανικών κρατικών αρχών. Προβλέφθηκε επίσης, ότι μόνο οι λομπίστες ξένων κυβερνήσεων και πολιτικών κομμάτων είναι υποχρεωμένοι να καταθέτουν τις δηλώσεις τους στο Υπουργείο Δικαιοσύνης, ενώ όλοι οι υπόλοιποι πρέπει να τις καταθέτουν στη Γραμματεία του Κογκρέσου.

ΚΕΦΑΛΑΙΟ ΠΕΜΠΤΟ

Η νομοθεσία για την χρηματοδότηση
των εκλογικών εκστρατειών

Ένας τρόπος με τον οποίο η αμερικανική κυβέρνηση και το νομοθετικό σώμα της έχουν επιχειρήσει να μειώσουν την άσκηση επιρροής στα πολιτικά πρόσωπα είναι η επιβολή περιορισμών στις χρηματοδοτήσεις πολιτικών προσώπων, κατά τη διάρκεια των προεκλογικών εκστρατειών. Τα νομοθετικά μέτρα είναι αρκετά πολύπλοκα και σχεδόν σε ετήσια βάση, το Κογκρέσο επανεξετάζει προτάσεις για την αποτροπή χρηματοδοτήσεων των πολιτικών εκστρατειών που στοχεύουν στην άσκηση επιρροής σε πολιτικά πρόσωπα. Για παράδειγμα, οι εταιρείες δεν επιτρέπεται να χρηματοδοτούν ομοσπονδιακές εκλογικές εκστρατείες πολιτικών προσώπων.[28] Ωστόσο, ο νόμος επιτρέπει στις εταιρείες να δημιουργούν πολιτικές επιτροπές (τις λεγόμενες Political Action Committees – PACs), οι οποίες στη συνέχεια μπορούν να δαπανήσουν χρήματα για κάποιο πολιτικό κόμμα ή σε πρόσωπο που πολιτεύεται.

Η ομοσπονδιακή νομοθεσία περί χρηματοδότησης εκλογικών αναμετρήσεων, διαχωρίζει τις εισφορές υψηλής στόχευσης, που προορίζονται για πολιτικές θέσεις σε ομοσπονδιακό επίπεδο από τις εισφορές χαμηλότερης στόχευσης που απευθύνονται σε πολιτειακό επίπεδο. Αν και υπάρχουν κάποιες εξαιρέσεις, ο όρος «εισφορά» αναφέρεται σε ο,τιδήποτε περιέχει χρηματική αξία, ακόμα και αν πρόκειται για δωρεές τροφίμων, γραμματοσήμων, παραχώρηση χώρων, αεροπλάνων κτλ. Στο επίπεδο των ομοσπονδιακών αναμετρήσεων, ο κάθε πολίτης μπορεί να χορηγήσει συνολικά μέχρι \$101.400 σε κάθε 2η περίοδο εκλογών, από τις οποίες οι \$40.000 είναι το ανώτατο ποσό για κάθε γύρο ομοσπονδιακών εκλογών και οι \$4.200 το ποσό που μπορεί να διατεθεί για την προεκλογική χρηματοδότηση βουλευτών ή υποψηφίων για το αξίωμα του προέδρου των ΗΠΑ. Το ανώτατο ποσό της χρηματοδότησης κομμάτων είναι

$26.700 ετησίως, $10.000 για κόμματα πολιτειακού επιπέδου και $5.000 για τις πολιτικές επιτροπές.

Οι παραβιάσεις της ανωτέρω νομοθεσίας παλαιότερα θεωρούνταν ως απλά παραπτώματα, όμως με τις τροποποιήσεις του 2003 θεσπίσθηκαν αυστηρά μέτρα, έτσι ώστε οι χρηματοδοτήσεις που ξεπερνούν τις $25.000 ετησίως, να τιμωρούνται με φυλάκιση έως 5 ετών και πρόσθετες ποινικές ρήτρες. Στις 18 Ιανουαρίου του 2007, η Γερουσία ψήφισε τις πιο σημαντικές μεταρρυθμίσεις στη νομοθεσία του 1995, σύμφωνα με τις οποίες περιορίζονταν οι δωροδοκίες και η χρηματοδότηση ταξιδιών πολιτικών προσώπων. Τα νέα νομοθετικά μέτρα προέβλεπαν επίσης, αύξηση του προστίμου για την παραβίαση της νομοθεσίας, από $50.000 σε $100.000. Επιπλέον, οι δηλώσεις θα πρέπει να κατατίθενται κάθε τρίμηνο στη Γραμματεία της Βουλής και τα ανώτατα στελέχη του Κογκρέσου δεν επιτρέπεται να ασχολούνται με την άσκηση επιρροής σε κυβερνητικά στελέχη, για δύο χρόνια μετά την αποχώρησή τους από το πόστο τους. Η ισχύουσα νομοθεσία απαγορεύει επίσης την άσκηση δραστηριοτήτων λόμπι, για ένα χρόνο μετά τη συνταξιοδότηση ή την απομάκρυνση από οποιοδήποτε κυβερνητικό αξίωμα.

Η Βουλή των Αντιπροσώπων, από την άλλη, πρότεινε ορισμένα μέτρα στις 4 Ιανουαρίου του 2007, με τα οποία προσπάθησε να ρυθμίσει ανάλογα θέματα με μικρές σχετικά αποκλίσεις από εκείνα που ψήφισε η Γερουσία. Το τελικό κείμενο του νόμου πρέπει να συμφωνηθεί μέσα από τις επιτροπές της Γερουσίας και της Βουλής και να υπογραφεί από τον Πρόεδρο.

Σε γενικές γραμμές, όλες οι ρυθμίσεις για τη χρηματοδότηση των προεκλογικών εκστρατειών αποβλέπουν στη δημιουργία ενός συστήματος που θα αποτρέπει την οικονομική στήριξη των υποψηφίων πολιτικών από μεγάλες εταιρείες ή πλούσιους ιδιώτες. Συνοψίζοντας, όλα τα ανωτέρω μέτρα, δηλαδή ο καθορισμός ανώτατων ποσών χρηματοδότησης από ιδιώτες σε ετήσια βάση, η απαγόρευση δωρεών σε πολιτικούς και οι αυστηρές ποινές που προβλέπονται, αποδεικνύουν την ευαισθησία του αμερικανικού λαού στη συγκέντρωση δύναμης και τη σημασία που αποδίδει στην επιρροή των πολιτικών από ψηφοφόρους που χρηματοδοτούν τις προεκλογικές εκστρατείες.

ΚΕΦΑΛΑΙΟ ΕΚΤΟ

Έκθεση του Ανώτατου εισαγγελέα προς το Κογκρέσο για τα έτη 2002 & 2005

ΕΛΛΑΔΑ

Εταιρείες και οι δηλώσεις που κατέθεσαν το 2002:

4. **CLARK & WEINSTOCK**[29]
    (Αντιπροσώπευσε την Κυβέρνηση της Ελλάδος)
    Η δήλωση αναφέρει ότι μέλη της εταιρείας συναντήθηκαν με αξιωματούχους του Κογκρέσου, προκειμένου να συζητήσουν θέματα που αφορούν στη χρηματοδότηση της Τουρκίας και της Ελλάδας, καθώς και στις προσπάθειες καταπολέμησης της τρομοκρατίας. Η εταιρεία έλαβε ως αμοιβή, συνολικά, $106.996,00 για χρονικό διάστημα ενός εξαμήνου, το οποίο έληξε στις 30 Σεπτεμβρίου 2002.

5. **VAN SCOYOC ASSOCIATES, INC.**[30]
    (Αντιπροσώπευσε την Κυβέρνηση της Ελλάδος)
    Η δήλωση αναφέρει ότι μέλη της εταιρείας συναντήθηκαν με βουλευτές του Κογκρέσου για να συνομιλήσουν σχετικά με τη στρατιωτική εισφορά της Ελλάδος στην καταπολέμηση της τρομοκρατίας, την προετοιμασία των Ολυμπιακών αγώνων του 2004 και το επίπεδο των ελληνοαμερικανικών σχέσεων. Η εταιρεία έλαβε ως αμοιβή, συνολικά, $16.085,14 για χρονική περίοδο ενός εξαμήνου η οποία έληξε στις 31 Δεκεμβρίου 2002.

6. **CLARK & WEINSTOCK**
    (Αντιπροσώπευσε την Κυβέρνηση της Ελλάδος)
    Η δεύτερη δήλωση της συγκεκριμένης εταιρείας για το έτος 2002 αναφέρει ότι μέλη της συναντήθηκαν με βουλευτές του Κογκρέσου, όπου ανέπτυξαν ως θέματα συζήτησης την καταπολέμηση της τρομοκρα-

τίας για την περίοδο των Ολυμπιακών Αγώνων του 2004 και τις οικονομικές μεταρρυθμίσεις στην Τουρκία. Η εταιρεία έλαβε ως αμοιβή της το συνολικό ποσό των $161.226,00 για μια εξάμηνη περίοδο που διήρκεσε μέχρι τις 31 Μαρτίου 2002.

7. **VAN SCOYOC ASSOCIATES, INC.**
(Αντιπροσώπευσε την Κυβέρνηση της Ελλάδος)
Στη δεύτερη δήλωση αυτής της εταιρείας για το 2002, αναφέρεται ότι μέλη της ήρθαν σε επαφή με βουλευτές του Κογκρέσου, προκειμένου να συζητήσουν γενικά για τις ελληνοαμερικανικές σχέσεις. Η εταιρεία έλαβε ως αμοιβή, συνολικά, το ποσό των $15.737,27 για χρονική περίοδο ενός εξαμήνου, το οποίο έληξε στις 30 Ιουνίου 2002.

Εταιρείες και οι δηλώσεις που κατέθεσαν το πρώτο εξάμηνο του 2005:

Καμία δήλωση δεν κατατέθηκε για το πρώτο εξάμηνο του 2005.

ΚΥΠΡΟΣ

Εταιρείες και οι δηλώσεις που κατέθεσαν το 2002:

1. **BERLINER CORCORAN & ROWE, LLP.**[31]
   (Αντιπροσώπευσε την εταιρεία Polygon Company Ltd)
   Η δήλωση αναφέρει ότι η εταιρεία παρείχε πληροφορίες στο Παναμερικανικό Συμβούλιο Ανθρωπίνων Δικαιωμάτων (Inter-American Human Rights Commission). Αναφέρεται επίσης ότι η εταιρεία έλαβε ως αμοιβή, συνολικά, $19.985,00 για την εξάμηνη περίοδο που έληξε στις 28 Αυγούστου 2002.

2. **MULLIN COMMUNICATIONS, INC.**
   (Αντιπροσώπευσε την Πρεσβεία της Κύπρου)
   Στη δήλωση αναφέρεται ότι η εταιρεία είχε την επιμέλεια του μηνιαίου περιοδικού «Κύπρος» και ότι έλαβε ως συνολική αμοιβή το ποσό των $12.750,00 για χρονικό διάστημα έξι μηνών, το οποίο έληξε στις 31 Οκτωβρίου 2002.

3. **BERLINER CORCORAN & ROWE, LLP.**
   (Αντιπροσώπευσε την εταιρεία Polygon Company Ltd)
   Η δεύτερη δήλωση της ανωτέρω εταιρείας για το 2002, αναφέρει ότι παρείχε πληροφορίες για την προσφυγή στο Παναμερικανικό Συμβούλιο Ανθρωπίνων Δικαιωμάτων (Inter-American Human Rights Commission) και δεν αναφέρει καμία αμοιβή.

4. **MULLIN COMMUNICATIONS, INC.**
   (Αντιπροσώπευσε την Κυβέρνηση της Κύπρου)
   Η δήλωση αναφέρει ότι η εταιρεία είχε την επιμέλεια του μηνιαίου περιοδικού «Κύπρος», καθώς και ότι έλαβε ως αμοιβή, συνολικά, το ποσό των $12.500,00 για την εξάμηνη περίοδο που διήρκεσε μέχρι τις 30 Απριλίου 2002.

Εταιρείες και οι δηλώσεις που κατέθεσαν το πρώτο εξάμηνο του 2005:

5. **COVINGTON & BURLING**[32]
(Αντιπροσώπευσε την Κυβέρνηση της Κύπρου)
Στη δήλωση αναφέρεται ότι η εταιρεία παρείχε συμβουλές και βοήθεια προς την κυπριακή κυβέρνηση, γύρω από το θέμα των διμερών σχέσεων με τις ΗΠΑ και τις επαφές με τα ΜΜΕ. Αναφέρεται επίσης, ότι η εταιρεία έλαβε ως αμοιβή, συνολικά, το ποσό των $407.105,32 για την εξάμηνη περίοδο που έληξε στις 31 Μαΐου 2005.

6. **MULLIN COMMUNICATIONS, INC.**
(Αντιπροσώπευσε την Πρεσβεία της Κύπρου)
Η δήλωση αναφέρει ότι η εταιρεία άσκησε εκδοτική δραστηριότητα, αλλά δεν αναφέρει καμία απασχόληση ή αμοιβή για την περίοδο αυτή.

7. **FEDERALIST GROUP** (Παράρτημα της Ogilvy PR Worldwide Co.)
(Αντιπροσώπευσε την Κυβέρνηση της Κύπρου)
Σύμφωνα με την υποβληθείσα δήλωση, η εταιρεία παρείχε συμβουλές και βοήθεια προς την Κυπριακή κυβέρνηση σε θέματα διμερών σχέσεων με τις ΗΠΑ. Η εταιρεία ήρθε σε επαφή με μέλη του Κογκρέσου, άλλα κυβερνητικά στελέχη και με παράγοντες των ΜΜΕ προκειμένου να συζητήσουν για το ανωτέρω θέμα. Σύμφωνα και πάλι με τα στοιχεία της δήλωσης, η εταιρεία φέρεται να εισέπραξε ως αμοιβή, συνολικά, $45.000,00 για την εξάμηνη περίοδο που συμπληρώθηκε στις 30 Ιουνίου 2005.

8. **OFFICE OF THE TURKISH REPUBLIC OF NORTHERN CYPRUS**
(Αντιπροσώπευσε τον R.R. Denktash)
Η δήλωση αναφέρει ότι η εταιρεία είχε επαφές με μέλη και συμβούλους των Ηνωμένων Εθνών και στελέχη της αμερικανικής κυβέρνησης, προκειμένου να αποσπάσει πληροφορίες για καίρια θέματα της Κύπρου. Η εταιρεία έλαβε ως αμοιβή, συνολικά, $472.256,55 για την εξάμηνη περίοδο η οποία έληξε στις 16 Απριλίου 2005.

9. **PRISM PUBLIC AFFAIRS**[33]
(Αντιπροσώπευσε την Κυβέρνηση της Κύπρου)
Όπως προκύπτει από τα στοιχεία της δήλωσης, η εταιρεία προσέφερε συμβουλές και βοήθεια προς την κυπριακή κυβέρνηση σε θέματα, όπως την η επανένωση του νησιού, το σχέδιο Ανάν και οι σχέσεις της Ε.Ε. με την Τουρκία. Η εταιρεία συνέταξε δημοσιεύματα, βοήθησε την Πρεσβεία σε εσωτερικά δημοσιεύματα και προσέφερε συμβουλές επικοινωνίας στον Πρέσβη. Η δήλωση αναφέρει ότι έλαβε ως αμοιβή, συνολικά, το ποσό των $144.761,05 για την εξάμηνη περίοδο που έληξε στις 31 Μαΐου 2005.

FYROM

Εταιρείες και οι δηλώσεις που κατέθεσαν το 2002:

1. **BAKALOV, STOYAN I.**[34]
   (Αντιπροσώπευσε την Κυβέρνηση των Σκοπίων)
   Η δήλωση αναφέρει ότι ο Stoyan I. Bakalov συμμετείχε στο Transport Corridor Commission. Δεν αναφέρεται καμία άλλη εργασία ή κάποια αμοιβή για την περίοδο αυτή.

2. **BARBOUR GRIFFITH & ROGERS, INC.**[35]
   (Αντιπροσώπευσε το Υπουργείο Οικονομικών της Κυβέρνησης των Σκοπίων)
   Σύμφωνα με τη δήλωση, μέλη της εταιρείας είχαν επαφές με κυβερνητικά στελέχη, προκειμένου να ενισχυθεί η παρεχόμενη υποστήριξη προς την κυβέρνηση της FYROM, σχετικά με την υποψηφιότητα ένταξής της στο ΝΑΤΟ και την αύξηση των εξαγωγών υφαντουργικών προϊόντων προς τις ΗΠΑ. Η εταιρεία έλαβε ως αμοιβή, συνολικά, $125.407,05 για την εξάμηνη περίοδο που διήρκεσε μέχρι τις 30 Νοεμβρίου 2002.

3. **BAKALOV, STOYAN I.**
   (Αντιπροσώπευσε την Κυβέρνηση των Σκοπίων)
   Η δεύτερη δήλωση (της εταιρείας) αναφέρει ότι ο Stoyan I. Bakalov παρείχε δωρεάν υπηρεσίες στην Κυβέρνηση των Σκοπίων, στην Επιτροπή Μεταφορών (Transit Corridor Commission). Δηλώνεται επίσης, ότι οργάνωσε συναντήσεις με ανώτατους αξιωματούχους της αμερικανικής κυβέρνησης, προκειμένου να συνομιλήσουν για το θέμα της στρατιωτικής βάσης στα Σκόπια και το πρόγραμμα βοήθειας τροφίμων του οργανισμού USDA. Η δήλωση δεν αναφέρει καμία άλλη εργασία ή κάποια αμοιβή για τη συγκεκριμένη περίοδο.

4. **BARBOUR GRIFFITH & ROGERS, INC.**
(Αντιπροσώπευσε το Υπουργείο Οικονομικών της Κυβέρνησης των Σκοπίων)
Η δεύτερη δήλωση της εν λόγω εταιρείας αναφέρει, όπως και η πρώτη άλλωστε, ότι μέλη της είχαν επαφές με κυβερνητικά στελέχη, σε μια προσπάθεια ενίσχυσης της παρεχόμενης βοήθειας προς την κυβέρνηση της FYROM για την υποψηφιότητα ένταξής της στο ΝΑΤΟ και για την αύξηση των εξαγωγών υφαντουργικών προϊόντων προς τις ΗΠΑ. Η εταιρεία έλαβε ως αμοιβή, συνολικά, $156.465,54 για το εξάμηνο διάστημα που διήρκεσε μέχρι τις 31 Μαΐου 2002.

5. **WILLIAM ALEXANDER**
(Αντιπροσώπευσε την Κυβέρνηση των Σκοπίων)
Σύμφωνα με τη δήλωση, ο William Alexander προσέφερε δωρεάν υπηρεσίες στην Κυβέρνηση των Σκοπίων και είχε συναντήσεις με ανώτατους αξιωματούχους της αμερικανικής κυβέρνησης, όπου συζητήθηκαν τα θέματα ασφάλειας. Η δήλωση δεν αναφέρει καμία άλλη εργασία ή κάποια αμοιβή για την περίοδο αυτή.

Εταιρείες και οι δηλώσεις που κατέθεσαν το πρώτο εξάμηνο του 2005:

1. **ORION STRATEGIES, LLC**[36]
(Αντιπροσώπευσε την Κυβέρνηση των Σκοπίων)
Η δήλωση αναφέρει ότι η εταιρεία είχε επαφές με στελέχη της αμερικανικής κυβέρνησης για την προώθηση σημαντικών θεμάτων των Σκοπίων. Ως αμοιβή της αναφέρεται ότι έλαβε, συνολικά, το ποσό των $30.000,00 για την εξάμηνη περίοδο, η οποία έληξε στις 31 Μαΐου 2005.

ΤΟΥΡΚΙΑ

Εταιρείες και οι δηλώσεις που κατέθεσαν το 2002:

1. **APCO WORLDWIDE, INC.**[37]
   (Αντιπροσώπευσε την Κυβέρνηση της Τουρκίας)
   Η δήλωση αναφέρει ότι η εταιρεία παρακολούθησε τις κινήσεις της αμερικανικής κυβέρνησης, προσέφερε συμβουλές και ήρθε σε επαφή με μέλη του Κογκρέσου, στελέχη της Βουλής και της κυβέρνησης, με σκοπό να προωθήσει τις σχέσεις της Τουρκίας με τις ΗΠΑ. Η εταιρεία έλαβε ως αμοιβή, συνολικά, $82.500,00 για την εξάμηνη περίοδο που διήρκεσε μέχρι τις 30 Σεπτεμβρίου 2002.

2. **HARBOUR GROUP, LLC**[38]
   (Αντιπροσώπευσε την Κυβέρνηση της Τουρκίας)
   Στη δήλωση αναφέρεται ότι μέλη της εταιρείας παρείχαν συμβουλές προς την τουρκική κυβέρνηση για θέματα δημοσίων σχέσεων και για την ανάπτυξη μιας στρατηγικής επικοινωνίας μέσω των ΜΜΕ με το κοινό των ΗΠΑ. Παρείχε, επίσης, συμβουλευτική υποστήριξη προς την τουρκική κυβέρνηση σχετικά με την προσπάθεια επικοινωνίας με την εκτελεστική και τη νομοθετική αρχή του αμερικανικού κράτους. Η εταιρεία δεν δήλωσε κάποια αμοιβή για την περίοδο αυτή.

3. **JONES, WALKER, WAECHTER, POITEVENT, CARRERE & DENEGRE**[39]
   (Αντιπροσώπευσε την Κυβέρνηση της Τουρκίας)
   Σύμφωνα με τη δήλωση, η εταιρεία παρείχε συμβουλές και βοήθεια προς την τουρκική κυβέρνηση σε θέματα διμερών σχέσεων με τις ΗΠΑ. Ήρθε σε επαφή με μέλη του Κογκρέσου και δικηγορικά γραφεία, προκειμένου να συζητήσει το λόμπι εναντίον της Τουρκίας και να δημιουργήσει μια πιο θετική εικόνα στο αμερικανικό Κογκρέσο. Η δήλωση αναφέρει ότι η εταιρεία έλαβε ως αμοιβή, συνολικά, το ποσό των $112.500,00 για το εξάμηνο χρονικό διάστημα που έληξε στις 31 Ιουλίου 2002.

4. **LIVINGSTON GROUP, LLC[40]**
   (Αντιπροσώπευσε την Κυβέρνηση της Τουρκίας)
   Η δήλωση αναφέρει ότι μέλη της εταιρείας προσέφεραν συμβουλευτικές υπηρεσίες στην τουρκική κυβέρνηση σε θέματα που αφορούσαν στην ηγεσία των ΗΠΑ. Μέλη της είχαν επίσης πολυάριθμες συναντήσεις με μέλη του Κογκρέσου, με το βοηθητικό προσωπικό τους και άλλα κυβερνητικά στελέχη, προκειμένου να δημιουργήσουν ένα πιο θετικό περιβάλλον για την Τουρκία. Η εταιρεία έλαβε ως αμοιβή, συνολικά, $1.350.500,00 για την εξάμηνη περίοδο, η οποία διήρκεσε μέχρι τις 31 Ιουλίου 2002.

5. **LIVINGSTON-SOLOMON GROUP, LLC**
   (Αντιπροσώπευσε την Κυβέρνηση της Τουρκίας)
   Σύμφωνα με τη δήλωση, μέλη της εταιρείας είχαν επαφές με μέλη του Κογκρέσου, με το βοηθητικό προσωπικό τους και με άλλα κυβερνητικά στελέχη, προκειμένου να προωθήσουν θέματα της Τουρκίας, όπως τις σχέσεις της με τις ΗΠΑ, με το Ισραήλ, την Αρμενία, καθώς και ζητήματα που σχετίζονται με την τουρκική οικονομία και τα ανθρώπινα δικαιώματα. Η εταιρεία έλαβε ως αμοιβή, συνολικά, $525.000,00 για την εξάμηνη περίοδο που τελείωσε στις 31 Ιουλίου 2002.

6. **SOLARZ ASSOCIATES**
   (Αντιπροσώπευσε την Κυβέρνηση της Τουρκίας)
   Στη δήλωση αναφέρεται ότι μέλη της εταιρείας συναντήθηκαν με μέλη του Κογκρέσου, με το βοηθητικό προσωπικό τους και άλλα κυβερνητικά στελέχη, ώστε να ενισχύσουν τις σχέσεις της Τουρκίας με τις ΗΠΑ. Η εταιρεία έλαβε ως αμοιβή, συνολικά, το ποσό των $300.000,00 για το εξάμηνο χρονικό διάστημα, το οποίο έληξε στις 1 Σεπτεμβρίου 2002.

7. **APCO WORLDWIDE, INC.**
   (Αντιπροσώπευσε την Κυβέρνηση της Τουρκίας)
   Η δεύτερη δήλωση της ανωτέρω εταιρείας για το 2002, αναφέρει ότι παρακολούθησε τις κινήσεις της αμερικανικής κυβέρνησης, παρείχε συμβουλές και ήρθε σε επαφή με μέλη του Κογκρέσου, με στελέχη της Βουλής και της κυβέρνησης, προκειμένου να προωθήσει τις σχέσεις της Τουρκίας με τις ΗΠΑ. Η εταιρεία έλαβε ως αμοιβή το συνολικό ποσό των $55.000,00 για την εξάμηνη περίοδο, η οποία διήρκεσε μέχρι τις 31 Μαρτίου 2002.

8. **HARBOUR GROUP, LLC**
   (Αντιπροσώπευσε την Κυβέρνηση της Τουρκίας)
   Η δεύτερη δήλωση της εν λόγω εταιρείας για το 2002 αναφέρει ότι μέλη της παρείχαν συμβουλές προς την τουρκική κυβέρνηση για θέματα δημοσίων σχέσεων, επικοινωνίας με το κοινό των ΗΠΑ, και προβολής μέσω των Μ.Μ.Ε. Η εταιρεία παρείχε, επίσης, συμβουλευτική υποστήριξη προς την τουρκική κυβέρνηση για την ανάπτυξη επαφών με την εκτελεστική και τη νομοθετική αρχή του αμερικανικού κρά-

τους. Δεν δηλώθηκε κάποια αμοιβή για την περίοδο αυτή.

9. **JONES, WALKER, WAECHTER, POITEVENT, CARRERE & DENEGRE**
(Αντιπροσώπευσε την Κυβέρνηση της Τουρκίας)
Η δεύτερη δήλωση της εταιρείας για το 2002, αναφέρει ότι παρείχε συμβουλές και βοήθεια προς την τουρκική κυβέρνηση σε θέματα διμερών σχέσεων με τις ΗΠΑ. Η εταιρεία ήρθε σε επαφή με μέλη του Κογκρέσου και δικηγορικά γραφεία για να συζητήσει το λόμπι εναντίον της Τουρκίας και να δημιουργήσει μια πιο θετική εικόνα στο αμερικανικό Κογκρέσο. Η δήλωση αναφέρει ότι η εταιρεία έλαβε ως αμοιβή, συνολικά, το ποσό των $112.500,00 για την εξάμηνη περίοδο, η οποία έληξε στις 31 Ιανουαρίου 2002.

10. **LIVINGSTON GROUP, LLC**
(Αντιπροσώπευσε την Κυβέρνηση της Τουρκίας)
Η δεύτερη δήλωση του 2002 αναφέρει ότι μέλη της εταιρείας προσέφεραν συμβουλευτικές υπηρεσίες προς την τουρκική κυβέρνηση σε θέματα που αφορούν στην ηγεσία των ΗΠΑ. Μέλη της εταιρείας είχαν επίσης συναντήσεις με μέλη του Κογκρέσου, με το βοηθητικό προσωπικό τους και άλλα κυβερνητικά στελέχη, προκειμένου να δημιουργήσουν ένα καλύτερο κλίμα για την Τουρκία. Η εταιρεία έλαβε ως αμοιβή το ποσό των $459.518,99 για την εξάμηνη περίοδο η οποία διήρκεσε μέχρι τις 31 Ιανουαρίου 2002.

11. **LIVINGSTON-SOLOMON GROUP, LLC**
(Αντιπροσώπευσε την Κυβέρνηση της Τουρκίας)
Η δεύτερη δήλωση της συγκεκριμένης εταιρείας για το 2002 αναφέρει ότι μέλη της είχαν επαφές με μέλη του Κογκρέσου, με το βοηθητικό προσωπικό τους και με άλλα κυβερνητικά στελέχη, προκειμένου να συζητήσουν για τις σχέσεις της Τουρκίας με τις Η.Π.Α καθώς και για την οικονομική κρίση στην Τουρκία. Η εταιρεία έλαβε ως αμοιβή, συνολικά, το ποσό των $350.000,00 για την εξάμηνη περίοδο που τελείωσε στις 31 Ιανουαρίου 2002.

12. **SOLARZ ASSOCIATES**[41]
(Αντιπροσώπευσε την Κυβέρνηση της Τουρκίας)
Η δεύτερη δήλωση για το 2002 αναφέρει ότι μέλη της εταιρείας είχαν επαφές με μέλη του Κογκρέσου, με το βοηθητικό προσωπικό του και άλλα κυβερνητικά στελέχη, με σκοπό να προωθήσουν θέματα που αφορούν στην Τουρκία στις σχέσεις της με τις ΗΠΑ. Η εταιρεία έλαβε ως αμοιβή, συνολικά, $100.000,00 για την εξάμηνη περίοδο που διήρκεσε μέχρι την 1η Μαρτίου 2002.

Εταιρείες και οι δηλώσεις που κατέθεσαν το πρώτο εξάμηνο του 2005:

1. **APCO WORLDWIDE, INC.**
(Αντιπροσώπευσε την Κυβέρνηση της Τουρκίας)
Η δήλωση αναφέρει ότι η εταιρεία ήρθε σε επαφή με την κυβέρνηση της Τουρκίας, προκειμένου να προωθήσει τις σχέσεις της χώρας με

τις ΗΠΑ. Αναφέρεται ότι έλαβε ως αμοιβή, συνολικά, $27,500,00 για την εξάμηνη περίοδο που τελείωσε στις 31 Μαρτίου του 2005.

2. **GLOVER PARK GROUP**[42]
   (Αντιπροσώπευσε την Τουρκική Πρεσβεία-μέσω της εταιρείας Harbor Group, LLC)
   Σύμφωνα με τη δήλωση, μέλη της εταιρείας παρείχαν συμβουλές για θέματα δημοσίων σχέσεων και επικοινωνίας με το κοινό των ΗΠΑ. Υποστήριξε, επίσης, συμβουλευτικά την τουρκική κυβέρνηση για την επίτευξη επικοινωνίας με την εκτελεστική και τη νομοθετική αρχή του αμερικανικού κράτους. Η εταιρεία δε δήλωσε κάποια αμοιβή για την περίοδο αυτή.

3. **HARBOUR GROUP, LLC**
   (Αντιπροσώπευσε την Τουρκική Πρεσβεία)
   Στη δήλωση αναφέρεται ότι μέλη της εταιρείας παρείχαν προς την τουρκική κυβέρνηση συμβουλές δημοσίων σχέσεων και γενικότερα επικοινωνίας με το κοινό των Η.Π.Α και προβολής μέσω των ΜΜΕ. Η εταιρεία ασχολήθηκε, επίσης, με την πρόσβαση στα ΜΜΕ με σκοπό τη μετάδοση της πληροφόρησης, την προώθηση των συνεντεύξεων με τον Πρέσβη, καθώς και την προβολή συγγραμμάτων από μέλη της τουρκικής κυβέρνησης. Προέβη, επίσης, στην έκδοση ηλεκτρονικής εφημερίδας, την οποία προωθεί σε κέντρα πληροφόρησης, σε πολιτικούς αναλυτές και σε άλλα άτομα που ενδιαφέρονται για τις σχέσεις Τουρκίας-Αμερικής. Η εταιρεία έλαβε ως αμοιβή, συνολικά, το ποσό των $150,000,00 για την εξάμηνη περίοδο η οποία διήρκεσε μέχρι τις 31 Μαρτίου του 2005.

4. **ISRAEL CONSULT, INC.**[43]
   (Αντιπροσώπευσε την Τουρκική Πρεσβεία)
   Η δήλωση δεν αναφέρει καμία εργασία ή κάποια αμοιβή για την περίοδο αυτή.

5. **JONES, WALKER, WAECHTER, POITEVENT, CARRERE & DENEGRE**
   (Αντιπροσώπευσε την Κυβέρνηση της Τουρκίας)
   Η δήλωση αναφέρει ότι η εταιρεία παρείχε συμβουλές και βοήθεια προς την τουρκική κυβέρνηση σε θέματα διμερών σχέσεων με τις ΗΠΑ. Ήρθε σε επαφή με μέλη του Κογκρέσου και δικηγορικά γραφεία για να συζητήσει το λόμπι εναντίον της Τουρκίας και να δημιουργήσει μια καλύτερη εικόνα στο αμερικανικό Κογκρέσο. Αναφέρεται ότι έλαβε ως αμοιβή, συνολικά, $75.000,00 για την εξάμηνη περίοδο που τελείωσε στις 31 Ιανουαρίου 2005.

6. **LIVINGSTON GROUP, LLC**
   (Αντιπροσώπευσε την Κυβέρνηση της Τουρκίας)
   Σύμφωνα με τη δήλωση, μέλη της εταιρείας παρείχαν συμβουλευτικές υπηρεσίες προς την τουρκική κυβέρνηση σε θέματα που αφορούν στην ηγεσία των ΗΠΑ. Επίσης, παρείχε συμβουλευτική υποστήριξη στον Πρέσβη της Τουρκίας. Στελέχη της εταιρείας είχαν πολυάριθμες

συναντήσεις με μέλη του Κογκρέσου, με το βοηθητικό προσωπικό τους και άλλα κυβερνητικά στελέχη, προκειμένου να συζητήσουν θέματα που αφορούν στην κατάσταση Τούρκων κρατουμένων στον Ιράν, στην πολιτική της Αμερικής απέναντι στο Ιράκ και την παρεχόμενη πολεμική βοήθεια προς την Τουρκία. Η εταιρεία έλαβε ως αμοιβή, συνολικά, το ποσό των $450.000,00 για την εξάμηνη περίοδο η οποία έληξε στις 31 Ιανουαρίου 2005.

7. **SOLARZ ASSOCIATES**
   (Αντιπροσώπευσε την Κυβέρνηση της Τουρκίας)
   Η δήλωση αναφέρει ότι μέλη της εταιρείας είχαν επαφές με μέλη του Κογκρέσου, με το βοηθητικό προσωπικό τους και άλλα κυβερνητικά στελέχη, προκειμένου να προωθήσουν τις σχέσεις της Τουρκίας με τις ΗΠΑ. Η εταιρεία έλαβε ως αμοιβή, συνολικά, το ποσό των $100.000,00 για χρονικό διάστημα ενός εξαμήνου, το οποίο διήρκεσε μέχρι τις 28 Φεβρουαρίου 2005.

8. **SOFTWARE STRATEGIES, LLC**
   (Αντιπροσώπευσε την Κυβέρνηση της Τουρκίας μέσω της εταιρείας Israel Consult Inc.)
   Στη δήλωση αναφέρεται ότι η εταιρεία προσέφερε υπηρεσίες στην κυβέρνηση της Τουρκίας σε θέματα στρατηγικής επικοινωνίας με τα ΜΜΕ και προώθησε συναντήσεις με στελέχη τις αμερικανικής κυβέρνησης. Η δήλωση δεν αναφέρει κάποια αμοιβή για την περίοδο αυτή.

ΙΣΡΑΗΛ

Εταιρείες και οι δηλώσεις που κατέθεσαν το 2002:

1. **ALDEN FILMS, BUSINESS EDUCATION FILMS, FILMS OF THE NATIONS**
   (Αντιπροσώπευσε το Γενικό Προξενείο του Ισραήλ-Πρώην Υπηρεσία Πληροφοριών του Ισραήλ)
   Η δήλωση δεν αναφέρει καμία εργασία ή κάποια αμοιβή για την περίοδο αυτή.

2. **ARNOLD & PORTER**[44]
   (Αντιπροσώπευσε την Κυβέρνηση του Ισραήλ)
   Σύμφωνα με τη δήλωση, μέλη της εταιρείας προσέφεραν συμβουλές στην Κυβέρνηση του Ισραήλ για θέματα που αφορούν στη χρηματοδότηση αυτοκινήτων, στη νομοθεσία των ΗΠΑ, στους κανονισμούς και στην πολιτική της φορολόγησης, των τραπεζικών συναλλαγών, του διεθνούς εμπορίου και άλλων οικονομικών και χρηματικών θεμάτων. Επίσης, παρείχε συμβουλές και βοήθεια για την εγγραφή μετοχικών κεφαλαίων σε συνεργασία με τον κρατικό οργανισμό των ΗΠΑ, SEC (Securities and Exchange Commission). Τέλος, μέλη της εταιρείας συναντήθηκαν με κυβερνητικά στελέχη προκειμένου να συζητήσουν για ζητήματα εμπορικού δικαίου, όπως αυτό που αφορά στη χώρα προέλευσης των προϊόντων που διακινούνται σύμφωνα με τη Συνθήκη Ελεύθερης Διακίνησης Προϊόντων που έχει υπογραφεί μεταξύ των ΗΠΑ και του Ισραήλ. Η εταιρεία έλαβε ως αμοιβή, συνολικά, το ποσό των $251.726,07 για την εξάμηνη περίοδο η οποία διήρκεσε μέχρι τις 4 Δεκεμβρίου 2002.

3. **MANNING, SELVAGE & LEE**[45]
   (Αντιπροσώπευσε την εταιρεία Enavis Networks, Ltd)
   Η δήλωση δεν αναφέρει καμία εργασία ή κάποια αμοιβή για τη συ-

γκεκριμένη περίοδο.

4. **MWW GROUP**[46]
(Αντιπροσώπευσε το Υπουργείο Τουρισμού του Ισραήλ)
Η δήλωση δεν αναφέρει καμία εργασία ή κάποια αμοιβή για την πε-
ρίοδο αυτή.

5. **NURNBERGER & ASSOCIATES, INC.**
(Αντιπροσώπευσε το Εβραϊκό Πανεπιστήμιο της Ιερουσαλήμ)
Σύμφωνα με τη δήλωση, η εταιρεία βοήθησε το Πανεπιστήμιο να συ-
νάψει συμβόλαια ή και να αποσπάσει επιχορηγήσεις. Η δήλωση δεν
αναφέρει κάποια αμοιβή για την περίοδο αυτή.

6. **RUBENSTEIN ASSOCIATES, INC.**[47]
(Αντιπροσώπευσε το Εβραϊκό Προξενείο της Νέας Υόρκης)
Η δήλωση αναφέρει ότι η εταιρεία παρείχε υπηρεσίες δημοσίων σχέ-
σεων, συμπεριλαμβανομένων και των προσπαθειών να προωθήσει
ανώτατα στελέχη του Προξενείου στα διάφορα τοπικά και εθνικά
ΜΜΕ, σε θέματα που αφορούν στο Ισραήλ, προγραμματίζοντας γε-
γονότα που βοηθούν την εικόνα του Ισραήλ ή προωθούν προσπά-
θειες μείωσης της βίας στην περιοχή της Νέας Υόρκης, ώστε να απο-
σπάσουν θετικά σχόλια στα ΜΜΕ, προγραμματίζοντας παράλληλα
συνεντεύξεις τύπου και συγκεντρώσεις που προωθούν τους τοπι-
κούς εβραϊκούς οργανισμούς και τους πολιτικούς της Νέας Υόρκης.
Η εταιρεία έλαβε ως αμοιβή, συνολικά, $120.000,00 για την εξάμηνη
περίοδο που τελείωσε στις 30 Δεκεμβρίου 2002.

7. **RUDER & FINN, INC.**[48]
(Αντιπροσώπευσε την εταιρεία Gillat Satellite Networks, Ltd.)
Η δήλωση αναφέρει ότι η εταιρεία προετοίμασε και διένειμε ενημερω-
τικό υλικό. Ως αμοιβή της έλαβε, συνολικά, το ποσό των $114.910,78
για την εξάμηνη περίοδο που διήρκεσε μέχρι τις 27 Σεπτεμβρίου 2002.

8. **RUDER & FINN, INC.**
(Αντιπροσώπευσε την εταιρεία I.I.S. Intelligent Information Systems)
Η δήλωση αναφέρει ότι η εταιρεία παρείχε υπηρεσίες δημοσίων σχέ-
σεων. Δε δηλώνεται κάποια αμοιβή για την περίοδο αυτή.

9. **SIDLEY AUSTIN BROWN & WOOD**[49]
(Αντιπροσώπευσε την Κυβέρνηση του Ισραήλ)
Στη δήλωση αναφέρεται ότι η εταιρεία παρείχε νομικές υπηρεσίες
στην Κυβέρνηση του Ισραήλ για διάφορες νομικές διαδικασίες που
διεξάγονταν στις Ηνωμένες Πολιτείες. Η εταιρεία, επίσης, μελέτησε
όλο το θεσμικό πλαίσιο, βάσει του οποίου παρείχε και τις σχετικές νο-
μικές συμβουλές προς την Κυβέρνηση του Ισραήλ. Η συνολική αμοι-
βή που έλαβε ανερχόταν σε $58.648,75 για την εξάμηνη περίοδο που
τελείωσε στις 13 Σεπτεμβρίου του 2002.

10. **WORLD ZIONIST ORGANIZATION-AMERICAN SECTION, INC.**
(Αντιπροσώπευσε το Κυβερνείο του Οργανισμού, Ιερουσαλήμ)

Η δήλωση αναφέρει ότι ο οργανισμός συμμετείχε σε συνέδρια εργασίας και διασκέψεις και διένειμε υλικό προκειμένου να ενισχύσει την υποστήριξη των εκπαιδευτικών, πολιτιστικών και θρησκευτικών στόχων του. Σύμφωνα με τη δήλωση, οι δαπάνες του οργανισμού ανήλθαν στο ποσό των $5.562.407,00 για την περίοδο η οποία έληξε στις 31 Δεκεμβρίου 2002.

11. **ALDEN FILMS, BUSINESS EDUCATION FILMS, FILMS OF THE NATIONS**
(Αντιπροσώπευσε το Γενικό Προξενείο του Ισραήλ-Πρώην Υπηρεσία Πληροφοριών του Ισραήλ)
Η δεύτερη δήλωση της εταιρείας για το 2002 δεν αναφέρει καμία εργασία ή κάποια αμοιβή για την περίοδο αυτή.

12. **ARNOLD & PORTER**
(Αντιπροσώπευσε την Κυβέρνηση του Ισραήλ)
Η δεύτερη δήλωση της συγκεκριμένης εταιρείας για το 2002, αναφέρει ότι μέλη της παρείχαν συμβουλές προς την Κυβέρνηση του Ισραήλ σε θέματα που αφορούν στην χρηματοδότηση αυτοκινήτων, στη νομοθεσία των ΗΠΑ, στους κανονισμούς και στην πολιτική της φορολογίας, των τραπεζικών συναλλαγών, του διεθνούς εμπορίου και άλλων οικονομικών και χρηματικών θεμάτων. Επίσης, παρείχε συμβουλές και βοήθεια για την εγγραφή μετοχικών κεφαλαίων σε συνεργασία με τον κρατικό οργανισμό των ΗΠΑ, SEC (Securities and Exchange Commission). Τέλος, μέλη της εταιρείας συναντήθηκαν με κυβερνητικά στελέχη για θέματα εμπορικού δικαίου, όπως αυτό που αφορά στη χώρα προέλευσης των προϊόντων που διακινούνται σύμφωνα με τη Συνθήκη Ελεύθερης Διακίνησης Προϊόντων μεταξύ των ΗΠΑ και του Ισραήλ. Η εταιρεία έλαβε ως αμοιβή, συνολικά, $265.733,58 για την εξάμηνη περίοδο η οποία διήρκεσε μέχρι τις 4 Ιουνίου 2002.

13. **MANNING, SELVAGE & LEE**
(Αντιπροσώπευσε την εταιρεία Enavis Networks, Ltd)
Η δεύτερη δήλωση της εταιρείας για το 2002 δεν αναφέρει καμία εργασία ή κάποια αμοιβή για την περίοδο αυτή.

14. **MWW GROUP**
(Αντιπροσώπευσε το Υπουργείο Τουρισμού του Ισραήλ)
Η δεύτερη δήλωση της εν λόγω εταιρείας για το έτος 2002 δεν αναφέρει καμία εργασία ή κάποια αμοιβή τη συγκεκριμένη περίοδο.

15. **ZVI RAFIAH**
(Αντιπροσώπευσε τον Οργανισμό Rafael Armament Development Authority)
Η δεύτερη δήλωση για το 2002 δεν αναφέρει κάποια εργασία ή αμοιβή για την περίοδο αυτή.

16. **RUBENSTEIN ASSOCIATES, INC.**
(Αντιπροσώπευσε το Εβραϊκό Προξενείο της Νέας Υόρκης)
Η δεύτερη δήλωση της εταιρείας για το 2002 αναφέρει ότι παρεί-

χε ποικίλες υπηρεσίες δημόσιων σχέσεων. Ειδικότερα, αφορούσαν στην προώθηση ανώτατων στελεχών του προξενείου στα διάφορα τοπικά και εθνικά ΜΜΕ για την προβολή θεμάτων του Ισραήλ, καθώς και στην προβολή γεγονότων και εκδηλώσεων που βελτιώνουν την εικόνα του Ισραήλ και υποδηλώνουν προσπάθειες μείωσης της βίας στην περιοχή της Νέας Υόρκης. Όλες αυτές οι ενέργειες, καθώς και ο προγραμματισμός συνεντεύξεων τύπου και συγκεντρώσεων, απέβλεπαν στην απόσπαση θετικών σχολίων από τα ΜΜΕ και στην προώθηση των τοπικών εβραϊκών οργανισμών και των πολιτικών της Νέας Υόρκης. Η εταιρεία έλαβε ως αμοιβή, συνολικά, $110.000,00 για την εξάμηνη περίοδο η οποία διήρκεσε μέχρι τις 31 Μαρτίου 2002.

17. RUDER & FINN, INC.
(Αντιπροσώπευσε την εταιρεία Gilt Satellite Networks, Ltd.)
Η δεύτερη δήλωση του 2002 αναφέρει ότι η εταιρεία σχεδίασε και διένειμε ενημερωτικό υλικό. Δεν αναφέρεται κάποια αμοιβή για την περίοδο αυτή.

18. SIDLEY AUSTIN BROWN & WOOD
(Αντιπροσώπευσε την Κυβέρνηση του Ισραήλ)
Η δεύτερη δήλωση της εταιρείας για το έτος 2002, αναφέρει ότι παρείχε νομικές υπηρεσίες στην κυβέρνηση του Ισραήλ, για διάφορες νομικές διαδικασίες που διεξήχθησαν στις Ηνωμένες Πολιτείες. Η εταιρεία μελέτησε, επίσης, τη νομοθεσία και γενικότερα όλο το θεσμικό πλαίσιο και προσέφερε τις σχετικές νομικές συμβουλές προς την κυβέρνηση του Ισραήλ για τα θέματα αυτά. Έλαβε ως αμοιβή, συνολικά, το ποσό των $69.039,38 για την εξάμηνη περίοδο που τελείωσε στις 13 Μαρτίου του 2002.

19. WORLD ZIONIST ORGANIZATION-AMERICAN SECTION, INC.
(Αντιπροσώπευσε το Κυβερνείο του Οργανισμού, Ιερουσαλήμ)
Η δεύτερη δήλωση του 2002 αναφέρει ότι ο οργανισμός συμμετείχε σε συνέδρια εργασίας και διασκέψεις και διένειμε υλικό προκειμένου να ενισχύσει την υποστήριξη των εκπαιδευτικών, πολιτιστικών και θρησκευτικών στόχων του οργανισμού. Η δήλωση αναφέρει ότι οι δαπάνες του οργανισμού ανήλθαν στο ποσό των $3.871.891,00, για την περίοδο που έληξε στις 30 Ιουνίου 2002.

Εταιρείες και οι δηλώσεις που κατέθεσαν το πρώτο εξάμηνο του 2005:

1. ALDEN FILMS, BUSINESS EDUCATION FILMS, FILMS OF THE NATIONS
(Αντιπροσώπευσε το Γενικό Προξενείο του Ισραήλ-Πρώην Υπηρεσία Πληροφοριών του Ισραήλ)
Η δήλωση δεν αναφέρει καμία εργασία ή κάποια αμοιβή για την περίοδο αυτή.

2. ARNOLD & PORTER
(Αντιπροσώπευσε την Κυβέρνηση του Ισραήλ)

Σύμφωνα με τη δήλωση, μέλη της εταιρείας παρείχαν συμβουλές προς την κυβέρνηση του Ισραήλ, σε θέματα που αφορούν στην χρηματοδότηση αυτοκινήτων, στη νομοθεσία των ΗΠΑ, στους κανονισμούς και στην πολιτική φορολογίας, τραπεζικών συναλλαγών, διεθνούς εμπορίου και άλλων οικονομικών και χρηματικών θεμάτων. Επίσης, η εταιρεία παρείχε συμβουλές και βοήθεια για την εγγραφή μετοχικών κεφαλαίων σε συνεργασία με τον κρατικό οργανισμό των ΗΠΑ, SEC (Securities and Exchange Commission) καθώς και για το πρόγραμμα δανειοδότησης από τις ΗΠΑ. Μέλη της αντιπροσώπευσαν επίσης το Ισραήλ σε δικαστικές υποθέσεις, ενώ συγχρόνως συναντήθηκαν και με κυβερνητικά στελέχη, προκειμένου να συζητήσουν για τη συμμόρφωση με τις κυρώσεις που είχαν επιβληθεί για διάφορα θέματα που σχετίζονται με τη διεξαγωγή εμπορίου. Η εταιρεία έλαβε ως αμοιβή, συνολικά, το ποσό των $391.325,15 για την εξάμηνη περίοδο που τελείωσε στις 30 Ιουνίου 2005.

3. **ARENT FOX, PLLC[50]**
(Αντιπροσώπευσε την εταιρεία Israel Foreign Trade Risks Insurance Corporation, Ltd)
Η εταιρεία παρείχε νομικές και άλλες σχετικές υπηρεσίες σε θέματα που σχετίζονται με την τράπεζα εξαγωγών-εισαγωγών των ΗΠΑ, όπως τη σύναψη διμερών συνθηκών χρηματοδότησης. Η εταιρεία έλαβε ως αμοιβή, συνολικά, $305,00 για την εξάμηνη περίοδο που τελείωσε στις 28 Φεβρουαρίου 2005.

4. **MWW GROUP**
(Αντιπροσώπευσε το Υπουργείο Τουρισμού του Ισραήλ)
Η δήλωση δεν αναφέρει καμία εργασία ούτε για την περίοδο αυτή.

5. **NURNBERGER & ASSOCIATES, INC.**
(Αντιπροσώπευσε το Εβραϊκό Πανεπιστήμιο της Ιερουσαλήμ)
Σύμφωνα με τη δήλωση, η εταιρεία είχε επαφές με μέλη του Κογκρέσου, με το βοηθητικό προσωπικό που εργάζεται στο Κογκρέσο, με στελέχη της αμερικανικής κυβέρνησης και άλλους ιδιωτικούς οργανισμούς, προκειμένου να βοηθήσει Εβραίους επιστήμονες να συμμετάσχουν σε ερευνητικά προγράμματα των ΗΠΑ, καθώς και να εξασφαλίσει πηγές χρηματοδότησης από κρατικούς και ιδιωτικούς φορείς. Η εταιρεία έλαβε ως αμοιβή το συνολικό ποσό των $31.500,00 για χρονική περίοδο ενός εξαμήνου η οποία διήρκεσε μέχρι τις 28 Φεβρουαρίου 2005.

6. **RUBENSTEIN ASSOCIATES, INC.**
(Αντιπροσώπευσε το Εβραϊκό Προξενείο της Νέας Υόρκης)
Η δήλωση αναφέρει ότι η εταιρεία παρείχε υπηρεσίες δημοσίων σχέσεων και καθοδήγησης. Ως αμοιβή έλαβε το ποσό των $3.000,00 για την εξάμηνη περίοδο που τελείωσε στις 31 Μαρτίου 2005.

7. **RADAY, BOAZ**
(Αντιπροσώπευσε το Κράτος του Ισραήλ)

Σύμφωνα με τα στοιχειά της δήλωσης η εταιρεία προσέφερε νομικές και συμβουλευτικές υπηρεσίες σε θέματα εμπορικών κυρώσεων κατά της εταιρείας Eilat Ashklelon Pipeline Company. Σύμφωνα με τα ίδια στοιχεία, η εταιρεία έλαβε ως αμοιβή, συνολικά, $10.966,53, για την εξάμηνη περίοδο η οποία διήρκεσε μέχρι τις 5 Μαΐου 2005.

8. **GEOFFREY WEILL ASSOCIATES INC.**[51]
(Αντιπροσώπευσε το Υπουργείου Τουρισμού του Ισραήλ)
Η δήλωση αναφέρει ότι η εταιρεία ασχολήθηκε με την προώθηση του τουρισμού. Δεν αναφέρεται κάποια αμοιβή για την περίοδο αυτή.

9. **SIDLEY AUSTIN BROWN & WOOD**
(Αντιπροσώπευσε την Κυβέρνηση του Ισραήλ)
Στη δήλωση αναφέρεται ότι η εταιρεία παρείχε νομικές υπηρεσίες και άσκησε δραστηριότητα λόμπι για την κυβέρνηση του Ισραήλ. Ως αμοιβή της καταγράφεται το συνολικό ποσό των $22.351,82 για την εξάμηνη περίοδο που έληξε στις 31 Μαρτίου 2005.

10. **ELCHANAN LANDAU LAW OFFICES**[52]
(Αντιπροσώπευσε την Κυβέρνηση του Ισραήλ)
Η δήλωση αναφέρει ότι η εταιρεία προσέφερε νομικές και συμβουλευτικές υπηρεσίες σε θέματα εμπορικών κυρώσεων κατά της εταιρείας Eilat Ashklelon Pipeline Company. Ως αμοιβή της έλαβε, συνολικά, $85.893 για την εξάμηνη περίοδο που τελείωσε στις 5 Μαΐου 2005.

11. **WORLD ZIONIST ORGANIZATION-AMERICAN SECTION, INC.**
(Αντιπροσώπευσε το Κυβερνείο του Οργανισμού, Ιερουσαλήμ)
Σύμφωνα με τη δήλωση, ο εν λόγω οργανισμός συμμετείχε σε συνέδρια εργασίας και διασκέψεις διανέμοντας υλικό προκειμένου να ενισχύσει την υποστήριξη των εκπαιδευτικών, πολιτιστικών και θρησκευτικών στόχων του. Η δήλωση αναφέρει ότι οι δαπάνες του οργανισμού ανήλθαν σε $5.072.935,00 για την περίοδο που έληξε στις 30 Ιουνίου 2005.

Πίνακας 3. Συνολικά χρηματικά ποσά & ποσοστά ανά χώρα για τα έτη 2002-2005

Χώρα	Ποσά	Ποσοστό
Ελλάδα	300.044,41	1,36%
Κύπρος	1.114.357,92	5,06%
FYROM	311.872,59	1,42%
Τουρκία	4.250.018,99	19,30%
Ισραήλ	16.042.633,06	72,86%
Σύνολο	**22.018.926,97**	**100,00%**

ΚΕΦΑΛΑΙΟ ΕΒΔΟΜΟ

Παράδειγμα Προς Μίμηση: Το Εβραϊκό Λόμπι

Κατά κοινή παραδοχή, περισσότερο αποτελεσματικό είναι το εβραϊκό λόμπι, το οποίο προωθεί τα συμφέροντα του Ισραήλ στις ΗΠΑ προσφεύγοντας σε μεγάλες εταιρείες που δραστηριοποιούνται στον τομέα αυτό. Οι τελευταίες αναπτύσσουν δημόσιες σχέσεις και συνεργάζονται στενά με την άρτια οργανωμένη εβραϊκή ομογένεια, η οποία λειτουργεί με μεθοδικότητα και επαγγελματισμό. Είναι εύκολο να διαπιστώσει κανείς την αποτελεσματικότητα του εβραϊκού λόμπι, το οποίο έχει επιτύχει, όχι μόνο την πλήρη υποστήριξη της Αμερικανικής εξωτερικής πολιτικής στο Παλαιστινιακό ζήτημα, αλλά και σημαντική οικονομική στήριξη.

Το Ισραήλ δεν αρκείται μόνο στην απασχόληση των ανωτέρω εταιρειών για την προώθηση των συμφερόντων του στις ΗΠΑ, καθώς αυτό δε συνεπάγεται άνευ ετέρου και τη δυνατότητα πρόσβασης στο νομοθετικό σύστημα του κράτους. Έχοντας μια ομογένεια επαγγελματικά και οικονομικά πολύ ισχυρή, η κυβέρνηση του Ισραήλ έχει αναπτύξει στενή και πολύπλευρη συνεργασία με τις εβραϊκές οργανώσεις και τις ισχυρές εβραϊκές ομάδες πίεσης που δραστηριοποιούνται στην Αμερική. Οι εν λόγω οργανισμοί είναι κατάλληλα πλαισιωμένοι και επαγγελματικά δικτυωμένοι, προκειμένου να χειρίζονται μεθοδικά τις επαφές που αναπτύσσουν με τα μέλη του Κογκρέσου ή άλλων νομοθετικών οργάνων.

ΤΟ ΑΜΕΡΙΚΑΝΟΕΒΡΑΪΚΟ ΣΥΜΒΟΥΛΙΟ ΤΩΝ ΠΡΟΕΔΡΩΝ[53]

Το Αμερικανοεβραϊκό Συμβούλιο των Προέδρων έχει ως μέλη του τους μεγαλύτερους εβραϊκούς οργανισμούς στις ΗΠΑ, ενώ κύριος πρωταγωνιστής στη λειτουργία και την προώθηση των θεμάτων του οργανισμού είναι ο Μάλκολμ Χόενλιν (Malcolm Hoenlein). Ο οργανισμός δημιουργήθηκε μετά από σύσταση του Υπουργού Εξωτερικών των ΗΠΑ, Τζον Φόστερ Ντάλλες (John Foster Dulles), επί προεδρίας Ντουάτ Άιζενχάουερ (Dwight D. Eisenhower), ο οποίος είχε αγανακτήσει με τη συμμετοχή πολλών προέδρων εβραϊκών οργανισμών στην προώθηση των συμφερόντων τους.

Στα πρώτα 30 χρόνια της λειτουργίας του, ο οργανισμός είχε ως πρόεδρο τον Γεζούντα Χέλμαν (Yehuda Hellman), ο οποίος δεν προέβη σε ουσιαστικές ενέργειες για να ενισχύσει τον οργανισμό και τα μέλη του. Μετά το θάνατό του, η ηγεσία μεταβιβάστηκε στο Μάλκολμ Χόενλιν (Malcolm Hoenlein), ο οποίος πέρα από το ότι ήταν δυναμικός και ενεργητικός, κατάφερε να αποκτήσει πρόσβαση στο Υπουργείο Εξωτερικών, στο Εθνικό Συμβούλιο Ασφαλείας και στο Πεντάγωνο.

Ο οργανισμός απασχολεί 6 άτομα ως προσωπικό και ο ετήσιος προϋπολογισμός του δεν ξεπερνά το $1 εκατομμύριο, ενώ ο ίδιος ο Μάλκολμ Χόενλιν θεωρείται από πολλούς ως ο εβραίος με την μεγαλύτερη επιρροή στην πολιτική σκηνή της Αμερικής. Μία από τις οργανώσεις που ανήκουν στο Συμβούλιο των Προέδρων, είναι η Ένωση Αμερικανο-Εβραϊκών Ναών (Union of American Hebrew Congregations) που απαρτίζεται από 900 συναγωγές με περίπου 1,5 εκατομμύρια μέλη, ενώ η Ένωση Συναγωγών των Συντηρητικών Εβραίων (United Synagogue of Conservative Judaism) περιλαμβάνει 760 συναγωγές και έχει περίπου τον ίδιο αριθμό μελών με την Ένωση Ορθόδοξων (Orthodox Union), δηλαδή 600.000 μέλη και περίπου 800 συναγωγές (συνολικά: 1660 συναγωγές και 3.600.000 μέλη). Στο Συμβούλιο ανήκουν και πολλοί άλλοι μικρότεροι οργανισμοί, ενώ στο διοικητικό συμβούλιο συμμετέχουν επιφανή στελέχη που διακρίνονται για την οικονομική τους δύναμη και την επήρεια που ασκούν σε πρόσωπα και καταστάσεις, όπως ο δισεκατομμυριούχος, Ρόναλντ Λόντερ (Ronald Lauder), κληρονόμος της εταιρείας καλλυντικών *Estée Lauder*. Ο Λόντερ διορίστηκε Πρέσβης των ΗΠΑ στην Αυστρία, κατά τη διάρκεια της προεδρίας του Ρόναλντ Ρήγκαν και έχει προβεί σε μεγάλες δωρεές – προς διάφορα εβραϊκά φιλανθρωπικά ιδρύματα.

Μέλη του οργανισμού αυτού είναι οι ακόλουθες οργανώσεις:

1. Ameinu[54]

Η οργάνωση Ameinu συνεχίζει την παράδοση της Εργατικής Σιωνιστικής Ένωσης (Labor Zionist Alliance), έχοντας ως βασικό στόχο το στρατηγικό προγραμματισμό και την προώθηση των συμφερόντων της εβραϊκής παροικίας στις ΗΠΑ. Διαθέτοντας εμπειρία 100 ετών, προσπαθεί να προσελκύσει νέα μέλη στην οργάνωση και να αναδείξει αρχηγούς, ενώ το όραμά της είναι ένα εβραϊκό δημοκρατικό κράτος στο Ισραήλ, το οποίο να έχει ειρηνικές σχέσεις με τα γειτονικά κράτη, να επιτρέπει το θρησκευτικό πλουραλισμό και να παρέχει πλήρη κοινωνική και οικονομική δικαιοσύνη για όλους τους πολίτες. Σε σχέση με την πολιτική θεματολογία ο οργανισμός ασχολείται με εσωτερικά και διεθνή ζητήματα, όπως η προστασία του περιβάλλοντος, κάποια προγράμματα ιατρικής περίθαλψης για όλους τους πολίτες και η προστασία των προσωπικών ελευθεριών.

2. Οι Αμερικανοί Υποστηρικτές της Λικούντ[55]

Η οργάνωση των αμερικανών υποστηρικτών της Λικούντ (American Friends of Likud), αναλαμβάνει να ενημερώσει τους πολίτες για τα θέματα του Ισραήλ και τα γεγονότα στη Μέση Ανατολή, έχοντας ως βασικό στόχο την καλύτερη και πληρέστερη πληροφόρηση για το Σιωνισμό. Προωθεί μια δυναμική συνεργασία - στο επίπεδο της κοινωνικής υποστήριξης του Ισραήλ - μεταξύ των πολιτών του και των δημοκρατικά εκλεγμένων κυβερνητικών στελεχών. Προβάλλεται ως μια ανεξάρτητη δημοκρατική οργάνωση, παρά τους στενούς δεσμούς με το κόμμα Λικούντ του Ισραήλ και παραμένει μια ανεξάρτητη δημοκρατική κίνηση. Η οργάνωση έχει ενεργό συμμετοχή στο παγκόσμιο σιωνιστικό συνέδριο και διαδραματίζει σημαντικό ρόλο στις σχέσεις του παγκόσμιου κινήματος της Λικούντ, καθώς και στην εκπροσώπηση της αμερικανικής φωνής του κόμματος της Λικούντ στο Ισραήλ. Επίσης, συνεργάζεται στενά με την εβραϊκή αντιπροσωπεία για το Ισραήλ, με τα μέλη του αμερικανικού σιωνιστικού κινήματος και τη διάσκεψη των Προέδρων σημαντικών εβραϊκών οργανώσεων.

3. Η Αμερικανο-Εβραϊκή Ένωση Φιλίας[56]

Η εν λόγω μη κερδοσκοπική οργάνωση αποβλέπει στη σύσφιξη των σχέσεων μεταξύ των λαών της Αμερικής και του Ισραήλ και στην προώθηση κοινών σκοπών, προκειμένου να αναπτυχθεί μια κοινή αντίληψη σε ζητήματα που σχετίζονται με τις δημοκρατικές αξίες των δύο χωρών. Σύμφωνα με την άποψη του οργανισμού, τα ΜΜΕ δεν αποτυπώνουν τις ιδιαιτερότητες του Ισραήλ, αφού η κάλυψη γίνεται μόνο μέσα από το «φακό» της σύγκρουσης στη Μέση Ανατολή. Στην ιστοσελίδα της οργάνωσης υποστηρίζεται ότι ελάχιστα στοιχεία γίνονται γνωστά για το ζωντανό πολιτισμό του Ισραήλ και την προστατευτική στάση του απέναντι σε πολλές θρησκείες. Επισημαίνει επίσης, τη συνεισφορά του μικροσκοπικού έθνους του Ισραήλ στον παγκόσμιο στίβο της επιστήμης, της τεχνολογίας, της ιατρικής, της προστασίας του περιβάλλοντος και της τέχνης. Τα προγράμματα της οργάνωσης σχετίζονται με την ανάπτυξη επαφών μεταξύ των λαών γενικά και ειδικότερα, με τη διευκόλυνση των σχέσεων μεταξύ των ανθρώπων που ζουν στο Ισραήλ και εκείνων που ζουν στις ΗΠΑ.

4. Η Αμερικανο-Εβραϊκή Επιτροπή Κοινής Προμήθειας[57]

Από το 1914, η Αμερικανοεβραϊκή Επιτροπή Κοινής Προμήθειας (JDC) είναι η οργάνωση που ασχολείται με τα εξωτερικά θέματα της εβραϊκής παροικίας στις ΗΠΑ με κύριο στόχο την εξυπηρέτηση των αναγκών των Εβραίων της διασποράς, ιδιαίτερα σε περιοχές, όπου η διαβίωσή τους είναι δύσκολη ή υπάρχουν σοβαροί κίνδυνοι. Η επιτροπή υποστηρίζει προγράμματα πρόνοιας, διάσωσης και βοήθειας του Ισραήλ, εστιάζοντας τις προσπάθειές της στις πιο επείγουσες κοινωνικές ανάγκες, ενώ πρεσβεύει την ιδέα ότι όλοι οι Εβραίοι είναι υπεύθυνοι, ο ένας για το άλλον. Κατά τη διάρκεια της δεκαετίας του 1990, η οργάνωση βοήθησε 15.000 Εβραίους της Αιθιοπίας, ενώ έχει προσφέρει τρόφιμα, ρουχισμό και φάρμακα σε 250.000 επιζώντες της Γενοκτονίας του Β΄ Παγκοσμίου Πολέμου, οι οποίοι κατέληξαν στην πρώην Σοβιετική Ένωση.

5. Η Οργάνωση ORT[58]

Η οργάνωση ιδρύθηκε το 1922 σε μια συνάντηση αντιπροσώπων εμπορικών συνεταιρισμών, συνδικαλιστικών οργανώσεων και άλλων οργανώσεων αλληλεγγύης. Ο πρώτος πρόεδρός της ήταν ο Τζέικοπ Πάνκεν (Jacob Panken), ένας σοσιαλιστής δικαστής, αρκετά δραστήριος στο Διεθνές Γυναικείο Συνδικαλιστικό Κίνημα και στο Συνδικάτο Κλωστοϋφαντουργίας Αμερικής. Μέλη αυτής της οργάνωσης είναι διάφορα συνεταιριστικά και εργατικά συνδικάτα, ενώ η οικονομική υποστήριξη του οργανισμού προέρχεται από τον κόσμο των επιχειρήσεων και της χρηματιστηριακής αγοράς.

6. Η Αμερικανική Ομοσπονδία των Sephardi[59]

Στόχος της οργάνωσης Σεφάρντι Αμέρικαν Φεντεράτιον (Sephardi American Federation) είναι η καλλιέργεια και η προώθηση της πνευματικής, ιστορικής και κοινωνικής παράδοσης όλων των σεφαρτικών κοινοτήτων, ως ένα αδιάσπαστο κομμάτι της εβραϊκής κουλτούρας. Μέλη της οργάνωσης εργάζονται για τη διατήρηση του σεφαρτικού πνεύματος, ενώ παράλληλα προωθούν εκπαιδευτικά και άλλα προγράμματα συντήρησης ιστορικών κειμηλίων. Ταυτόχρονα, υποστηρίζουν παρόμοιες κοινότητες σε όλο τον κόσμο, ενθαρρύνοντας την επικοινωνία μεταξύ τους αλλά και με την αμερικανική κοινότητα, ενώ παράλληλα προάγουν τα δικαιώματα και τις αξιώσεις των Εβραίων προσφύγων έναντι των μουσουλμανικών χωρών.

7. Το Αμερικανικό Σιωνιστικό Κίνημα[60]

Το Αμερικανικό Σιωνιστικό Κίνημα (AZM) είναι ένας συνασπισμός ομάδων και ατόμων που είναι αφοσιωμένοι στο σιωνισμό, δηλαδή στην ιδέα ότι οι Εβραίοι είναι ένας λαός με μια κοινή ιστορία, αξίες και γλώσσα. Η AZM ανήκει στην Παγκόσμια Σιωνιστική Οργάνωση και έχει ως κύριο σκοπό την ενότητα των Εβραίων, τη διαφύλαξη των δεσμών με την πατρίδα και την πρωτοκαθεδρία του κράτους του Ισραήλ και της πρωτεύουσας, της Ιερουσαλήμ, στη γενικότερη ζωή του έθνους. Ιδιαίτερης σημασίας για την AZM, είναι η μελλοντική διατήρηση των διακριτικών χαρακτηριστικών τους με την προώθηση της ισραηλιτικής, εβραϊκής, και σιωνιστικής εκπαίδευσης, των πνευματικών και πολιτιστικών αξιών, καθώς και με τη διδασκαλία της εβραϊκής γλώσσας ως εθνικής γλώσσας.

8. Η Οργάνωση Αμερικανών για την Ειρήνη[61]

Η αποστολή αυτής της οργάνωσης που δημιουργήθηκε το 1981, συνίσταται στην ενίσχυση του Ισραήλ και του κινήματος του Σαλόμ Άσχαβ (Shalom Achshav), με σκοπό την επίτευξη μιας ευρείας πολιτικής λύσης στο Μεσανατολικό που θα βασίζεται στις μακροπρόθεσμες ανάγκες ασφάλειας του Ισραήλ και στις εβραϊκές και δημοκρατικές αξίες. Προσπαθεί να εκπαιδεύσει την αμερικανοεβραϊκή παροικία και να κρατά ενήμερη την αμερικανική κοινή γνώμη για τα στρατηγικά και οικονομικά οφέλη της ασφάλειας στη Μέση Ανατολή με την εξεύρεση ειρηνευτικών λύσεων. Η οργάνωση υποστηρίζει επίσης, τις προσπάθειες της αμερικανικής κυβέρνησης και του Στέιτ Ντιπάρτμεντ (State Department) στην εξεύρεση λύσης στα θέματα που αφορούν στο Ισραήλ και στην Παλαιστίνη, διευκολύνει τις τελικές ρυθμίσεις που θα συνδυάσουν την ασφάλεια του Ισραήλ με τη δημιουργία Παλαιστινιακού κράτους και ενθαρρύνει τις διαπραγματεύσεις μεταξύ του Ισραήλ, της Συρίας και του Λιβάνου. Τέλος, η οργάνωση υλοποιεί σειρά εκπαιδευτικών προγραμμάτων στις κοινότητες των ΗΠΑ και αποτελεί μια ισχυρή δύναμη που μπορεί να διεγείρει τη λαϊκή συνείδηση των Αμερικανών πολιτών. Έχοντας επιτύχει την ενεργοποίηση αυτής της λαϊκής δύναμης και έχοντας συνεργαστεί με ανώτατα κυβερνητικά στελέχη και άλλους αξιωματούχους προωθεί την αμερικανική πολιτική στη διαδικασία εξεύρεσης ειρηνικής λύσης, ενώ παράλληλα παρέχει σημαντική οικονομική ενίσχυση στο έργο του Σαλόμ Άσχαβ στο Ισραήλ.

9. Η Οργάνωση AMIT[62]

Η οργάνωση AMIT ιδρύθηκε το 1925 και έχει κύριο σκοπό τη σιωνιστική θρησκευτική εκπαίδευση και την παροχή κοινωνικής πρόνοιας σε παιδιά και νέους στο Ισραήλ. Η οργάνωση διευθύνει 60 σχολεία και προγράμματα θρησκευτικής εβραϊκής εκπαίδευσης, αναγνωρισμένα από την κυβέρνηση του Ισραήλ. Στα πλαίσια αυτών των προγραμμάτων εκπονούνται ακαδημαϊκές και τεχνολογικές μελέτες, ενώ συγχρόνως διοργανώνονται κατασκηνώσεις για νέους και παρέχονται εστίες σε παιδιά που δεν έχουν οικογένειες. Σήμερα, οι περίπου 17.000 παιδιών που συμμετέχουν στα προγράμματα της οργάνωσης, προέρχονται ως επί των πλείστων από φτωχές και δυσλειτουργικές οικογένειες, ενώ τα περισσότερα είναι από την Αιθιοπία και τη Ρωσία.

10. Η Ένωση κατά της Δυσφήμησης[63]

Η Εβραϊκή Ένωση κατά της Δυσφήμησης έχει 30 γραφεία στις ΗΠΑ, με έδρα τη Νέα Υόρκη και δημιουργήθηκε το 1913 ως αντίδραση στα επαναλαμβανόμενα περιστατικά αντι-σημιτισμού που είχαν σημειωθεί στις ΗΠΑ. Η αποστολή της οργάνωσης συνίσταται στην καταπολέμηση των ρατσιστικών αντιλήψεων και στην αντιμετώπιση οποιωνδήποτε νέων προκλήσεων προκύψουν για την εβραϊκή παροικία. Καταβάλλονται επίσης, ιδιαίτερες προσπάθειες για τη δημοσιοποίηση συγκεκριμένων ιστοσελίδων που υποστηρίζουν ότι δεν έγινε η γενοκτονία των Εβραίων στο Δεύτερο Παγκόσμιο Πόλεμο και προπαγανδίζουν υπέρ της ανωτερότητας των λευκών.

Η οργάνωση αντιμετωπίζει όλες τις περιπτώσεις μισαλλοδοξίας στις ΗΠΑ και αλλού, καταδικάζει όλες τις μορφές διεθνούς τρομοκρατίας, εξετάζει τις ρίζες του ρατσισμού, προστατεύει θύματα θρησκευτικών διακρίσεων, υλοποιεί εκπαιδευτικά προγράμματα και έχει εξελιχθεί σε πηγή πληροφόρησης σχετικά με τα ανωτέρω θέματα για πολλά κυβερνητικά γραφεία, ΜΜΕ, αστυνομικές και εισαγγελικές αρχές. Ειδικότερα, συγκεντρώνει και αξιολογεί πληροφορίες και οποιοδήποτε άλλο υλικό για αντισημιτιστές, ρατσιστές και εξτρεμιστές. Επίσης, δημοσιοποιεί αυτές τις πληροφορίες μέσω βιβλίων, περιοδικών, βίντεο, εκθέσεων και άλλων πληροφοριακών εντύπων που εκδίδει και διανέμει στο ευρύ κοινό. Τέλος, σχεδιάζει και υλοποιεί ερευνητικά προγράμματα που στοχεύουν στην αντιμετώπιση όλων των μορφών μίσους, στη διερεύνηση των ρατσιστικών επεισοδίων και των περιπτώσεων, όπου υπάρχουν ενδείξεις αντιεβραϊσμού.

Η εξιχνίαση και ο έλεγχος των επικίνδυνων εξτρεμιστών και των διεθνών τρομοκρατών, μέχρι και η μελέτη των τατουάζ, αποτελούν βασικά αντικείμενα της οργάνωσης, ενώ παρέχει και οδηγίες ασφάλειας προς τους εβραϊκούς συλλόγους. Αξίζει να επισημανθεί ότι η οργάνωση έχει προτείνει ένα συγκεκριμένο νομοσχέδιο για την καταπολέμηση των αδικημάτων φυλετικών διακρίσεων με αυστηρές ποινικές κυρώσεις για τους παραβάτες. Περίπου τα 4/5 των πολιτειών στις ΗΠΑ έχουν θεσπίσει νομοθετικά μέτρα με πρότυπο την πρόταση της οργάνωσης, ενώ το 2003 το Ανώτατο Δικαστήριο της χώρας έκρινε ομόφωνα τη συνταγματικότητα της ομοσπονδιακής νομοθεσίας για τα εγκλήματα μίσους. Η οργάνωση ετοίμασε και παρουσίασε τον «Οδηγό για Δράση», στη σύνοδο κορυφής που διοργάνωσε ο Λευκός Οίκος με θέμα τα αδικήματα μίσους, έχοντας αντλήσει στοιχεία από τα αρχεία που διατηρεί. Συγχρόνως, τα γραφεία της οργάνωσης αναπτύσσουν και κρατούν στενή επαφή με τις αστυνομικές αρχές και πληροφορούν περισσότερους από 5.000 αστυνομικούς για τα θέματα αυτά.

Η οργάνωση βρίσκεται επίσης, σε συνεχή επικοινωνία με κυβερνητικά στελέχη, με τους σχεδιαστές της πολιτικής, τα ΜΜΕ και τα λαϊκά στρώματα. Επιδιώκει να παρουσιάσει την εβραϊκή πραγματικότητα στα θέματα ασφαλείας, τις δυσκολίες στη διαδικασία για την εξεύρεση ειρηνευτικής λύσης και γενικά να προβάλει θετικά το ρόλο του Ισραήλ και τη στρατηγική σημασία που έχει για τα συμφέροντα της Αμερικής και του δυτικού κόσμου. Αντιστέκεται στις προσπάθειες της αραβικής κοινότητας για την αποδοκιμασία του Ισραήλ και οργανώνει ειδικά ερευνητικά ταξίδια αμερικανών πολιτικών και νέων στο Ισραήλ. Εντοπίζει και αντιμετωπίζει, σε παγκόσμιο επίπεδο, εκδηλώσεις αντισημιτισμού και εξτρεμισμού και προωθεί την ασφάλεια και την ευημερία των εβραϊκών κοινοτήτων που υπάρχουν σε όλο τον κόσμο.

Δημήτρης Ιωαννίδης

Με τον ίδιο τρόπο που λειτουργεί στις Ηνωμένες Πολιτείες, η οργάνωση διευθύνει την ίδια προσπάθεια και στο διεθνή χώρο, μέσω της προώθησης νομοθετικών μέτρων, εκπαιδευτικών προγραμμάτων, της αναγνώρισης των εξτρεμιστικών οργανώσεων, και της συντελούμενης προόδου στις σχέσεις μεταξύ των διαφόρων φορέων που λειτουργούν κάτω από την ομπρέλα της οργάνωσης. Το έργο της οργάνωσης είναι διεθνώς αναγνωρισμένο και αποδεκτό, και πολλές ξένες κυβερνήσεις ζητούν τη συνδρομή της για να αξιολογήσουν περιστατικά αντισημιτισμού και ρατσιστικών διακρίσεων στις χώρες τους.

Ο διευθυντής της οργάνωσης, Αβραάμ Φόξμαν (Abraham H. Foxman), σε κάποιο άρθρο του το Μάιο του 2005, με τίτλο «Γιατί υπάρχει επίθεση κατά της Τουρκίας;»[64] αναφέρει τα ακόλουθα:

> *Ανακαλύπτω ότι έχω κάνει λάθος διαβάζοντας μερικά πρόσφατα κατηγορηματικά άρθρα για το κράτος της Τουρκίας. [...] Η Τουρκία είναι ένα δημοκρατικό κράτος που έχει λάβει τα απαραίτητα μεταρρυθμιστικά μέτρα και πληρεί τις προϋποθέσεις για να γίνει μέλος της Ευρωπαϊκής Ένωσης. Αντί όμως να αντιμετωπιστεί όπως άλλες χώρες της Μέσης Ανατολής, όπου υπάρχουν απολυταρχικά καθεστώτα, η Τουρκία πρέπει να ταυτιστεί με αναδυόμενες δημοκρατίες στην περιοχή. Σε τελευταία ανάλυση η Τουρκία, όπως και τα περισσότερα κράτη στην περιοχή, έχει μια συντριπτική μουσουλμανική πλειοψηφία στο σύνολο του πληθυσμού της. Αντίθετα με τα άλλα κράτη, η Τουρκία συνεχίζει να έχει μια κυβέρνηση που ναι μεν σέβεται τη θρησκεία του Ισλάμ, αλλά διοικείται από κοσμικές και δημοκρατικές αρχές. Η μοναδικότητα της Τουρκίας στη μουσουλμανική Μέση Ανατολή δε σταματά εκεί. Οι πολλαπλές σχέσεις της με την κυβέρνηση του Ισραήλ, καθιστούν την Τουρκία πιθανώς τη δεύτερη πλέον σημαντική σχέση του εβραϊκού κράτους... Αυτός ο σύνδεσμος ωφελεί το δυτικό κόσμο γενικά και τις Ηνωμένες Πολιτείες ειδικότερα. Κατ' αρχάς, καθησυχάζει το Ισραήλ καθώς δε θα ήταν λογικό για μια χώρα που είναι συντριπτικά μουσουλμανική να έχει φιλικές σχέσεις μαζί του. [...] Η Τουρκία έχει στρατιωτικές συναλλαγές με το Ισραήλ, συμπεριλαμβανομένων των πωλήσεων εξοπλισμού, των διαδικασιών συντήρησης και των ασκήσεων κατάρτισης, ενώ χιλιάδες Εβραίοι ταξιδεύουν στην Τουρκία για τις διακοπές τους κάθε χρόνο. Γενικά, υπάρχει μια αμοιβαιότητα στη σχέση.*

Το Δεκέμβριο του 2004, ο Τούρκος πρωθυπουργός Ταγίπ Ερντογάν (Recep Tayyip Erdoğan) είχε συνάντηση με στελέχη της οργάνωσης που επισκέφτηκαν την Τουρκία.[65] Κατά τη διάρκεια της ομιλίας του, ο Τούρκος πρωθυπουργός αναφέρθηκε στις βομβιστικές επιθέσεις που είχαν σημειωθεί σε δύο συναγωγές στην Τουρκία το 2003 και είπε χαρακτηριστικά: *«Ο ίδιος Θεός μας έχει κάνει όλους. Ο αντισημιτισμός είναι ένα αδίκημα κατά της ανθρωπότητας. Είναι η διαχωριστική κόκκινη γραμμή.»* Σε μια συνάντηση με τον οικουμενικό Πατριάρχη Βαρθολομαίο, ο πρόεδρος της οργάνωσης κ. Foxman, μίλησε για την ανάγκη να υπάρξει σοβαρός θρησκευτικός διάλογος και ευχαρίστησε τον Πατριάρχη για τις προσπάθειές του να βελτιωθούν οι σχέσεις μεταξύ μουσουλμάνων, χριστιανών και Εβραίων. Ο ραβίνος Γκάρυ Βρέττον-Γκρενατούρ (Gary Bretton-Granatoor), υπεύθυνος σε θέματα θρησκευτικού διαλόγου, ζήτησε από την ορθόδοξη εκκλησία να αρχίσει μια διαδικασία αναθεώρησης της παλαιότερης νοοτροπίας που είχε συμβάλει στη δημιουργία μίσους για τους Εβραίους - κάτι ανάλογο είχε συμβεί με τις καθολικές και λουθηρανικές εκκλησίες. Η αντιπροσωπεία της οργάνωσης ζήτησε επίσης, από τον Πατριάρχη, να αποσυρθούν από τα βιβλιοπωλεία της εκκλησίας στην Ελλάδα αντισημιτικά συγγράμματα, όπως «Τα πρωτόκολλα των σοφών της Σιών».

Τον Ιούνιο του 2005, η οργάνωση απένειμε στον Τούρκο πρωθυπουργό Ταγίπ Ερντογάν το βραβείο διπλωματών που διέσωσαν Εβραίους την περίοδο της Γενοκτονίας. Η εκδήλωση έγινε στα κεντρικά γραφεία της οργάνωσης στη Νέα Υόρκη, κατά την επίσκεψη του Τούρκου πρωθυπουργού στις ΗΠΑ, ο οποίος μεταξύ άλλων είπε: *«Το τουρκικό έθνος έχει ζήσει μαζί με τους Εβραίους, αιώνες ολόκληρους και θα συνεχίσει τις στενές αυτές φιλικές σχέσεις και στο μέλλον και θα αγωνιστεί μαζί σας κατά οποιασδήποτε μορφής ρατσισμού με αποφασιστικότητα. Είναι ο στόχος των ηγετών σε όλο τον κόσμο να καταδικάσουν, όπως και εγώ, τη διάδοση του μίσους, είτε μέσω των δημοσιεύσεων είτε με άλλα μέσα. Η συνεκτική πολιτική μας έναντι των αντισημιτικών διατριβών δεν μπορεί να είναι τίποτα λιγότερο από την [επίδειξη] μηδενικής ανοχής...»*[66]

Σε μια επιστολή προς τον τότε πρόεδρο της Ευρωπαϊκής Επιτροπής Ρομάνο Πρόντι (Romano Prodi), το Νοέμβριο του 2002, το διοικητικό συμβούλιο της οργάνωσης ζήτησε από την Ε.Ε. να αξιολογήσει την τουρκική αίτηση για ένταξη στην Ε.Ε., πέρα από θρησκευτικές ή εθνικές προκαταλήψεις και με «δίκαιη προσέγγιση».[67] Αναφερόμενος στις δηλώσεις του Ζισκάρ Ντε Εστέν (Valéry Giscard d' Estaing) για την καταλληλότητα της τουρκικής ένταξης στους κόλπους της Ε.Ε., η επιστολή περιέχει τις ακόλουθες συστάσεις:

«Γνωρίζουμε καλά ότι η Τουρκία έχει δεσμευτεί στη συγκεκριμένη διαδικασία που περιλαμβάνεται στην πορεία ένταξής της ως πλήρους μέλους στην Ευρωπαϊκή Ένωση. Σε όλη αυτή τη διαδικασία, πολλοί στην Τουρκία έχουν την εντύπωση ότι η ένταξη στην Ε.Ε. δεν είναι εφικτή λόγω των αντιμουσουλμανικών προτιμήσεων από τα κράτη μέλη της Ε.Ε. Τα σχόλια του κ. Giscard d' Estaing, εμπνευστή της Ευρωπαϊκής Συνθήκης για το Μέλλον της Ευρώπης, επιβεβαιώνουν απλώς την αίσθηση ότι η αντίδραση στην υποψηφιότητα της Τουρκίας σχετίζεται περισσότερο με τις προκαταλήψεις παρά με τις πολιτικές διαφορές.»

11. Η Ένωση Μεταρρυθμίσεων Σιωνιστών Αμερικής[68]

Η οργάνωση αυτή δημιουργήθηκε το 1978 στα πλαίσια ενός διετούς συνεδρίου της Ένωσης Αμερικανο-Εβραϊκών Ναών, μετά από 50 χρόνια δραστηριοποίησης των εβραϊκών μεταρρυθμιστικών ομάδων που επεδίωκαν την αυτονομία των Εβραίων και του εβραϊκού κράτους. Ο ραβίνος Ρόλαντ Γκίτελσον (Roland Gittelsohn), ήταν ο εμπνευστής της οργάνωσης, ενώ ο ραβίνος Δαβίδ Πόλις (David Polish) ήταν αυτός που την κατηύθυνε σε θέματα ιδεολογικού προσανατολισμού. Ο οργανισμός προωθεί την ιδέα ότι σύμφωνα με την εβραϊκή παράδοση, η θρησκεία δε διαχωρίζεται από το κράτος και οι εντολές των προφητών και των ραβίνων επιβάλλουν σε όλους τους Εβραίους να εργάζονται για όλους τους θεσμούς - πολιτικούς και θρησκευτικούς - που σχετίζονται με την εβραϊκή ύπαρξη. Πρόκειται για μια οργάνωση που διατηρεί στενές επαφές με πολλές άλλες εβραϊκές οργανώσεις στις ΗΠΑ, ενώ η δέσμευση για το Ισραήλ αποτελεί τη βάση για τον προγραμματισμό της και την εκπλήρωση της βασικής αποστολής της.

12. Η Οργάνωση B'nai B'rith[69]

Η διεθνής αυτή εβραϊκή οργάνωση έχει ως κύριο στόχο την ασφάλεια και τη συνοχή του εβραϊκού λαού και του κράτους του Ισραήλ, υπερασπιζόμενη τα ανθρώπινα δικαιώματα, καταπολεμώντας τον αντισημιτισμό, τη θρησκοληψία και την άγνοια, και παρέχοντας υπηρεσίες προς το κοινωνικό σύνολο, σύμφωνα με τις βασικές ανθρωπιστικές αρχές. Αποστολή της οργάνωσης είναι να συνενώσει όσους πρεσβεύουν την εβραϊκή πίστη και να ενισχύσει την εβραϊκή ταυτότητα. Αυτό επιχειρείται μέσα από την προώθηση της εβραϊκής οικογενειακής ζωής, της εκπαίδευσης και της κατάρτισης των νέων, καθώς επίσης και με την υλοποίηση ποικίλων προγραμμάτων για άτομα της τρίτης ηλικίας, ή με βοηθητικές δράσεις για την προστασία Εβραίων που βρίσκονται σε διάφορα μέρη του κόσμου.

Ιδρύθηκε το 1843 και είναι παγκοσμίως γνωστή ως η μεγαλύτερη και αρχαιότερη εβραϊκή οργάνωση σε θέματα ανθρωπίνων δικαιωμάτων, κοινοτικής δράσης και ανθρωπιστικών προγραμμάτων. Αποτελεί επίσης σταθερή πηγή καινοτομίας και φιλανθρωπικού έργου για όλο τον κόσμο, καθώς έχει ιδρύσει αναρίθμητα νοσοκομεία, ορφανοτροφεία, οίκους ευγηρίας, βιβλιοθήκες και έχει συνδράμει σε εκστρατείες βοήθειας για την αντιμετώπιση διαφόρων περιπτώσεων καταστροφών. Αναλαμβάνει πολλές άλλες πρωτοβουλίες κοινωνικού έργου και είναι ο ακούραστος συνήγορος του Ισραήλ και της διασποράς σε ποικίλους κυβερνητικούς και πολιτικούς χώρους. Απαριθμεί περισσότερα από 180.000 μέλη, διατηρεί θυγατρικές οργανώσεις σε περισσότερες από 50 χώρες και εντείνει τις προσπάθειές της προκειμένου να διατηρηθούν ακμαίες και δραστήριες όλες οι εβραϊκές κοινότητες που υπάρχουν στον κόσμο.

13. Η Οργάνωση Bnai Zion[70]

Η οργάνωση δημιουργήθηκε το 1908 με κύριο στόχο την προώθηση φιλανθρωπικών προγραμμάτων στο Ισραήλ και στις ΗΠΑ. Έχει περίπου 30.000 μέλη και στη μέχρι τώρα πορεία της, έχει εξασφαλίσει σημαντικά χρηματικά ποσά για έργα και δράσεις που βελτιώνουν την ανθρώπινη ζωή. Δίνει ιδιαίτερη σημασία στην ενίσχυση των αμερικανο-εβραϊκών δεσμών και επιδιώκει την κοινωνική ευημερία των ατόμων και των οικογενειών που είναι μέλη της. Το 1988 προσέφερε $5 εκατομμύρια στο ιατρικό κέντρο Bnai Zion Medical Center στη Χάιφα και το 2005 εγκαινίασε μια νέα πτέρυγα παιδιατρικής στο ίδιο νοσοκομείο.

14. Το Κεντρικό Συμβούλιο Ραβίνων της Αμερικής[71]

Το Κεντρικό Συμβούλιο Ραβίνων Αμερικής (Central Conference of American Rabbis) δημιουργήθηκε το 1889, με έδρα τη Νέα Υόρκη, ενώ τα μέλη του είναι ραβίνοι που ανήκουν στην ομάδα των μεταρρυθμιστών του Ιουδαϊσμού. Μέλη της οργάνωσης είναι επίσης και μεταρρυθμιστές ραβίνοι που έχουν χειροτονηθεί στο Εβραϊκό Κολέγιο-Ινστιτούτο των Μεταρρυθμιστών ή σε άλλα φιλελεύθερα ιεροδιδασκαλεία στην Ευρώπη, καθώς και κάποιοι που έχουν προσχωρήσει στο κίνημα των μεταρρυθμιστών μετά τη χειροτονία τους. Ορισμένοι από αυτούς έχουν χειροτονηθεί στη Συντηρητική Εβραϊκή Θεολογική Σχολή ή στο Κολέγιο Αναδιοργάνωσης Ραβίνων. Οι εκδόσεις της οργάνωσης περιέχουν πολλά συγγράμματα για την εβραϊκή λειτουργία, βασισμένα κυρίως στο μεταρρυθμιστικό πνεύμα, καθώς και τριμηνιαία περιοδικά για ραβίνους.

15. Η Επιτροπή για τη Σωστή Ειδησεογραφία της Μέσης Ανατολής στις ΗΠΑ[72]

Η οργάνωση ιδρύθηκε το 1982 από τον Γουίνφρεντ Μάισελμαν (Winifred Meiselman), καθηγητή και κοινωνικό λειτουργό, ο οποίος τη δημιούργησε με σκοπό την υπεράσπιση απέναντι στα δημοσιεύματα της εφημερίδας Ουάσιγκτον Ποστ, για θέματα που σχετίζονται με την εισβολή του Ισραήλ στο Λίβανο και γενικά με την προκατάληψη της εφημερίδας έναντι των Εβραίων. Πολλοί επιφανείς επιχειρηματίες έγιναν μέλη της οργάνωσης στην Ουάσιγκτον, όπως ο Σαούλ Στερν (Saul Stern) και ο Μπέρναρντ Γούαιτ (Bernard White), ενώ στη Συμβουλευτική Επιτροπή εντάχθηκαν οι γερουσιαστές Ρούντι Μπόσγουιτς (Rudy Boschwitz) και Τσαρλς Γκράσλει (Charles Grassley), ο βουλευτής Τομ Λάντος (Tom Lantos), ο δημοσιογράφος Μ. Στάντον Έβανς (M. Stanton Evans), ο πρέσβης Τσαρλς Λιχενστάιν (Charles Lichenstein), ο Παστόρ Ροΐ Στιούαρτ (Pastor Roy Stewart) και ο ραβίνος Δαβίδ Γέλλιν (David Yellin). Δημιουργήθηκαν τμήματα αδελφότητας σε μεγάλες πόλεις των ΗΠΑ, όπως στη Νέα Υόρκη, στο Σικάγο, στο Λος Άντζελες, στο Μαϊάμι, στο Σαν Φρανσίσκο, στη Φιλαδέλφεια και το 1988 στη Βοστόνη. Το 1989 διεξήχθη με μεγάλη επιτυχία ένα συνέδριο στη Βοστόνη - με πάνω από 1.000 συνέδρους

- το οποίο αποτέλεσε και την αφετηρία για τη δημιουργία ενός πολύ ισχυρού τμήματος [εκεί], με μέλη του γνωστούς επιχειρηματίες, καθηγητές και ιδρυτικά στελέχη των εταιρειών Timberland και Staples.

Το 1991, ανέλαβε την προεδρεία του οργανισμού η Andrea Levin, βοηθός αρχισυντάκτη του περιοδικού «The Journal of Policy Analysis and Management» στη σχολή Kennedy του πανεπιστημίου του Χάρβαρντ. Μέσα σε λίγα χρόνια, η οργάνωση αναπτύχθηκε και από 1.000 μέλη, σήμερα απαριθμεί περισσότερα από 55.000 διατηρώντας συγχρόνως γραφεία σε Ουάσιγκτον, Νέα Υόρκη, Σικάγο και Ισραήλ. Δίνει ιδιαίτερη έμφαση στα ΜΜΕ και προσπαθεί να βελτιώσει την κάλυψη των θεμάτων που αφορούν στο Ισραήλ και στη Μέση Ανατολή, ιδιαίτερα από τις εφημερίδες New York Times, Boston Globe, Los Angeles Times, National Public Radio (NPR), Public Broadcasting Service (PBS) και ABC News.

Πρόσφατα, η οργάνωση άρχισε να δίνει έμφαση στην ενημέρωση των φοιτητών γύρω από θέματα μαζικής ενημέρωσης, όπως η έκδοση περιοδικών στα πανεπιστήμια, η αναγνώριση της προπαγάνδας και η αντίδραση σε αυτήν. Το 2006, δημιούργησε μια επιτροπή από 20 φοιτητές και τους μετέφερε στο Ισραήλ, όπου ανέπτυξαν επαφές με ανώτατους εκπαιδευτικούς, κυβερνητικά στελέχη, στρατιωτικούς και δημοσιογράφους. Επίσης, ένα τμήμα του οργανισμού ασχολείται με τα ΜΜΕ στη Μεγάλη Βρετανία και ένα άλλο με διάφορες χριστιανικές εκδόσεις για την εξισορρόπηση της δημοσιογραφικής κάλυψης στα θέματα της Μέσης Ανατολής.

16. Η Εταιρεία Ανάπτυξης του Ισραήλ/Κρατική Υπηρεσία Ομόλογων[73]

Ο Δαβίδ Μπεν-Γκουριόν (David Ben-Gurion) ήταν ο πρώτος που πρότεινε την πώληση κρατικών ομολόγων, στην περίοδο της κρίσης, για το νεοϊδρυθέν τότε κράτος του Ισραήλ. Η οικονομία ήταν σε άθλια κατάσταση μετά τον Πόλεμο της Ανεξαρτησίας και τα εθνικά έργα υποδομής υπό ανάπτυξη, ενώ εκατοντάδες χιλιάδες πρόσφυγες κατέφταναν στο Ισραήλ. Η εταιρεία δημιουργήθηκε τότε και κατόρθωσε να ενεργοποιήσει την εβραϊκή παροικία, ώστε οι πωλήσεις κρατικών ομολόγων να ανέλθουν σε $52 εκατομμύρια τον πρώτο χρόνο. Σε μια δημοσκόπηση που έγινε το 2004, η κεντρική Τράπεζα του Ισραήλ δήλωσε ότι ο οργανισμός αυτός έχει αποδείξει την αξιοπιστία του και είναι σε θέση να αντιμετωπίζει άμεσα τις αυξημένες ανάγκες για ξένο συνάλλαγμα. Το ίδιο έγινε και το 2006, όταν η Standard & Poors δήλωσε ότι η οργάνωση έχει σημαντική οικονομική ευμάρεια, ιδιαίτερα στις μέρες που διανύουμε με την υπάρχουσα αβεβαιότητα. Ακόμα και σήμερα, το Ισραήλ έχει ζητήσει τη βοήθεια της οργάνωσης αυτής για την αντιμετώπιση του πολέμου με την Χεζμπολά.

Σκοπός της οργάνωσης είναι η ανασυγκρότηση του βόρειου τμήματος του Ισραήλ, μετά την καταστροφή που υπέστη από τα βλήματα και τους πυραύλους. Για πολλούς, αυτό το κομμάτι ήταν η εστία της νέας οικονομικής ανάπτυξης, ενώ τώρα απαιτούνται εκτεταμένες προσπάθειες για την αποκατάσταση της περιοχής από τις ζημιές που προκλήθηκαν τα τελευταία χρόνια. Επιπλέον, η υπεράσπιση των πολιτών του Ισραήλ έχει κοστίσει δις δολάρια, με αποτέλεσμα να επιβραδυνθεί και η εθνική οικονομική ανάπτυξη. Η οργάνωση είχε λάβει επίσης μέτρα για να σταθεροποιήσει την οικονομία, οργανώνοντας τον Αύγουστο του 2006, διάφορες εκδηλώσεις αλληλεγγύης στη Βόρεια Αμερική, οι οποίες είχαν ως αποτέλεσμα την εισροή σημαντικών κεφαλαίων στο Ισραήλ. Τα σχέδια της οργάνωσης για το μέλλον είναι να επιταχυνθούν οι προσπάθειες σε κάθε επίπεδο, ώστε να εξασφαλιστούν οι οικονομικές ανάγκες του Ισραήλ.

Η οργάνωση διατηρεί γραφεία σε διάφορες πόλεις των ΗΠΑ, ενώ 3 από τα 4 μέλη του Διοικητικού Συμβουλίου είναι επιφανή πρόσωπα της εβραϊκής παροικίας στις ΗΠΑ. Για παράδειγμα, ο Μάικλ Σήγκαλ (Michael Siegal) είναι πρόεδρος της χαλυβουργικής εταιρείας «Olympic Steel» στο Οχάιο, ο Δαβίδ Χάλπερν (David Halpern) είναι μεγάλος επενδυτής ακινήτων στην Πολιτεία της Νέας Υερσέη και ο Μπάρτον Ρ. Ρέσνικ (Burton P. Resnick) είναι πρόεδρος μιας εταιρείας που διαχειρίζεται ακίνητη περιουσία, η οποία υπερβαίνει τα 5 εκατομμύρια τετραγωνικά πόδια, ενώ το 1990, το Πανεπιστήμιο Yeshiva University στο Μπρονξ της Νέας Υόρκης αφιέρωσε τα 23 εκτάρια της ιατρικής σχολής, από συνολική έκταση περίπου 100 στρεμμάτων, στο όνομα των γονέων του.

17. Η Οργάνωση Emunah της Αμερικής[74]

Η φιλανθρωπική οργάνωση Emunah έχει ανταποκριθεί στις ανάγκες των πολιτών του Ισραήλ από το 1935, φροντίζοντας τους νέους, τους ηλικιωμένους, τις εργαζόμενες γυναίκες και τους μετανάστες. Διατηρεί ένα οργανωμένο δίκτυο από παιδικά κέντρα και βρεφικούς σταθμούς ημερήσιας φροντίδας και βοηθάει τους μαθητές που ζουν σε υποβαθμισμένες περιοχές προσφέροντας ένα ασφαλές περιβάλλον σε απογευματινά σχολικά κέντρα, όπου τα παιδιά μπορούν να έχουν γεύματα, ενισχυτική διδασκαλία και να συμμετάσχουν σε πρόσθετα προγράμματα επιμόρφωσης.

Η οργάνωση, επίσης, συμπαραστέκεται σε κακομεταχειρισμένα και παραμελημένα παιδιά, διατηρεί καταφύγια κρίσης όπου μπορούν να μεταφερθούν σε περιπτώσεις έκτακτης ανάγκης και συμπαρίσταται σε άτομα που έχουν απομακρυνθεί από την οικογενειακή εστία. Διατηρεί κέντρα προστασίας και παιδικά χωριά δημιουργώντας ένα οικογενειακό περιβάλλον όπου η αγάπη, η εβραϊκή εκπαίδευση, η εξατομικευμένη φροντίδα και προσοχή αποτελούν τα πρότυπα λειτουργίας της. Το προσωπικό της οργάνωσης EMUNAH εργάζεται εναντίον της βίας και της κατάχρησης, έτσι ώστε τα παιδιά που προσφεύγουν σε αυτήν να μπορούν να μεγαλώσουν ισορροπημένα και να δημιουργήσουν αργότερα τις δικές τους οικογένειες.

Τα λύκεια της οργάνωσης παρέχουν στους μαθητές έναν εκπαιδευτικό χώρο μεταδίδοντας γνώσεις για την τεχνολογία του 21ου αιώνα, τα ΜΜΕ, τη μουσική και τις καλές τέχνες. Το κολέγιο της οργάνωσης βρίσκεται στην Ιερουσαλήμ και φημίζεται για τα καινοτόμα εκπαιδευτικά προγράμματα που παρέχει σε νέες γυναίκες. Επίσης, υλοποιεί προγράμματα αποκατάστασης για τους μετανάστες, διατηρεί συμβουλευτικά κέντρα για τις οικογένειες, υποστηρίζει τη συνεχιζόμενη εβραϊκή εκπαίδευση για τους ενηλίκους και τους τροφίμους των κέντρων ευγηρίας, ενώ προσφέρει και γεύματα στους ηλικιωμένους.

Είναι η μεγαλύτερη θρησκευτική σιωνιστική οργάνωση στο Ισραήλ, με δεκάδες χιλιάδες αφοσιωμένους εθελοντές σε όλο τον κόσμο και παραρτήματα στις περισσότερες πολιτείες των ΗΠΑ.

18. Η Οργάνωση Πρόνοιας των Στρατιωτών[75]

Ο Δαβίδ ΜπενΓκουριόν (David BenGurion) δημιούργησε την οργάνωση το 1942 για την πρόνοια των στρατιωτών της νεοσυσταθείσας ταξιαρχίας Γισούβ (Yishuv), ενώ το αρχικό της έργο ήταν να προμηθεύσει τους στρατιώτες αυτής της ταξιαρχίας με κουβέρτες και άλλο υλικό. Πρόκειται για μια ανεξάρτητη, φιλανθρωπική και μη κερδοσκοπική οργάνωση που δε χρηματοδοτείται από το κράτος ή τις στρατιωτικές δυνάμεις του Ισραήλ, αλλά έχει προσφέρει σημαντική βοήθεια στον κρατικό προϋπολογισμό. Η οργάνωση υποστηρίζει κοινωνικά, εκπαιδευτικά και ψυχαγωγικά προγράμματα και χρηματοδοτεί τις απαραίτητες εγκαταστάσεις για τους στρατιώτες που υπηρετούν για το Ισραήλ, ενώ τις ίδιες υπηρεσίες παρέχει στις χήρες και στα παιδιά των στρατιωτών που έχουν χάσει τη ζωή τους. Το σημερινό της έργο περιλαμβάνει την οικοδόμηση, διατήρηση και την έναρξη λειτουργίας 17 σύγχρονων και περίπλοκων εγκαταστάσεων, την ανακαίνιση εκατοντάδων ιδιωτικών χώρων σίτισης και γυμναστικής στις στρατιωτικές βάσεις του Ισραήλ και τη συνεχή φροντίδα του κάθε στρατιώτη που υπηρετεί στο στρατό του Ισραήλ.

19. Η Οργάνωση HADASSAH[76]

Η Hadassah είναι μια γυναικεία οργάνωση εθελοντριών που ενισχύει τη συνεργασία με το Ισραήλ, εξασφαλίζει την εβραϊκή συνοχή και προωθεί τα μέλη της, ώστε να αναπτύξουν τις δυνατότητές τους στην αμερικανική κοινωνία. Δημιουργήθηκε το 1912 από την Ενριέτα Σζολντ (Henrietta Szold), ένα άτομο που μελετούσε τον ιουδαϊσμό, το σιωνισμό και τα αμερικανικά ιδεώδη. Η οργάνωση υποστηρίζει τον κεντρικό ρόλο του Ισραήλ που βασίζεται στην επιστροφή των Εβραίων στην πατρίδα τους και στην ενότητα μεταξύ τους. Στο Ισραήλ η οργάνωση προωθεί προγράμματα περίθαλψης, εκπαίδευσης και ανοικοδόμησης εγκαταστάσεων για τους νέους, ενώ παράλληλα υποστηρίζει αναπτυξιακά έργα που ανταποκρίνονται στις μεταβαλλόμενες ανάγκες των κατοίκων της χώρας. Στις ΗΠΑ η οργάνωση προωθεί δραστηριότητες που βελτιώνουν την ποιότητα ζωής των Εβραίων που κατοικούν εκεί, μέσω εκπαιδευτικών και σιωνιστικών προγραμμάτων που αποσκοπούν στην καλύτερη μόρφωση των μελών της οργάνωσης.

20. Η Ομοσπονδία Εβραίων Επιζώντων του Ολοκαυτώματος[77]

Η οργάνωση αυτή δημιουργήθηκε το 1981 και έχει ως στόχο τη διαφύλαξη της μνήμης, την ενημέρωση και τη διοργάνωση εκδηλώσεων για τη γενοκτονία των Εβραίων. Αμέσως μετά την πραγματοποίηση της παγκόσμιας συνάντησης των Εβραίων επιζώντων στο Ισραήλ το 1981, ορισμένα μέλη της οργάνωσης προώθησαν την ιδέα της συγκέντρωσης των επιζώντων και στην Ουάσιγκτον το 1983. Οι Βενιαμίν Μηντ (Benjamin Meed), Σαμ Μπλοκ (Sam Bloch), Έρνεστ Μαίκλ (Ernest Michel), Ρόμαν Κεντ (Roman Kent), Νόρβερντ Γούλχαιμ (Norbert Wollheim), Χίρς Αλτούσκι (Hirsch Altusky), Φρεντ Νταϊμεντ (Fred Diament), Τζέιμς Ραπ (James Rapp) και ο Σολομών Ζίνσταιν (Solomon Zynstein), ήταν οι πρωτεργάτες της οργάνωσης που κατάφεραν να φέρουν περισσότερα από 20.000 άτομα στην αμερικανική πρωτεύουσα μαζί με τον Αμερικανό πρόεδρο, τον αντιπρόεδρο και άλλα ανώτατα κυβερνητικά στελέχη. Η οργάνωση δημιούργησε έναν κατάλογο με τα ονόματα των επιζώντων που μετανάστευαν στην Αμερική μετά το Β' Παγκόσμιο Πόλεμο, ώστε να βοηθήσει στην έρευνα συγγενικών προσώπων. Όλα τα στοιχεία μεταφέρθηκαν το 1993 στο Αμερικανικό Μουσείο της Γενοκτονίας (www.ushmm.org), όπου καταγράφεται η δράση των Ναζί, οι διατηρούμενες φυλακές στη Γερμανία και αποτυπώνεται η μαύρη σελίδα στην ιστορία της ανθρωπότητας, όπου χάθηκαν εκατομμύρια άνθρωποι.

Ένα άλλο πρόγραμμα που υλοποιείται από κοινού με άλλες οργανώσεις είναι το καλοκαιρινό σεμινάριο της Γενοκτονίας και της εβραϊκής αντίστασης, το οποίο πραγματοποιήθηκε για πρώτη φορά το 1984 και λαμβάνει χώρα στην Πολωνία, στην Τσεχία και στις ΗΠΑ. Στόχοι του προγράμματος είναι η προώθηση της ενημέρωσης στις ΗΠΑ σχετικά με τα ανωτέρω θέματα, ώστε οι μελέτες γύρω από τη γενοκτονία να γνωστοποιηθούν στα τμήματα της δευτεροβάθμιας εκπαίδευσης. Βασικός στόχος αυτής της προσπάθειας είναι να διδάξει σε κάθε νέα γενεά για τη γενοκτονία και την εβραϊκή αντίσταση, έτσι ώστε οι νέοι να αποκτήσουν αντίληψη και να διδαχθούν για το μέλλον.

Οι περιγραφείσες δραστηριότητες ασκούν θετική επίδραση στους επιζώντες της γενοκτονίας, καθώς αποτελούν έναν τρόπο καταγραφής των εμπειριών τους. Οι τελευταίοι έχουν επίσης την ευκαιρία να συμβάλλουν ενεργά στα εκπαιδευτικά προγράμματα στις ΗΠΑ, παρουσιάζοντας διαλέξεις σε τάξεις και σε θρησκευτικά κέντρα και καταγράφοντας τα απομνημονεύματα ως αυτόπτες μάρτυρες της περιόδου αυτής. Η ενημέρωση για τη γενοκτονία είναι τώρα υποχρεωτική σε πολλές Πολιτείες των ΗΠΑ, λόγω της ανάγκης να γνωρίζουν την έννοια της ανοχής. Οι νόμοι για τα εγκλήματα μίσους έχουν ψηφιστεί σε όλη την Αμερική, επειδή οι επιζώντες άσκησαν πίεση για τη θέσπιση νομοθετικών διατάξεων κατά των ρατσιστικών διακρίσεων. Οι εκδηλώσεις για τη γενοκτονία σήμερα τηρούνται σε όλα τα κοινοβούλια των Πολιτειών, ενώ παράλληλα η οργάνωση έχει επιτύχει να επηρεάσει την αμερικανική εσωτερική και εξωτερική πολιτική, ιδιαίτερα σε σχέση με την Ευρώπη και τη Μέση Ανατολή.

21. Το Εβραϊκό Ινστιτούτο για Υποθέσεις Εθνικής Ασφάλειας[78]

Το Εβραϊκό Ινστιτούτο Υποθέσεων Εθνικής Ασφαλείας δημιουργήθηκε το 1973 ως αποτέλεσμα του πολέμου του Γιομ Κιπούρ και έχει 17.000 μέλη σε όλη την Αμερική. Πολλά από τα μέλη του διοικητικού συμβουλίου του είναι γνωστές προσωπικότητες στην αμερικανική κυβέρνηση για την εξειδίκευσή τους σε θέματα εθνικής ασφαλείας, ενώ βασικός στόχος του Ινστιτούτου είναι η ενημέρωση του αμερικανικού κοινού γύρω από τα θέματα αμυντικής πολιτικής, προκειμένου να προστατευτούν τα συμφέροντα των Αμερικανών. Επίσης, το ινστιτούτο ενημερώνει την αμερικανική κοινωνία για το σημαντικό ρόλο που διαδραματίζει σήμερα το Ισραήλ στην προώθηση των δημοκρατικών αξιών στη Μεσόγειο και τη Μέση Ανατολή.

Το Ινστιτούτο λειτουργεί με σκοπό την ενίσχυση του άξονα Ισραήλ-Αμερικής σε θέματα αμυντικής πολιτικής και ασφάλειας του Ισραήλ, ενώ διοργανώνει και ετήσια προγράμματα εκπαίδευσης για στελέχη του Ισραηλινού στρατού. Για παράδειγμα, Εβραίοι στρατιώτες εκπαιδεύονται στο Ναυτικό, στην Αεροπορία και στη σχολή του Γουέστ Πόιντ (West Point), ενώ συγχρόνως το Ινστιτούτο προωθεί συναντήσεις υψηλόβαθμων αξιωματούχων του Ισραήλ με στελέχη του Πενταγώνου. Τα προγράμματα αυτά έχουν ως στόχο τη διευκόλυνση του διαλόγου μεταξύ των φορέων που χαράσσουν την πολιτική ασφαλείας, την ανάπτυξη επαφών μεταξύ ανώτερων στρατιωτικών υπαλλήλων και διπλωματών και τη δημιουργία μιας κοινής αντίληψης στους κύκλους αυτούς για ζητήματα εθνικής ασφάλειας. Ασχολείται επίσης, με θέματα που αφορούν στη συνεργασία Ισραήλ-Αμερικής για τη μείωση των όπλων μαζικής καταστροφής, τη βαλλιστική υπεράσπιση από πυραύλους, την πάταξη της τρομοκρατίας, τη στρατηγική συνεργασία μεταξύ των δύο χωρών για την παραγωγή συμβατικών όπλων υψηλής τεχνολογίας, την προστασία από αναρχικά κινήματα και τους ελέγχους εξαγωγής προϊόντων στρατηγικής σημασίας.

Πρόεδρος του διοικητικού συμβουλίου είναι ο Νταίηβιντ Γκανζ (David Ganz) ενώ μέλος του ΔΣ είναι ο Νταίηβιντ Σταίνμαν (David P. Steinmann), υψηλόβαθμο στέλεχος πολλών οργανώσεων, συμπεριλαμβανομένης και της οργάνωσης «Insight Turkey International». Στην ομάδα των συμβούλων του Ινστιτούτου συμμετέχουν πρώην ανώτατα στελέχη του αμερικανικού στρατού, όπως οι στρατηγοί Τζέιμς Ντέιβις (James B. Davis) της αεροπορίας, ο Τζακ Μέριτ (Jack Merritt), ο Κρόσμπυ Σαιντ (Crosbie Saint) και Τζον Φος (John Foss), ο ταγματάρχης Λη Ντάουνερ (Lee Downer), ο υποστράτηγος Ρόμπερτ Ήγκλετ (Robert D. Eaglet), οι ναύαρχοι Λήον Έντνη (Leon Edney), Τζερόμ Τζόνσον (Jerome Johnson), Νταιηβιντ Τζέρεμη (David Jeremiah) και ο Καρλάιλ Τροστ (Carlisle Trost), ο υποστράτηγος Τόμας Γκρίφιν (Thomas Griffin), οι αντιναύαρχοι Μπέρναρντ Κόντερερ (Bernard Kauderer) και Άνθονυ Λες (Anthony A. Less), ο υποστράτηγος Ρόμπερτ Κέλυ (Robert Kelley), ο γενικός στρατηγός Τζάρβης Λιντς (Jarvis Lynch), ο υποστράτηγος Τσαρλς Μέι (Charles May), ο γενικός στρατηγός Ρόμπερτ Πάτερσον (Robert B. Patterson), ο υποστράτηγος αεροπορίας Τζον Πουστέι (John Pustay), ο γενικός στρατηγός Σίντνι Σιάκναου (Sidney Shachnow), ο υποναύαρχος Σάμερ Σαπίρο (Sumner Shapiro), ο υποστράτηγος Τεντ Στρουπ (Ted Stroup), ο στρατηγός αεροπορίας Λόρενς Σκάντζη (Lawrence A. Skantze), ο γενικός στρατηγός των ειδικών δυνάμεων Λάρυ Τέιλορ (Larry Taylor), ο συνταγματάρχης Μπρους Γουίλλιαμς (Bruce Williams), πρώην πρέσβεις, καθηγητές και πολιτικοί όπως ο Ρίτσαρντ Περλ (Richard Perle).

Το Ινστιτούτο προβάλει επίσης, στο διαδίκτυο ειδική μελέτη για τις σχέσεις Τουρκίας-Ισραήλ, ιδιαίτερα δε για τις στρατιωτικές ασκήσεις των δύο χωρών. Για παράδειγμα, καταχωρήθηκε κάποια αναφορά για τουρκικά αεροπλάνα τύπου F-16 που πραγματοποιούσαν εκπαίδευση στο Ισραήλ, καθώς επίσης και για θέματα άμυνας απέναντι σε πυραύλους S300 που η Κύπρος είχε παραγγείλει από τη Ρωσία.

22. Η Εβραϊκή Επιτροπή Εργασίας[79]

Η εβραϊκή Επιτροπή Εργασίας δημιουργήθηκε το 1934 από εμπόρους μετανάστες που ήταν αντίθετοι προς το ναζισμό στη Γερμανία. Συνεργάστηκε και συνεχίζει να έχει επαφές με εργατικά κινήματα και οργανώσεις στην Αμερική, με σκοπό τη σύμφωνη δράση σε θέματα κοινού ενδιαφέροντος. Κατά την πρώτη δεκαετία λειτουργίας της οργάνωσης, τα μέλη της είχαν ανέλθει σε 500.000, ενώ σήμερα διατηρεί γραφεία σε αρκετές πόλεις της Αμερικής έχοντας τα κεντρικά της γραφεία στη Νέα Υόρκη.

23. Το Εθνικό Ταμείο των Εβραίων[80]

Το Εβραϊκό Εθνικό Ταμείο δημιουργήθηκε στην πόλη Βασιλεία της Ελβετίας το 1901. Οι προσπάθειες των αντιπροσώπων της οργάνωσης αυτής τότε, έτειναν στη χρηματοδότηση αγοράς γης από τους Παλαιστίνιους, κάτι που κατάφερε η οργάνωση το 1903 με την αγορά περίπου 200 στρεμμάτων στη Hadera. Μέχρι το 1905, πήρε στην κατοχή της και άλλα εδάφη σε άλλα μέρη κοντά στη Γαλιλαία και στην περιοχή Ben Shemen και μέχρι το 1921, η συνολική έκταση που κατείχε η οργάνωση ανερχόταν σε περίπου 100.000 στρέμματα. Στα επόμενα χρόνια προσπάθησε να φέρει κοντά στο Ισραήλ τις διάσπαρτες-ανά τον κόσμο-κοινότητες των Εβραίων, επιδιώκοντας να θέσει τις βάσεις για τη δημιουργία του κράτους του Ισραήλ. Την εποχή της ανεξαρτησίας του Ισραήλ, το 1948, η οργάνωση είχε αγοράσει μεγάλες εκτάσεις, οι οποίες αποτελούσαν τότε και τα σύνορα του κράτους, με πληθυσμό 650.000 κατοίκους, σε 350 χωριά/πόλεις.

Μετά την ανεξαρτησία του Ισραήλ, η οργάνωση έχει προωθήσει πολλά προγράμματα αναδάσωσης σε διάφορες περιοχές, έχει δημιουργήσει κάμπινγκ, πάρκα και άλλα κέντρα αναψυχής. Κύριος στόχος της οργάνωσης είναι η αγορά γης, η οποία στη συνέχεια θα περιέλθει στο κράτος του Ισραήλ, η ανάπτυξη του κράτους και η προστασία του, προκειμένου αυτό να εδραιωθεί καλύτερα και ευκολότερα. Κατά τη διάρκεια του προηγούμενου αιώνα, η οργάνωση είχε εμφυτεύσει περισσότερα από 240 εκατομμύρια δέντρα, κατασκεύασε περισσότερα από 180 φράγματα και δεξαμενές νερού, καλλιέργησε άνω των 250.000 στρεμμάτων γης, δημιούργησε περισσότερα από 1.000 πάρκα σε όλο το Ισραήλ και ενημέρωσε φοιτητές σε όλο τον κόσμο για το Ισραήλ και το περιβάλλον. Μέσω της υποστήριξης από τους χορηγούς της, η οργάνωση είναι σε θέση να καυχιέται για το γεγονός ότι αποτελεί το μόνο έθνος στον κόσμο που κατάφερε να φτάσει στο τέλος του 20ου αιώνα με περισσότερα δέντρα από ότι είχε στην αρχή του αιώνα. Επιπλέον, κατά τη διάρκεια της προηγούμενης δεκαετίας, η οργάνωση είχε αυξήσει τους υδάτινους πόρους και μπορεί σήμερα να εφοδιάζει με νερό περισσότερους από 1.2 εκατομμύρια Ισραηλίτες.

Η οργάνωση δημιούργησε ένα παράρτημα στις ΗΠΑ το 1926 και σήμερα προωθεί σημαντικά έργα στο Ισραήλ μέσω του αμερικανικού Υπουργείου Δασικών Εκτάσεων. Για παράδειγμα, υλοποιεί προγράμματα για τον περιορισμό των εντόμων και των πυρκαγιών, για την αντιμετώπιση της εδαφικής διάβρωσης, ενώ συγχρόνως συνεργάζεται με το ανωτέρω Υπουργείο για την ανάπτυξη τεχνικών δασοκομίας και δασικής διαχείρισης τόσο στο Ισραήλ όσο και στις ΗΠΑ. Το 2002, η οργάνωση εγγράφηκε στα Ηνωμένα Έθνη ως ένας διεθνής μη κρατικός οργανισμός (NGO). Το 1990, επίσης, συμμετείχε σε μια κοινοπραξία μεταξύ της Αμερικανικής Υπηρεσίας Δασικών Υποθέσεων, κάποιων επιλεγμένων κρατών της Μέσης Ανατολής και 6 πανεπιστημίων στις ΗΠΑ, με στόχο την προώθηση της έρευνας και των αναπτυξιακών προγραμμάτων για την αποκατάσταση χέρσων και άγονων εδαφών στη Βόρεια Αμερική, τη Μέση Ανατολή και σε διάφορα άλλα μέρη του κόσμου.

24. Η Εβραϊκή Ομοσπονδία Ανοικοδόμησης[81]

Η Εβραϊκή Ομοσπονδία Ανοικοδόμησης έχει ως στόχο τη δημιουργία εβραϊκών κοινοτήτων μέσα από θυγατρικές οργανώσεις που λειτουργούν σύμφωνα με τις δημοκρατικές αξίες και είναι πλήρως αφοσιωμένες στην εκπαίδευση γύρω από τα εβραϊκά ήθη και πρότυπα κοινωνικής δικαιοσύνης. Η οργάνωση υποστηρίζει την εβραϊκή παροικία προωθώντας την εβραϊκή παράδοση και ενισχύοντας τον εβραϊκό τρόπο ζωής. Το 2003 αριθμούσε 103 αδελφότητες, με πάνω από 16.000 νοικοκυριά, ενώ συγχρόνως υπήρχαν αναρίθμητα συγγράμματα και δημοσιεύματα για θέματα που αφορούσαν στην κοινότητα.

25. Η Επιτροπή Εβραίων Παλαίμαχων των ΗΠΑ[82]

Η Επιτροπή Εβραίων Παλαίμαχων δημιουργήθηκε για να καταπολεμήσει τον αντισημιτισμό και τη μισαλλοδοξία. Συνεργάζεται με τις κρατικές υπηρεσίες για την καταδίωξη ατόμων που έχουν διαπράξει αδικήματα πολέμου κατά την περίοδο των Ναζί, φροντίζει για τους νέους της Αμερικής μέσω προσκοπικών προγραμμάτων, υποτροφιών και ενημερωτικών εκστρατειών κατά των ναρκωτικών. Επιπλέον, βοηθά τους καταπιεσμένους Εβραίους που βρίσκονται ανά τον κόσμο και προωθεί μια ισχυρή σχέση μεταξύ των ΗΠΑ και του Ισραήλ με τη διοργάνωση αποστολών που αποτελούνται από παλαίμαχους που επισκέπτονται το Ισραήλ κάθε χρόνο. Πραγματοποιεί προγράμματα νοσοκομειακής περίθαλψης και αποκατάστασης, προκειμένου να βοηθήσει διάφορα κρατικά γραφεία εξυπηρέτησης των παλαίμαχων που λειτουργούν σε μεγάλες πόλεις σε όλη τη Αμερική. Επίσης, υποστηρίζει τους φτωχούς, τους άστεγους και τα άτομα με ειδικές ανάγκες, μέσα από ποικίλες δράσεις πρόνοιας χαμηλού κόστους και με την αξιοποίηση κρατικών κονδυλίων που επιδοτούν τη στέγαση για ηλικιωμένους.

26. Η Διεθνής Εβραϊκή Οργάνωση Γυναικών[83]

Η Διεθνής Εβραϊκή Οργάνωση Γυναικών δημιουργήθηκε το 1897, την εποχή που η γυναίκα άρχισε να εμφανίζεται στη δημόσια ζωή. Σήμερα διοργανώνει διεθνή συνέδρια για θέματα οικογενειακής βίας, ενώ ταυτόχρονα προσπαθεί να προωθήσει προγράμματα για τη μύηση νέων ανθρώπων στα εβραϊκά πρότυπα των οικογενειακών σχέσεων. Τα τοπικά τμήματα της οργάνωσης εργάζονται, επίσης, για την καθιέρωση, μέχρι το 2010, της λειτουργίας 100 παιδικών βιβλιοθηκών, σε ιδρύματα προστασίας των γυναικών από τη βία, που υπάρχουν σε όλη την Αμερική. Επίσης, εισάγει μεθόδους εκπαίδευσης στις κρατικές υπηρεσίες και τις εβραϊκές οργανώσεις για την καταπολέμηση της βίας και την υποστήριξη των θυμάτων, ενώ παράλληλα ενισχύει οικονομικά και τις εκστρατείες καταπολέμησης του αναλφαβητισμού των νέων γυναικών.

27. Η Οργάνωση MERCAZ USA[84]

Η οργάνωση Mercaz USA, είναι μια σιωνιστική ομάδα ενταγμένη σε διάφορες συντηρητικές εβραϊκές οργανώσεις που προωθούν το θρησκευτικό πλουραλισμό στο Ισραήλ και τη σύσφιξη των σχέσεων μεταξύ της εβραϊκής διασποράς και του κράτους του Ισραήλ. Συμβάλλει στη διατήρηση της επικοινωνίας μεταξύ των εβραϊκών κοινοτήτων που ευημερούν σε όλο τον κόσμο και του Ισραήλ, μέσω του τουρισμού, της Εβραϊκής εκπαίδευσης, της μελέτης της Εβραϊκής γλώσσας, αλλά και των διαπροσωπικών σχέσεων.

Όσον αφορά στην ιδεολογική βάση της οργάνωσης, ο συντηρητικός ιουδαϊσμός ήταν το πρώτο από τα σύγχρονα θρησκευτικά κινήματα που αποδέχτηκε το σιωνισμό και παρέμεινε ακλόνητα στην πρώτη γραμμή της προσπάθειας για την προώθηση των αρχών του, όπως είναι η κεντρική θέση του Ισραήλ στη ζωή και τη συνείδηση των Εβραίων και η ενότητα μεταξύ τους, ανεξαρτήτως του τόπου διαμονής τους. Η σύνδεση με το έδαφος και το κράτος του Ισραήλ και της Ιερουσαλήμ, ως πρωτεύουσας, είναι τα ιδεώδη της οργάνωσης που υποχρεώνουν τους Εβραίους να υποστηρίζουν και να υπερασπίζονται το κράτος του Ισραήλ. Η δημιουργία μιας υποδειγματικής εβραϊκής κοινωνίας, η οποία θα διέπεται από δημοκρατικές και πλουραλιστικές αρχές, η εξασφάλιση ειρηνικών σχέσεων με τους Άραβες γείτονες, η προστασία του περιβάλλοντος και των φυσικών πόρων του Ισραήλ και ο σεβασμός των δικαιωμάτων των πολιτών αποτελούν επίσης βασικούς σκοπούς της οργάνωσης.

28. Η Οργάνωση ΝΑ' ΑΜΑΤ USA[85]

Η οργάνωση ΝΑ' ΑΜΑΤ έχει ως κύριο σκοπό τη βελτίωση της ζωής για τις γυναίκες, τα παιδιά και τις οικογένειες στο Ισραήλ, την Αμερική και όλο τον κόσμο. Για πολλά χρόνια είχε το όνομα Παϊονήρ Γουίμεν (Pioneer Women), ενώ σήμερα αναπτύσσει δραστηριότητες σε 11 χώρες με έδρα το Ισραήλ. Ειδικότεροι σκοποί της οργάνωσης είναι η βελτίωση της θέσης της γυναίκας στο σπίτι και στον εργασιακό χώρο, καθώς και η προώθηση της θρησκευτικής πολυφωνίας και της ειρήνης στη Μέση Ανατολή. Επίσης, συμπαρίσταται σε νέους μετανάστες, προκειμένου να αποκτήσουν τα απαραίτητα για το νέο τόπο διαμονής τους, ενώ βρίσκεται κοντά στα αδύναμα παιδιά, υλοποιώντας πολλά κοινωνικά προγράμματα για την καταπολέμηση της οικογενειακής βίας.

Η ιστοσελίδα της παρέχει σημαντική πληροφόρηση στα μέλη της, ιδιαίτερα για την πλούσια κληρονομιά της και το επίδοξο μέλλον της. Περιέχει ενημερωτικά στοιχεία για τη θέση των γυναικών, τα παιδιά, τις οικογένειες και για τις πρωτοβουλίες της ΝΑ' ΑΜΑΤ, ενώ συγχρόνως διεγείρει τη σκέψη για ζητήματα που σχετίζονται με τις γυναίκες της εβραϊκής παροικίας. Επίσης, παρέχει τους πόρους και το υλικό που απαιτείται για τον προγραμματισμό και τη συμμετοχή της σε δράσεις άλλων περιοχών και δημιουργεί μια ισχυρότατη αδελφότητα μέσω του διαδικτύου.

29. Η Οργάνωση Σιωνισμού Αμερικής[86]

Από την ίδρυσή της το 1897, η Σιωνιστική Οργάνωση της Αμερικής έχει καταβάλλει τεράστιες προσπάθειες για τους εβραϊκούς πληθυσμούς και την εδαφική ακεραιότητα του Ισραήλ. Είναι πάντα στις πρώτες γραμμές του εβραϊκού ακτιβισμού, ενώ συνήθως ως πρόεδροι διατελούν επιφανείς προσωπικότητες, όπως ο δικαστής του Ανώτατου Δικαστηρίου των ΗΠΑ Λούις Μπράνταις (Louis Brandeis), ο ραβίνος δόκτωρ Χιλέλ Άμπα Σίλβερ (Hillel Abba Silver) και ο σημερινός πρόεδρος Μόρτον

Κλαιν (Morton A. Klein). Προωθεί τα συμφέροντα του Ισραήλ μέσα από τακτικές εκθέσεις, ενημερωτικά δελτία και άλλες δημοσιεύσεις, μέσα από ομιλίες σε συναγωγές, εκκλησίες, κοινοτικές δραστηριότητες, γυμνάσια και κολέγια, όπως επίσης και μέσα από προειδοποιητικά δελτία ηλεκτρονικού ταχυδρομείου, επιστολές σε συντάκτες εφημερίδων και συνεντεύξεις σε ραδιοφωνικά και τηλεοπτικά προγράμματα.

Με ένα ανθρώπινο δυναμικό που αποτελείται από 30.000 μέλη και με την παρουσία της σε όλες τις πόλεις των ΗΠΑ (συμπεριλαμβανομένων του Σικάγου, του Κλήβελαντ, του Ντάλας, του Ντιτρόιτ, του Λος Άντζελες, του Μαϊάμι, του Μιλγουόκι, του Τζέρσεϋ, της Φιλαδέλφεια, του Πίτσμπουργκ και της Ουάσιγκτον), η οργάνωση λειτουργεί σήμερα για να ενισχύσει τις αμερικανοϊσραηλινές σχέσεις μέσα από εκπαιδευτικές δραστηριότητες, δημόσια προγράμματα, καθημερινή παρουσία στο Καπιτώλιο, καθώς και μέσω της καταπολέμησης της προκατάληψης κατά του Ισραήλ στα ΜΜΕ και στις πανεπιστημιουπόλεις. Είναι η μόνη που τεκμηριώνει και εκθέτει τις παλαιστινιακές και τις αραβικές παραβιάσεις του Οδικού Χάρτη και ενισχύει τις προσπάθειες των Αμερικανών πολιτών που υπήρξαν θύματα της παλαιστινιακής και αραβικής τρομοκρατίας. Οι εκστρατείες της οργάνωσης στοχεύουν, πρωτίστως, σε όσους ακολουθούν μια εχθρική στάση απέναντι στο Ισραήλ και συγχρόνως προωθούνται για σημαντικές κυβερνητικές θέσεις.

Η οργάνωση έχει επίσης διαδραματίσει πολύ βασικό ρόλο στο Κογκρέσο για την προώθηση νομοθετικών ρυθμίσεων που προστατεύουν τα θύματα της τρομοκρατίας, υποστηρίζοντας την άποψη ότι η Ιερουσαλήμ ανήκει εξολοκλήρου στην ισραηλινή κυριαρχία, πολεμάει τις οργανώσεις Χαμάς και Φατάχ και προωθεί νομοθετικά μέτρα για την επιβολή κυρώσεων στη Συρία και τη Σαουδική Αραβία. Το διαρκώς ενισχυόμενο δίκτυο ακτιβισμού στις πανεπιστημιουπόλεις έχει κατορθώσει να οργανώνει τους φοιτητές, ώστε να καταπολεμούν συστηματικά την αραβική προπαγάνδα στον ακαδημαϊκό χώρο της Αμερικής. Επίσης, αναπτύσσει προγράμματα, μέσα από τα οποία ενεργά στελέχη των φοιτητικών οργανώσεων επισκέπτονται το Ισραήλ, με στόχο την προετοιμασία τους για την ανάληψη ηγετικών θέσεων στο μέλλον.

Το νομικό τμήμα της οργάνωσης εργάζεται πάνω σε θέματα που εξυπηρετούν τα συμφέροντα του Ισραήλ και των Εβραίων. Έχει καταθέσει αγωγή κατά του Στέιτ Ντιπάρτμεντ για την παραβίαση της νομοθεσίας που απαιτεί την αναγραφή των λέξεων «Ιερουσαλήμ, Ισραήλ» σε διαβατήρια Αμερικανών υπηκόων που έχουν γεννηθεί στην Ιερουσαλήμ. Το εν λόγω τμήμα έχει συμβάλλει επίσης στις προσπάθειες για την απόσυρση δέκα ιστοσελίδων που υποστηρίζουν την τρομοκρατία, ενώ συγχρόνως συμμετείχε ενεργά σε ένα σχέδιο που ενίσχυε την αποκατάσταση του κλίματος αντισημιτισμού σε πανεπιστήμια. Είναι πολλές οι περιπτώσεις, όπου η οργάνωση έχει αντιδράσει στην κατοχή καίριων θέσεων από διάφορα άτομα, όπως στην περίπτωση του Τζον Ρόθ

(John Roth) που διετέλεσε διευθυντής μελέτης στο αμερικανικό Μουσείο για το ολοκαύτωμα ο οποίος είχε εξομοιώσει την ισραηλιτική πολιτική με αυτές των Ναζί. Η οργάνωση, επίσης, πολέμησε τον Τζο Ζόγκμπι (Joe Zogby), έναν αναλυτή του Στέιτ Ντιπάρτμεντ σε θέματα της Μέσης Ανατολής, όταν αυτός αρθρογράφησε κατά του Ισραήλ. Ο Τζο Ζόγκμπι παραιτήθηκε από τη θέση του μέσα σε 2 εβδομάδες. Η οργάνωση αποκάλυψε επίσης, τα φιλικά προς τη Χαμάς συγγράμματα του Σαλάμ ΑλΜαραγιάτι (Salam Al-Marayati), διευθυντή του μουσουλμανικού Δημόσιου Συμβουλίου Υποθέσεων, όταν έγινε πρόταση για το διορισμό του στην αμερικανική Επιτροπή Τρομοκρατίας. Τελικά, ο διορισμός του Μαραγιάτι ανακλήθηκε.

Μετά από μια «εκστρατεία λόμπι» τριών ετών, η οργάνωση κατάφερε να πείσει την αμερικανική κυβέρνηση να επικηρύξει πολλά εκατομμύρια δολαρίων για τη σύλληψη των Παλαιστινίων που είχαν δολοφονήσει δεκάδες Αμερικανούς υπηκόους στο Ισραήλ και στη συνέχεια προώθησε και τη νομοθεσία Κόμπι Μαντέλ (Koby Mandell) η οποία διευκόλυνε τη σύλληψη των Παλαιστινίων που καταζητούνται για τις δολοφονίες αυτές. Έπεισε 42 μέλη του Κογκρέσου να υπογράψουν έντονη διαμαρτυρία για το γεγονός ότι ο Αμπού Ντάουντ (Abu Daoud), ο εγκέφαλος των δολοφονιών των Εβραίων αθλητών στο Μόναχο το 1972, μπορούσε να διαμένει στην Ιορδανία χωρίς κανένα κώλυμα. Μετά την εκστρατεία αυτή, η Ιορδανία προχώρησε στη λήψη συγκεκριμένων μέτρων και ο Αμπού Ντάουντ αποχώρησε πολύ γρήγορα, ενώ αν είχε επιστρέψει θα είχε συλληφθεί από τις κρατικές αρχές της Ιορδανίας.

Η οργάνωση είναι υπεύθυνη για την αποκάλυψη των αντισημιτικών συγγραμμάτων του Υφυπουργού Εξωτερικών της Αμερικής, Στρόμπι Τάλμποτ (Strobe Talbot), την εποχή της προεδρίας Κλίντον. Μετά τον πόλεμο που εξαπέλυσε εναντίον του η οργάνωση, ο Στρόμπι Τάλμποτ δεν μπόρεσε να αναλάβει την αρχηγία του Στέιτ Ντιπάρτμεντ. Ο σημερινός πρόεδρος της οργάνωσης, Μόρτον Κλάιν (Morton A. Klein), προώθησε τη δημιουργία μιας επιτροπής στο Κογκρέσο, η οποία επέβλεπε τη συμμόρφωση της οργάνωσης PLO με τη συνθήκη του Όσλο, καθώς και με την αμερικανική νομοθεσία Spector-Shelby που αφορά στις παραβιάσεις του Αραφάτ σε θέματα της συμφωνίας του Όσλο.

30. Η Οργάνωση Υποστηρικτών των Μεταναστών[87]

Η Οργάνωση Υποστηριχτών των Μεταναστών έχει καταβάλει τεράστιες προσπάθειες για τους εβραϊκούς πληθυσμούς της πρώην Σοβιετικής Ένωσης, με σκοπό την προστασία των ατομικών και κοινωνικών δικαιωμάτων τους. Έχει εξουσιοδοτηθεί από την οργανωμένη αμερικανοεβραϊκή κοινότητα, να προωθεί τα συμφέροντα των Εβραίων που μεταναστεύουν από την πρώην Σοβιετική Ένωση, ενώ ταυτόχρονα αντιμετωπίζει τον αντισημιτισμό στις χώρες υποδοχής των μεταναστών και προσπαθεί για αυτούς που έχουν παραμείνει πίσω, να διατηρούν τους δεσμούς τους με την εβραϊκή παράδοση και να έχουν πρόσβαση στην εκπαίδευση, καθώς επίσης και στην κοινωνική και πολιτιστική ζωή.

Πίνακας 4. Μετανάστευση Εβραίων από Ρωσία, Ουκρανία, κράτη Βαλτικής και Ευρασία

Έτος	Στο Ισραήλ	Στις ΗΠΑ
2005	5.289	1.618
2004	10.500	791
2003	12.726	1.580
2002	17.511	2.486
2001	31.513	4.077
2000	50.859	5.881
1999	43.885	6.339
1998	46.373	7.371
1997	51.745	14.531
1996	58.014	19.051
1995	65.131	21.693
1994	66.067	32.912
1993	69.067	32.912
1992	64.057	45.871
1991	145.005	35.245
1990	181.759	31.645
Σύνολο	**919.501**	**264.003**

Η οργάνωση επίσης συλλέγει και διακινεί στοιχεία για τις συνθήκες διαβίωσης των Εβραίων και οργανώνει προγράμματα πολιτικής για τα θέματα αυτά. Έχει στενή συνεργασία με υψηλόβαθμα κυβερνητικά στελέχη στις ΗΠΑ, στο Ισραήλ και σε άλλα κράτη όπου έχουν μεταφερθεί οι Εβραίοι μετανάστες, ενώ παράλληλα συνεργάζεται με την αμερικανική κυβέρνηση και άλλες δυτικές χώρες, προκειμένου οι τελευταίες να συμπεριλάβουν στις πολιτικές τους προγράμματα υποστήριξης και βοήθειας Εβραίων μεταναστών. Αξίζει να επισημανθεί ότι ο οργανισμός προσδίδει ιδιαίτερη σημασία στη δημιουργία στενών σχέσεων μεταξύ των μεταναστών, των συλλόγων ή οργανώσεων στις ΗΠΑ και της πρώην Σοβιετικής Ένωσης, ενώ τους αντιπροσωπεύει και σε διάφορους διεθνείς οργανισμούς.

31. Εθνικό Συμβούλιο Εβραίων Γυναικών[89]

Το Εθνικό Συμβούλιο Εβραίων Γυναικών δημιουργήθηκε το 1893, όταν η Χάνα Σόλομον (Hannah G. Solomon) προσπάθησε να συντονίσει την εργασία κάποιων γυναικών στην Παγκόσμια Έκθεση στο Σικάγο. Έχοντας παρατηρήσει ότι ο ρόλος των γυναικών κατά την έκθεση αυτή δεν ήταν ουσιώδης, αλλά περιοριζόταν στην παροχή καφέ και γλυκών, η Solomon παραιτήθηκε από τη θέση της συντονίστριας και δημιούργησε την οργάνωση αυτή, με σκοπό να αναβαθμίσει τα καθήκοντα των Εβραίων γυναικών και να αναβαθμίσει την ιδέα του εθελοντισμού. Σήμερα, η οργάνωση αναγνωρίζεται για τη θέρμη με την οποία προάγει το ανθρωπιστικό και πρωτοπόρο έργο που εκτελεί στις ΗΠΑ και στο Ισραήλ, αλλά και για τον τρόπο με τον οποίο προωθεί τα εβραϊκά ιδεώδη μέσα από ερευνητικά, εκπαιδευτικά και κοινωνικά έργα. Σκοπός όλων αυτών είναι να βελτιωθεί η ποιότητα ζωής των παιδιών, των γυναικών και των οικογενειών, με απώτερο στόχο την εξασφάλιση των ανθρωπίνων δικαιωμάτων και των προσωπικών ελευθεριών. Αξίζει να επισημανθεί ότι η οργάνωση διατηρεί στενές επαφές με το Πανεπιστήμιο του Τελ Αβίβ σε διάφορα προγράμματα που στοχεύουν στην οικοδόμηση μιας ζωντανής δημοκρατικής κοινωνίας στο Ισραήλ.

Το Συμβούλιο, επίσης, υποστηρίζει προοδευτικές θέσεις σε πολλά θέματα, όπως τα δικαιώματα των γυναικών στα μέσα μαζικής κυκλοφορίας στο Ισραήλ. Για παράδειγμα, στα λεωφορεία του Ισραήλ οι γυναίκες αναγκάζονται να εισέλθουν από τις πίσω πόρτες και πολλές φορές κάθονται στο πίσω τμήμα του λεωφορείου, ενώ υποχρεούνται να φέρουν συντηρητική ένδυση. Η μη συμμόρφωση ορισμένων γυναικών με τον κανόνα αυτό έχει οδηγήσει σε υβριστικούς χαρακτηρισμούς, σε παρενόχληση από άντρες και σε ορισμένες περιπτώσεις, ακόμα και σε βίαια επεισόδια. Η αξιοπρέπεια και η ισότητα των γυναικών στο Ισραήλ παρεμποδίζεται από τις θρησκευτικές προτιμήσεις ενός τμήματος του πληθυσμού, καθώς αυτό το διαχωριστικό σύστημα στα λεωφορεία προοριζόταν αρχικά μόνο μέσα στις αυστηρά ορθόδοξες εβραϊκές γειτονιές. Ωστόσο, πλέον έχει υιοθετηθεί και σε διάφορες άλλες περιοχές, χωρίς να δημιουργηθούν άλλες εναλλακτικές υπηρεσίες λεωφορείων. Οι επιχειρήσεις αστικών συγκοινωνιών που διεξάγουν αυτά τα δρομολόγια, λαμβάνουν από την κυβέρνηση χρηματοδοτήσεις που τις στηρίζουν, παρόλο που προβαίνουν σε αυτές τις διακρίσεις εις βάρος των γυναικών.

32. Το Εθνικό Συμβούλιο του Νέου Ισραήλ[90]

Η οργάνωση δημιουργήθηκε το 1912, ως αντίδραση στο γεγονός ότι στην Αμερική την εποχή εκείνη το Σάββατο ήταν ημέρα εργασίας. Οι αρχικές φιλοδοξίες των πρώτων ηγετικών στελεχών ήταν η αποδοχή των Εβραίων στην αμερικανική κοινωνία και η οικονομική επιτυχία της παροικίας τους. Η εβραϊκή εκπαίδευση δεν είχε ιδιαίτερη προτεραιότητα στην οργάνωση αυτή και κατά συνέπεια, ήταν συνήθως στοιχειώδης. Πολλοί νέοι δεν προσέρχονταν στις συναγωγές, εκτός από πολύ συγκεκριμένες περιπτώσεις όπου εξαναγκάζονταν από την οικογένειά τους, εξέλιξη που οδήγησε πολλούς Εβραίους να χάσουν την επαφή με τα εβραϊκά ήθη και έθιμα. Υπό αυτές τις συνθήκες, άρχισε να οργανώνει διαλέξεις στην αγγλική γλώσσα κάθε Παρασκευή βράδυ για διάφορα θέματα εβραϊκού ενδιαφέροντος. Τα πρώτα τρία χρόνια, δημιούργησε μια «πρότυπη» συναγωγή, ώστε να προσελκύσει την αγγλόφωνη εβραϊκή νεολαία, ενώ απέτρεψε την καταβολή εισφορών στις συναγωγές για την αναγνώριση διακριτικών θέσεων, αποσκοπώντας με αυτό τον τρόπο στην προσέλκυση των φτωχότερων κοινωνικών τάξεων.

Σήμερα, η οργάνωση έχει ως κύριο στόχο την ενθάρρυνση και τη διεξαγωγή πνευματικών, πολιτιστικών, κοινωνικών και κοινοτικών δραστηριοτήτων, προκειμένου να διατηρήσει τον παραδοσιακό και αληθινό ιουδαϊσμό (torah). Όλη η στρατηγική της τείνει να εμφυσήσει στην αμερικανοεβραϊκή νεολαία την αντίληψη και την εκτίμηση των υψηλών ηθικών και πνευματικών αρχών του ιουδαϊσμού, με σκοπό να καταδείξει τη σύγκλιση της αρχαίας πίστης του Ισραήλ με το σύγχρονο αμερικανικό πνεύμα. Η οργάνωση προωθεί τη συνεργασία μεταξύ των ιδρυτικών οργανισμών, των μελών τους που υφίστανται τώρα και εκείνων που μπορούν να δημιουργηθούν στο μέλλον, καθιερώνοντας ένα στενό δεσμό μεταξύ τους, ώστε να μπορούν να αντιμετωπίζουν αποτελεσματικότερα τα μεμονωμένα αλλά και τα κοινά προβλήματά τους. Λειτουργώντας ως μια ομοσπονδία με κεντρικά όργανα, μπορεί να έχει τεράστια επιρροή και να διαδραματίσει σημαντικό ρόλο στην Αμερική αλλά και παγκοσμίως.

Η έδρα της βρίσκεται στο Μανχάταν και περιλαμβάνει 146 παραρτήματα στη Βόρεια Αμερική και στον Καναδά, όπως και 50 γραφεία στο Ισραήλ, έχοντας περισσότερα από 25.000 ενεργά μέλη. Στο πολιτικό μέτωπο, η οργάνωση ασχολείται με ποικίλα θέματα που αφορούν στην εβραϊκή κοινότητα και προσπαθεί να κινητοποιήσει τα μέλη, ώστε να υποστηρίξουν τα θρησκευτικά δικαιώματα, την ασφάλεια του κράτους του Ισραήλ και την επιστροφή των Εβραίων στρατιωτών που είναι αγνοούμενοι πολέμου. Σημαντικές προσπάθειες έχουν γίνει επίσης, για την απελευθέρωση 10 Ιρανοεβραίων που καταδικάστηκαν από το στρατοδικείο του Ιρανικού στρατού, ενώ η ίδια οργάνωση έχει πρωταρχικό ρόλο στην προσπάθεια απελευθέρωσης του Τζόνοθαν Πόλαρντ, ανώτατου στελέχους του αμερικανικού Ναυτικού που καταδικάστηκε από τα αμερικάνικα δικαστήρια τη δεκαετία του 1980 για αποκάλυψη θεμάτων ασφαλείας προς το Ισραήλ.

33. Η Συνέλευση Ραβίνων[91]

Η Συνέλευση των Ραβίνων δημιουργήθηκε το 1901 από τους πτυχιούχους της Θεολογικής Σχολής Ραβίνων και είναι σήμερα ο διεθνής σύλλογος των συντηρητικών. Η οργάνωση αυτή έχει σήμερα ως μέλη της ραβίνους που προέρχονται από τις συντηρητικές σχολές, αλλά και από διαπιστευμένες θεολογικές σχολές που αποδέχονται τις αρχές του συντηρητικού ιουδαϊσμού. Αριθμεί περίπου 1.600 μέλη που εργάζονται ως ραβίνοι, εκπαιδευτικοί, στρατιωτικοί και νοσοκομειακοί ιερείς, καθηγητές του ιουδαϊσμού και αξιωματούχοι σε κοινωνικούς οργανισμούς σε όλο τον κόσμο. Αν και το μεγαλύτερο ποσοστό από τα μέλη εργάζεται στις ΗΠΑ, περίπου το 10% βρίσκεται στο Ισραήλ, ενώ μέλη της οργάνωσης υπάρχουν επίσης στη Λατινική Αμερική, την Ευρώπη, την Αυστραλία και τη Νότια Αφρική.

Η Συνέλευση των Ραβίνων αποτελεί ισχυρό υποστηρικτή του Ισραήλ και των σιωνιστικών οργανώσεων, ενώ τα μέλη της δραστηριοποιούνται σε σημαντικούς εθνικούς και διεθνείς οργανισμούς, ενισχύοντας με αυτόν τον τρόπο τις σχέσεις της διασποράς με το Ισραήλ. Μέλη της επισκέπτονται κυβερνητικά στελέχη στην Ουάσιγκτον, με στόχο την ενημέρωση και ανταλλαγή απόψεων σε θέματα κοινού ενδιαφέροντος. Εκδίδουν βιβλία και άλλα λογοτεχνικά έργα που αφορούν στα ενδιαφέροντα των Εβραίων, ενώ έχουν και σημαντική παρουσία στην έκδοση θρησκευτικών συγγραμμάτων για τη συντηρητική παράταξη του ιουδαϊσμού. Επίσης, έχουν πρόσβαση σε μετεκπαιδευτικά προγράμματα και παρέχουν σημαντική υποστήριξη για τα θέματα που μπορεί να αντιμετωπίζουν οι ραβίνοι. Λειτουργεί ως ένας μη κερδοσκοπικός οργανισμός στην Πολιτεία της Νέας Υόρκης και χρηματοδοτείται από τις εισφορές των μελών, από δωρεές, κληροδοτήματα και εισοδήματα από τις πωλήσεις των συγγραμμάτων που εκδίδει.

34. Το Συμβούλιο Ραβίνων της Αμερικής[92]

Το Συμβούλιο των Ραβίνων της Αμερικής δημιουργήθηκε το 1935, για να προωθήσει την παράδοση του ιουδαϊσμού (torah), την ευημερία, τα συμφέροντα και την επαγγελματική κατάρτιση των ορθόδοξων ραβίνων σε όλο τον κόσμο. Τα τελευταία 80 χρόνια, έχει πρωτοστατήσει σε πολλά θέματα, κινήματα, ιδέες και πρωτοβουλίες, με στόχο να ενισχύσει τη θέση και την απήχηση αυτής της θρησκευτικής παράδοσης στην εβραϊκή ζωή και την επίδραση που ασκεί στον υπόλοιπο κόσμο. Διατηρεί στενές επαφές με τις υπόλοιπες εβραϊκές οργανώσεις στις ΗΠΑ και συμμετέχει ενεργά σε όλα τα θέματα που αφορούν στην εβραϊκή παροικία. Τα μέλη της είναι περίπου 1.000 χειροτονημένοι ραβίνοι σε 14 χώρες, με ένα κεντρικό γραφείο στην Ιερουσαλήμ.

Η οργάνωση φιλοξενεί περίπου 1.000 μαθητές, ετησίως, σε κατασκηνώσεις στο Ισραήλ και έχει ενεργό συμμετοχή σε θέματα κρατικής αρμοδιότητας των ΗΠΑ. Για παράδειγμα, μελετά το φάκελο προταθέντων δικαστών και εκφράζει απόψεις επί της αμερικανικής εξωτερικής πολιτικής. Σε μια επιστολή στις 14 Ιουλίου 2006 προς τον αμερικανό Πρόεδρο Μπους, το διοικητικό συμβούλιο της οργάνωσης γράφει, μεταξύ άλλων: «Θέλουμε να σας ευχαριστήσουμε και να επαινέσουμε εσάς και την κυβέρνησή σας, για την υποστήριξη του οχυρωμένου κράτους του Ισραήλ. Ως κυ-

ρίαρχο κράτος, το Ισραήλ έχει κάθε δικαίωμα και καθήκον να προστα-
τεύσει τους πολίτες του από τις δολοφονικές επιθέσεις των οργανώσεων
Χαμάς και Χεζμπολά που είναι άκρως αντίθετες με τις θεμελιώδεις αρχές
του διεθνούς δικαίου. Δεν έχουμε καμία αμφιβολία ότι η πάροδος του
χρόνου και τα μελλοντικά γεγονότα θα αποδείξουν τη δικαιοσύνη και την
ορθότητα όσων εσείς και το Ισραήλ, πράττετε, ώστε να αντιμετωπιστεί η
δολοφονική και ουσιαστικά φασιστική ισλαμική τρομοκρατία που προέρ-
χεται από την Αλ Κάιντα, το Ιράν, την Συρία και τις θυγατρικές οργανώσεις
τους στη Μέση Ανατολή, την Χαμάς και την Χεζμπολά. Σας προτρέπουμε
να συνεχίσετε να στέκεστε στο πλευρό του Ισραήλ, τον πιο σταθερό και
πιστό σύμμαχο και συνεργάτη σας στην ιστορική αντιπαράθεση με τον
άξονα του κακού που είναι η ισλαμική τρομοκρατία. Ευχόμαστε ο Θεός
να σας ευλογεί και να σας βοηθάει να επιτύχετε αυτήν την ιερή αποστολή
που επιτελείτε στο όνομα του πολιτισμού και της ανθρωπότητας.»

35. Οι Θρησκευτικοί Σιωνιστές της Αμερικής[93]

Η οργάνωση των θρησκευτικών σιωνιστών της Αμερικής είναι το
αμερικανικό όργανο της παγκόσμιας Εβραϊκής οργάνωσης Mizrachi-
Hapoel Hamizrachi.[94] Πρόκειται για έναν ιδεολογικό και εκπαιδευτικό ορ-
γανισμό που προσπαθεί να προβάλει στην εβραϊκή παροικία των ΗΠΑ
την παράδοση του θρησκευτικού σιωνισμού. Η κεντρική οργάνωση δη-
μιουργήθηκε το 1902 από τον ραβίνο Isaac Jacob Reines και βασίζεται
στην ιδεολογία ότι υπάρχει μια σύνδεση μεταξύ της εβραϊκής θρησκείας
και της εθνικής συνοχής, με βασικά κίνητρα την εβραϊκή πολιτική ελευθε-
ρία, την αναβάθμιση του θρησκευτικού τρόπου ζωής στα εδάφη του Ισ-
ραήλ και την προώθηση της μετανάστευσης στο Ισραήλ.

Η οργάνωση έχει ως έδρα τη Νέα Υόρκη και επιδιώκει να προσεγγίσει
όλα τα τμήματα του αμερικανικού εβραϊκού πληθυσμού μέσω εκπαιδευ-
τικών προγραμμάτων για ενήλικες στα περιφερειακά κέντρα που χρημα-
τοδοτεί. Προωθεί μια πολιτική που υπερασπίζεται τα συμφέροντα του Ισ-
ραήλ, καθώς ενισχύει και αναπτύσσει πολλά δημιουργικά προγράμματα
θρησκευτικών σπουδών για τα εβραϊκά ημερήσια σχολεία. Προβάλλει τη
γνώση και τη χρήση της εβραϊκής γλώσσας ως μια σημαντική μορφή έκ-
φρασης και προωθεί πανεπιστημιακά προγράμματα που βοηθούν τους
φοιτητές να αναδειχθούν σε ηγετικά στελέχη της κοινωνίας.

36. Η Ένωση των Αμερικανό-Εβραϊκών Συναγωγών[95]

Η Ένωση των Μεταρρυθμιστών του Ιουδαϊσμού δημιουργήθηκε στο
Σινσινάτι των ΗΠΑ το 1873 και σήμερα αριθμεί πάνω από 900 εκκλησια-
στικές κοινότητες στην Αμερική, στον Καναδά και στα Νησιά του Ατλα-
ντικού. Είναι η μεγαλύτερη εβραϊκή θρησκευτική οργάνωση στη Βόρεια
Αμερική, με περίπου 1,5 εκατομμύρια μέλη. Έχει ως βασική αποστολή της
τη δημιουργία ενεργών κοινοτήτων σε περιοχές όπου ζουν Εβραίοι με-
ταρρυθμιστές. Η Ένωση τους μεταδίδει το όραμα για πολλά ζητήματα,

πνευματικά, ηθικά, πολιτικά, όπως επίσης και για τη διεξαγωγή διαβουλεύσεων για προγράμματα που υλοποιούνται στην κοινότητα.

Παρέχει ακόμη τις ευκαιρίες για προσωπική επιτυχία και ανάδειξη κάτι που οι κοινότητες και τα άτομα δεν μπορούν να επιτύχουν μεμονωμένα. Διοργανώνει προγράμματα κατασκηνώσεων στο Ισραήλ, καθώς επίσης βορειοαμερικανικά και άλλα περιφερειακά συνέδρια. Η Ένωση απασχολεί 250 άτομα ως προσωπικό, διατηρεί 14 περιφερειακά γραφεία σε πολλές πολιτείες των ΗΠΑ, ενώ από το 1996, πρόεδρός της είναι ο ραβίνος Eric H. Yoffie, ένας πολύ χαρισματικός ηγέτης ο οποίος τα τελευταία χρόνια έχει προωθήσει τα θερινά προγράμματα των κατασκηνώσεων με ιδιαίτερη έμφαση, ώστε σήμερα να φιλοξενούνται πάνω από 15.000 παιδιά. Η Ένωση χρηματοδοτείται από τις εισφορές των κοινοτήτων και ο ετήσιος προϋπολογισμός για την περίοδο 2005-2006 ανήλθε σε $21,4 εκατομμύρια.

Όσον αφορά στο πολιτικό πεδίο, η Ένωση δημιούργησε το 1961 ένα ειδικό κέντρο στην Ουάσιγκτον με στόχο την άμεση επαφή της οργάνωσης με κυβερνητικά στελέχη. Το εν λόγω κέντρο παρακολουθεί το νομοθετικό και πολιτικό έργο της αμερικανικής κυβέρνησης και της Βουλής και ενημερώνει τα μέλη της σε θέματα που τους αφορούν. Αξίζει να επισημανθεί επίσης, ότι βοηθά τις κοινότητες στην υλοποίηση προγραμμάτων, που εφαρμόζουν τις ιδέες της εβραϊκής παράδοσης, προωθούν την προσωπική και θρησκευτική ελευθερία και γενικότερα όλα τα θέματα ανθρωπίνων δικαιωμάτων, όπως και ευρύτερους κοινωνικούς προβληματισμούς. Η Ένωση έχει επίσης αναπτύξει ένα πρωτοποριακό πρόγραμμα νέων τεχνολογιών με το οποίο εφοδιάζει τις κοινότητες, ώστε να μπορούν να δημιουργούν με αυτονομία και άνεση τις δικές τους ιστοσελίδες με επαγγελματικά πρότυπα.

37. Η Ένωση των Εβραϊκών Ορθόδοξων Συναγωγών Αμερικής[96]

Η Ένωση των Εβραϊκών Ορθόδοξων Συναγωγών Αμερικής προωθεί σημαντικές δραστηριότητες στις ΗΠΑ και έχει ως μέλη της περισσότερες από 500 συναγωγές. Το Ινστιτούτο δημοσίων σχέσεων της οργάνωσης διατηρεί γραφεία στην Ουάσιγκτον και τη Νέα Υόρκη και προωθεί νομοθετικά μέτρα που βοηθούν το Ισραήλ και την εβραϊκή παροικία στη διαφύλαξη των θρησκευτικών αξιών τους. Κατέχει επίσης το μεγαλύτερο και αρτιότερα πλαισιωμένο γραφείο πιστοποίησης τροφίμων στον κόσμο. Διατηρεί το 80% όλων των καθαρών - χωρίς συνθετικά - τροφίμων (kosher) στην Αμερική, ενώ ένα ανθρώπινο δυναμικό, περίπου 1.000 ατόμων σε όλο τον κόσμο, επιτηρεί την παραγωγή των τροφίμων, τα πρότυπα ποιοτικού ελέγχου και διάφορες άλλες συνθήκες που σχετίζονται με τις εγκαταστάσεις παραγωγής και επεξεργασίας των προϊόντων. Η επιτροπή νεολαίας της οργάνωσης ιδρύθηκε το 1954 και είναι το μεγαλύτερο κίνημα νεολαίας στις ΗΠΑ, το οποίο διοργανώνει θερινά προγράμματα για 20.000 φοιτητές, ετησίως.

Η Ένωση υλοποιεί επίσης ποικίλα εκπαιδευτικά προγράμματα, ενώ παράλληλα παρέχει και άλλου είδους υποστήριξη στα μέλη, όπως διαλεκτικού χαρακτήρα σεμινάρια για οικογένειες ή και μόνο για γυναίκες όπως επίσης, εκπαίδευση θρησκευτικού περιεχομένου για ενήλικες. Το Πολιτιστικό και Θρησκευτικό Κέντρο της οργάνωσης στην Ιερουσαλήμ, προωθεί προγράμματα εκμάθησης της γλώσσας, διαλέξεις, περιοδείες και επιμελείται την έκδοση του περιοδικού Torah Tidbits. Πρόσφατα εγκαινίασε ένα πρόγραμμα δραστηριοτήτων νεολαίας, για περισσότερα από 2.000 παιδιά σε όλο το Ισραήλ. Αναπτύσσει μια σημαντική εκδοτική δραστηριότητα, ενώ παράλληλα προσφέρει οικονομική ενίσχυση σε νεαρά ζευγάρια που φοιτούν σε πανεπιστήμια, μέσα από θρησκευτικά και πολιτιστικά προγράμματα που απευθύνονται σε ορθόδοξους φοιτητές. Η συγκεκριμένη δράση αναπτύσσεται στα πανεπιστήμια Princeton, Brandeis, UCLA, Penn, Brooklyn και Yale.

38. Η Ένωση Εβραϊκών Κοινοτήτων Βόρειας Αμερικής[97]

Η Ένωση των Εβραϊκών Κοινοτήτων αποτελείται από 157 ομοσπονδίες και 300 ανεξάρτητες κοινότητες στη Βόρεια Αμερική. Εκπροσωπεί και εξυπηρετεί ένα από τα μεγαλύτερα και αποτελεσματικότερα παγκόσμια δίκτυα κοινωνικών φορέων παροχής υπηρεσιών και προγραμμάτων. Μέλη της οργάνωσης, εθελοντές και επαγγελματίες, αφιερώνονται στην προστασία και ενίσχυση του εβραϊκού τρόπου ζωής. Η οργάνωση είναι ουσιαστικά ένας σύνδεσμος ομοσπονδιών που λειτουργεί για να εξυπηρετεί ένα νέο πρότυπο κοινότητας και φιλανθρωπίας. Δημιουργεί τις συνθήκες για νέες ευκαιρίες και συνεργασίες που θα παροτρύνουν τους Εβραίους να συνεχίσουν τις παραδόσεις της εκπαίδευσης, των ηγετικών αρχών, της υπεράσπισης και της υπεύθυνης εργασίας.

Στο επίπεδο των ομοσπονδιών, η οργάνωση προωθεί τα συμφέροντα του Ισραήλ και τις προσπάθειες για ειρήνη στην περιοχή της Μέσης Ανατολής, αλλά ταυτόχρονα παραμένει ανεξάρτητη και δεν ευθυγραμμίζεται με οποιοδήποτε πολιτικό κόμμα στις Ηνωμένες Πολιτείες ή στο εξωτερικό. Στο πλευρό των συνταξιούχων, η οργάνωση πραγματώνει τις αμερικανικές αρχές σε θέματα ιατροφαρμακευτικής περίθαλψης των ηλικιωμένων Εβραίων και υποστηρίζει οικονομικά τις οικογένειες που έχουν ανάγκες.

39. Η Ενωμένη Συναγωγή του Συντηρητικού Ιουδαϊσμού[98]

Η οργάνωση δημιουργήθηκε το 1913 από τον Solomon Schechter, όταν έφερε 22 συναγωγές σε επαφή με την ελπίδα να δημιουργηθεί κάποια συνεργασία μεταξύ τους, ώστε να αναπτυχθεί και να διατηρηθεί η ομάδα των συντηρητικών Ιουδαίων. Το 1959, εκπόνησε τον κώδικα για τη λειτουργία των συναγωγών. Σήμερα, έχει αυξήσει τη δυναμική της, καθώς υπερβαίνει τις 760 κοινότητες, λειτουργούν υπό την εποπτεία της 70 ημερήσια σχολεία στην Βόρεια Αμερική και εκδίδει αναρίθμητα βιβλία και πολλά θρησκευτικά περιοδικά. Ιδιαίτερη σημασία για την οργάνωση έχει η νεολαία και η θρησκευτική εκπαίδευσή της, η οποία δεν περιορίζεται στη διδασκαλία του σχολείου, αλλά συνεχίζεται και σε διάφορα άλλα εξωσχολικά προγράμματα. Συστατικό στοιχείο της εκπαίδευσης αυτής είναι η αγάπη για τον εβραϊκό τρόπο ζωής, η ταύτιση με το Ισραήλ και τον εβραϊσμό και μια βαθιά αίσθηση ότι η συναγωγή πρέπει να είναι το σημείο αναφοράς του Εβραίου. Το 1972 δημιουργήθηκε το Κέντρο των Συντηρητικών Ιουδαίων στην Ιερουσαλήμ, από όπου κατευθύνονται όλες οι δραστηριότητες της οργάνωσης στο Ισραήλ.

40. Η Διεθνής Σιωνιστική Οργάνωση Γυναικών Wizo[99]

Η οργάνωση δημιουργήθηκε στη Βρετανία το 1920 από τις Rebecca Sieff, Vera Weizmann, Edith Eder, Romana Goodman και Henrietta Irwell, σε μια προσπάθεια να εξυπηρετήσουν τις ανάγκες των παιδιών και των γυναικών στις περιοχές του Ισραήλ. Αρχικά, οι ανωτέρω δυναμικές γυναίκες επισκέφτηκαν την Παλαιστίνη, θέλοντας να προωθήσουν κάποια κοινωνικά προγράμματα για τη βελτίωση των συνθηκών διαβίωσης των γυναικών και των παιδιών. Την περίοδο από το 1921 μέχρι το 1933, η οργάνωση αύξησε το έργο της στην Παλαιστίνη, ενώ την εποχή του Δευτέρου Παγκόσμιου Πολέμου δημιούργησε 19 παραρτήματα σε χώρες της Λατινικής Αμερικής. Μετέφερε τα κεντρικά γραφεία της στο Ισραήλ με τη σύσταση του εβραϊκού κράτους το 1949 και σήμερα έχει πάνω από 250.000 εθελοντές και 50 ομοσπονδίες σε όλο τον κόσμο. Είναι μια οργάνωση αναγνωρισμένη από τα Ηνωμένα Έθνη, με προξενικό καθεστώς σε διεθνείς οργανισμούς. Όσον αφορά στο χειρισμό των δημοσίων σχέσεων, προωθεί στις ομοσπονδίες μέλη την πλευρά του Ισραήλ και τα γεγονότα στη Μέση Ανατολή, ενώ στην ιστοσελίδα του οργανισμού υπάρχει αναφορά στις τρομοκρατικές αποστολές των Παλαιστινίων κατά των Ισραηλιτών που χρηματοδοτούνται από το Ιράν, το Ιράκ και τη Συρία. Μάλιστα, η οργάνωση αναφέρει ότι κάποια έγγραφα που πρόσφατα ανακαλύφθηκαν από τις μυστικές υπηρεσίες του Ισραήλ, αποδεικνύουν ότι ο ίδιος ο Αραφάτ είχε υπογράψει τα εντάλματα πληρωμών των τρομοκρατικών οργανώσεων.

41. Η Αμερικανοεβραϊκή Επιτροπή[100]

Η Αμερικανοεβραϊκή Επιτροπή (AJC) δημιουργήθηκε το 1906 με κύριο σκοπό την προστασία και την ασφάλεια των Εβραίων στη Ρωσία. Από την πρώτη μέρα της δημιουργίας της, χαρακτηρίζεται από μια τάση ανάλυσης, εξερεύνησης, προώθησης και ενεργητικότητας σε θέματα που σχετίζονται με την εβραϊκή ιδεολογία. Εκδίδει δεκάδες βιβλία, δημοσιεύει πλούσια αρθρογραφία και έχει ως μέλη της συνήθως επιφανείς προσωπικότητες της εβραϊκής κοινότητας.

Η Επιτροπή Κρατικών και Διεθνών Σχέσεων της AJC είναι υπεύθυνη για τη μελέτη των αποφάσεων εκείνων της αμερικανικής κυβέρνησης που μπορούν να επηρεάσουν το πρόγραμμα και το μέλλον του οργανισμού. Η ίδια επιτροπή συνεργάζεται στενά με το Κογκρέσο, με διάφορες κυβερνήσεις ανά τον κόσμο και πολλούς εθνικούς ή κοινωνικούς οργανισμούς για την προώθηση της ιδεολογίας του Εβραϊσμού και την ενίσχυση του πλουραλιστικού πνεύματος. Αριθμεί γύρω στις 50.000 μέλη, διατηρεί γραφεία σε 32 πόλεις της Αμερικής και έχει μια πολύ σημαντική διεθνή παρουσία. Μέλη της επισκέπτονται την Τουρκία για διάφορες συναντήσεις με ανώτατα στελέχη της τουρκικής κυβέρνησης και του τουρκικού στρατού, με αντικείμενο συζήτησης την επίτευξη καλύτερης συνεργασίας μεταξύ του Ισραήλ και της Τουρκίας. Σε παλαιότερο ανακοινωθέν της οργάνωσης αναφέρεται η τουρκική επιθυμία για επίτευξη συνεργασίας και αρμονικών σχέσεων με την Αμερική, σαν στοιχείο «κλειδί» της τουρκικής εξωτερικής πολιτικής για την επιτυχή ευρωπαϊκή πορεία της. Η οργάνωση έλαβε μέρος στο ετήσιο συνέδριο της Αμερικανοτουρκικής Ένωσης το Νοέμβριο του 2006 στην Ουάσιγκτον, με συντονιστή τον Μπάρυ Τζέικομπς (Barry Jacobs) στην παρουσίαση της ημερίδας για το θέμα της συκοφαντικής δυσφήμισης.

42. Το Αμερικανοεβραϊκό Κογκρέσο[101]

Το Αμερικανοεβραϊκό Κογκρέσο έχει έδρα στη Νέα Υόρκη και ασχολείται με τις σχέσεις της εβραϊκής κοινότητας και των κοινωνικών φορέων, για τη διατήρηση της ανεξιθρησκίας και την καταπολέμηση των διακρίσεων με βάση το φύλο. Είναι ιδιαίτερα ευαισθητοποιημένο και παραμένει πάντα σε εγρήγορση για αντιεβραϊκά περιστατικά και άλλες ρατσιστικές εκδηλώσεις με βάση την παιδεία, την κατοικία και το δικαίωμα ψήφου. Ασχολείται επίσης, εκτενώς με τις σχέσεις κράτους-εκκλησίας, με τα μέτρα που λαμβάνει η κυβέρνηση για τα δημόσια σχολεία, την προσευχή σε αυτά, τα συνταγματικά δικαιώματα των γυναικών και των μειονοτήτων, το αραβικό μποϊκοτάζ του Ισραήλ, την ειρήνη στη Μέση Ανατολή και άλλα θέματα παγκοσμίου ενδιαφέροντος που σχετίζονται και με την εν γένει εβραϊκή παρουσία.

43. Το Εβραϊκό Συμβούλιο για Δημόσιες Σχέσεις[102]

Το Εβραϊκό Συμβούλιο Δημοσίων Σχέσεων είναι μια ομοσπονδία εθνικών και τοπικών φορέων, τοπικών κοινοτήτων και επιτροπών. Λειτουργεί σαν ένας φορέας, ο οποίος μέσω συναντήσεων σε κλίμα συναίνεσης, δίνει την ευκαιρία στα μέλη του να προσδιορίζουν τα ζητήματα, τις θέσεις, τις στρατηγικές και τα προγράμματα που εξυπηρετούν τα συμφέροντα και τους στόχους της οργανωμένης εβραϊκής κοινότητας. Οι εργασίες της οργάνωσης, ειδικά σε θέματα σχετικά με το δημοκρατικό πλουραλισμό και την κοινωνική δικαιοσύνη, εκφράζουν τα εβραϊκά δόγματα και τις εβραϊκές πεποιθήσεις, ενώ ταυτόχρονα πραγματώνουν την ιδέα της οργανωμένης εβραϊκής κοινότητας, η οποία πρέπει να αποτελεί ενεργό κομμάτι της κοινωνίας, ώστε να διασφαλίζει τη δικαιοσύνη στην καθημερινή ζωή του πολίτη. Έχει την ευθύνη να ενισχύει την ικανότητα των μελών, ώστε να είναι αποτελεσματικοί στο χειρισμό των θεμάτων που προωθεί η οργάνωση, και να παρέχει το συντονισμό, την υποστήριξη και την καθοδήγηση σε υποθέσεις που αναλαμβάνουν οι εβραϊκοί εθνικοί και τοπικοί φορείς.

Δημιουργήθηκε το 1944 με σκοπό τη διαχείριση των δημοσίων σχέσεων της εβραϊκής κοινότητας και για περισσότερα από 50 χρόνια έχει λειτουργήσει αποτελεσματικά στον προσδιορισμό των ζητημάτων, στη διατύπωση πολιτικής, στην ανάπτυξη στρατηγικών και προγραμμάτων και στην παροχή κατευθύνσεων προς την ενωμένη εβραϊκή παροικία. Μέσα από ένα δίκτυο 13 εθνικών και 122 τοπικών αντιπροσωπειών, η οργάνωση λειτουργεί ως ένας καταλύτης που ενισχύει την κοινοτική συναίσθηση, ενθαρρύνει την πολιτική και κοινωνική συμμετοχή και μελετά τα βασικά ζητήματα της εβραϊκής κοινότητας.

44. Τα Εβραϊκά Κοινοτικά Κέντρα[103]

Η Ένωση των Εβραϊκών Κοινοτικών Κέντρων έχει πάνω από 350 κατασκηνώσεις στην Αμερική και στον Καναδά, και προσφέρει εκπαιδευτικό, πολιτιστικό και κοινωνικό έργο για τη διατήρηση της εβραϊκής ταυτότητας και κουλτούρας. Υποστηρίζει το μεγαλύτερο δίκτυο εβραϊκών παιδικών σταθμών και κατασκηνώσεων, ενώ παράλληλα έχει αναγνωριστεί από την Αμερικανική Κυβέρνηση ως ο εκφραστής των θρησκευτικών και κοινωνικών αναγκών των Εβραίων στρατιωτικών που υπηρετούν στον αμερικανικό στρατό. Ξεκίνησε τις δραστηριότητές της το 1854 στη Βαλτιμόρη, όταν η νεολαία της εβραϊκής κοινότητας άρχισε να βοηθάει τους νέους μετανάστες και να προωθεί την ενότητα μεταξύ των εβραϊκών ομάδων. Η οργάνωση ενδυναμώθηκε με την άφιξη πολλών μεταναστών στο τέλος του 19ου αιώνα και τα κέντρα που δημιουργήθηκαν βοήθησαν την κοινότητα σε θέματα εκμάθησης της αγγλικής γλώσσας και πολιτιστικής αλλοτρίωσης, ενώ συγχρόνως προώθησε τα μέλη να αναλάβουν πρωτοβουλίες σε κοινωνικά θέματα και οικονομικές ευκαιρίες.

Τις δεκαετίες 1950 και 1960, ο νεοπλουτισμός προέτρεψε πολλούς Εβραίους να εγκατασταθούν στα προάστια. Η οργάνωση εκμεταλλεύτηκε τη συγκυρία, ώστε να δημιουργήσει πολλά μεγάλα κέντρα αναψυχής, οίκους ευγηρίας, αθλητικές εγκαταστάσεις, νηπιαγωγεία και μορφωτικά κέντρα. Σημαντικά βήματα έγιναν επίσης και στην εβραϊκή εκπαίδευση μέσα από επιτροπές που μελετάνε τον προγραμματισμό, την εκπαίδευση των ενηλίκων, την κατάρτιση του προσωπικού, την καλλιέργεια ηγετικών ικανοτήτων και τη δημιουργία κατάλληλης ατμόσφαιρας για την ευδοκίμηση του εκπαιδευτικού έργου.

Με κέντρο τη Νέα Υόρκη, η ένωση επιδίδεται σε θέματα εργοδοτικής συμπεριφοράς και κατάρτισης προσωπικού, επαγγελματικών συσκέψεων, προβαίνει σε δημοσιεύσεις και καταρτίζει εξειδικευμένο προγραμματισμό, με σκοπό να εξυπηρετεί - με τον καλύτερο δυνατό τρόπο - τις ανάγκες των μελών της και της εβραϊκής κοινότητας. Συνεργάζεται επίσης, στενά με τις τοπικές και εθνικές εβραϊκές οργανώσεις σε πολιτιστικά θέματα, σε κοινοτικά και εκπαιδευτικά προγράμματα και ενθαρρύνει τους Εβραίους, ανεξαρτήτως ηλικίας και κοινωνικού επιπέδου, να συμμετέχουν στο δικό τους τρόπο ζωής.

45. Αμερικανοϊσραηλινή Επιτροπή Δημοσίων Υποθέσεων[104]

Αν και υπάρχουν αρκετοί οργανισμοί που προωθούν τα συμφέροντα του Ισραήλ, ο πιο ισχυρός από αυτούς είναι η Αμερικανοϊσραηλινή Επιτροπή Δημοσίων Υποθέσεων, (American Israel Public Affairs Committee, «AIPAC»). Η AIPAC δημιουργήθηκε τη δεκαετία του 1950 από τον Ση Κένεν και μέχρι σήμερα αριθμεί πάνω από 100.000 μέλη που κατοικούν σε όλες τις Πολιτείες των ΗΠΑ. Ασχολείται αποκλειστικά με το λόμπι στην Αμερική και βρίσκεται στην πρώτη γραμμή για όλα τα θέματα που αφορούν στο Ισραήλ. Σχεδόν σε καθημερινή βάση, η AIPAC συμμετέχει σε όλες τις συνεδριάσεις και ακροάσεις του Κογκρέσου, αναλύει όλη την αρθρογραφία των περιοδικών και τις διάφορες εκθέσεις στα μέσα μαζικής ενημέρωσης και διατηρεί ένα πολύ πλούσιο αρχείο πληροφοριών που αφορά στις σχέσεις Αμερικής-Ισραήλ.

Μέλη της AIPAC συνεργάζονται στενά με κυβερνητικά στελέχη για τη διαμόρφωση τόσο της νομοθεσίας όσο και της πολιτικής. Για παράδειγμα, στις 2 Μαΐου του 2002, η Γερουσία με 94 ψήφους υπέρ και 2 κατά και η Βουλή των Αντιπροσώπων με 352 υπέρ και 21 κατά, εξέφρασαν την ανεπιφύλακτη υποστήριξή τους προς το Ισραήλ, για τις στρατιωτικές επιθέσεις κατά των Παλαιστινίων. Η διατύπωση των αποφάσεων ήταν τόσο κατηγορηματική εναντίον του Αραφάτ, ώστε η κυβέρνηση Μπους προσπάθησε να αλλοιώσει το κείμενο και να χαμηλώσει τους τόνους, προκειμένου να μπορέσει να προωθήσει τις συνομιλίες μεταξύ των Παλαιστινίων και των Ισραηλινών. Το Κογκρέσο, όμως, αρνήθηκε τις συστάσεις του Αμερικανού Προέδρου και προέβη στη σχετική ψηφοφορία που καταδίκασε τον Αραφάτ και υποστήριξε τον Σαρόν.

Η σταδιακή εδραίωση των σχέσεων μεταξύ του Ισραήλ και της Αμερικής επιτεύχθηκε με τη συστηματική δράση αυτής της επιτροπής. Κάθε χρόνο, μέλη της AIPAC μελετούν 2.000 ώρες συνεδριάσεων, ακροάσεων ή ανακρίσεων στο Κογκρέσο για θέματα που αφορούν στις σχέσεις Ισραήλ-Αμερικής. Λομπίστες της AIPAC έχουν περισσότερες από 2.000 συναντήσεις ετησίως, με στελέχη κυβερνητικών γραφείων και προωθούν άνω των 100 νομοθετικών ψηφισμάτων στο Κογκρέσο που υποστηρίζουν το Ισραήλ. Ταξιδεύουν σε ετήσια βάση, σε περισσότερες από 600 εκλογικές περιφέρειες, με σκοπό τη διεύρυνση της Ισραηλιτικής πολιτικής και πίεσης. Για παράδειγμα, μέλη της AIPAC συναντήθηκαν με 600 υποψήφιους βουλευτές το 1994.

Η εκλογή των διοικητικών στελεχών της AIPAC δεν είναι αποτέλεσμα που προκύπτει αμιγώς από τις ψήφους των μελών, αλλά εξαρτάται από το ύψος της χρηματοδότησής τους προς την ίδια την επιτροπή, τα πολιτικά κόμματα και τα πρόσωπα. Τέσσερα μέλη της, βρίσκονταν για πολλά χρόνια στην ηγεσία και διαχειρίζονταν την πολιτική που ασκεί η επιτροπή. Ο Ρόμπερτ Άσερ (Robert Asher) από το Σικάγο, ο Έντουανρτ Λέβι (Edward Levy) από το Ντητρόιτ, ο Μαίγιερ Μίτσελ (Mayer Mitchell) από την Αλαμπάμα και ο Λάρυ Γουάινμπεργκ (Larry Weinberg) από το Λος Άντζελες, όλοι άτομα με σημαντικές επιχειρηματικές δραστηριότητες που χρηματοδοτούν πολιτικά κόμματα και πρόσωπα. Την περίοδο μεταξύ 1997 και 2001, τα 46 μέλη του διοικητικού συμβουλίου της AIPAC έδωσαν πάνω από $3 εκατομμύρια σε διάφορες εκλογικές εκστρατείες και ο μέχρι τότε πρόεδρος της AIPAC, Στηβ Γκρόσμαν (Steve Grossman), εξελέγη πρόεδρος του Δημοκρατικού κόμματος στις ΗΠΑ.

Τα τελευταία χρόνια, η AIPAC προσπαθεί να συγκεντρώσει την κοινοβουλευτική υποστήριξη, ώστε να ψηφιστεί νομοθεσία στις ΗΠΑ που να απαγορεύει τη μεταφορά επικίνδυνης τεχνολογίας στο Ιράν για τη δημιουργία πυρηνικών και βιολογικών όπλων. Επίσης, προσπαθεί να δεσμεύσει το Κογκρέσο, ώστε να συνεχιστεί η ετήσια οικονομική, πολιτική και διπλωματική βοήθεια προς το Ισραήλ και να προωθηθεί η εκπόνηση ερευνητικών προγραμμάτων για τη δημιουργία στρατιωτικού εξοπλισμού ικανού να αντιμετωπίσει τους νέους κινδύνους από τα χημικά, βιολογικά και ατομικά όπλα. Κύριος σκοπός της AIPAC είναι η πληροφόρηση όλων των κυβερνητικών οργάνων, ακόμα και των υποψηφίων για το Κογκρέσο, για τη σπουδαιότητα της σχέσης μεταξύ Αμερικής και Ισραήλ.

Η AIPAC εκπαιδεύει τους νέους, ώστε να αναπτύξουν ηγετικά χαρακτηριστικά που θα τους βοηθήσουν να αναλάβουν διοικητικές θέσεις στο μέλλον, οργανώνοντας τις φοιτητικές οργανώσεις (ομάδες, παρατάξεις, συνασπισμούς) σε 200 πανεπιστήμια των ΗΠΑ. Οι πρωτοβουλίες της AIPAC στις πανεπιστημιουπόλεις έχουν ως σκοπό να βοηθήσουν τους φοιτητές να αναπτύξουν στενούς δεσμούς με τους βασικούς εκπροσώπους τους και τους αιρετούς ανώτερους υπαλλήλους και να εκπαιδευτούν για τη σημασία της σχέσης Αμερικής-Ισραήλ, μέσω διαπροσωπικών επαφών. Η AIPAC βοηθάει τους φοιτητές να ετοιμάσουν δελτία τύπου, τα οποία στη συνέχεια προωθούνται στα πανεπιστημιακά μέσα ενημέρωσης, προκειμένου να έχουν ευρύτερη απήχηση, ενώ παράλληλα συγκεντρώνουν υπογραφές για θέματα που αφορούν στο Ισραήλ. Τα στελέχη της AIPAC στις πανεπιστημιουπόλεις, ενεργοποιούν τους συμφοιτητές τους με αυτό τον τρόπο, ώστε να αναβαθμίζουν τις θέσεις τους.

Έχοντας μελετήσει τα δημογραφικά στοιχεία και τις προβλέψεις για τις επόμενες δεκαετίες, οι οποίες καταδεικνύουν ένα συνεχή μετασχηματισμό της εθνικής και θρησκευτικής σύνθεσης του αμερικανικού πολιτικού πεδίου, τα φοιτητικά στελέχη της AIPAC στα πανεπιστήμια μάχονται σε εκστρατείες που θα διαμορφώσουν τις σχέσεις μεταξύ των μελών της οργάνωσης και άλλων φοιτητικών οργανισμών. Η AIPAC επίσης, αντιμετωπίζει την προπαγάνδα εναντίον του Ισραήλ, με την εκδήλωση αναγνώρισης σε μέλη πανεπιστημίων και καθηγητές που ειδικεύονται στα θέματα της Μέσης Ανατολής. Επίσης, συσπειρώνει τις ομάδες καθηγητών που διάκεινται φιλικά προς το Ισραήλ, αλλά ίσως δεν έχουν εκφράσει δημόσια αυτές τις απόψεις τους, και τους φέρνει πιο κοντά στις φοιτητικές οργανώσεις που ασκούν φιλοϊσραηλιτική πολιτική. Η AIPAC επιπλέον, προωθεί τα στελέχη της να αναλάβουν διοικητικές θέσεις στις φοιτητικές οργανώσεις και πραγματοποιεί εκπαιδευτικά συμπόσια και ημερίδες, για θέματα που αφορούν στη σχέση του Ισραήλ με τον αραβικό κόσμο. Διενεργεί επίσης, φοιτητικά δημοψηφίσματα προς υποστήριξη των θέσεων του Ισραήλ, υποκινεί τη διατύπωση φιλικών απόψεων στα μέσα ενημέρωσης των φοιτητών και υποστηρίζει προγράμματα εκπαίδευσης, εξάμηνης διάρκειας, σε πανεπιστήμια του Ισραήλ. Η AIPAC προωθεί με ιδιαίτερο ενδιαφέρον τέτοιου είδους προγράμματα σε πολλά πανεπιστήμια των ΗΠΑ, καθώς πιστεύει ότι οι καλύτεροι πρεσβευτές των θέσεών της είναι τα άτομα που διατηρούν κάποια στενή επαφή με την πολιτική, τον πολιτισμό και την κοινωνία του Ισραήλ.

Η AIPAC, φροντίζει για την πραγματοποίηση συναντήσεων των μελών των φοιτητικών οργανώσεών της με μέλη του Κογκρέσου, ώστε να συμβάλλουν στη διαμόρφωση του νομοθετικού έργου και στην ψήφιση μέτρων που υποστηρίζουν το Ισραήλ. Επίσης, μεριμνά για τις επισκέψεις βουλευτών σε φοιτητικά προγράμματα, φροντίζει για την εγγραφή ψηφοφόρων στους εκλογικούς καταλόγους και υποστηρίζει τους φοιτητές που εμπλέκονται στις προεκλογικές εκστρατείες διαφόρων πολιτικών προσώπων.

Σε έρευνα του περιοδικού Fortune (τεύχος 8ης Δεκεμβρίου 1997), με θέμα τα 25 ισχυρότερα λόμπι στις ΗΠΑ, η AIPAC κατατάχτηκε 2η, μετά τον Αμερικανικό Οργανισμό Συνταξιούχων που αριθμεί 33 εκατομμύρια μέλη. Στο τεύχος της 28ης Μαΐου 2001, το ίδιο περιοδικό εξέδωσε τον κατάλογο των 25 ισχυρότερων ομάδων λόμπι με την ακόλουθη σειρά:

1. Εθνική Οργάνωση Όπλων Αμερικής (National Rifle Association of America),

2. Οργανισμός Συνταξιούχων Αμερικής (American Association of Retired Persons),

3. Εθνική Ομοσπονδία Ανεξάρτητων Επιχειρήσεων (National Federation of Independent Business),

4. AIPAC.

Η έρευνα έγινε μετά από δημοσκοπήσεις που διενεργήθηκαν σε όλα τα μέλη του Κογκρέσου, στο προσωπικό τους, σε ανώτατους αξιωματούχους του Λευκού Οίκου και σε οργανισμούς που ασχολούνται με το λόμπι. Αν και κατέχει αυτή την προνομιούχα θέση στις αναλύσεις των μέσων μαζικής ενημέρωσης, ο συνολικός προϋπολογισμός της AIPAC υπολογίζεται μόνο σε $13-$15 εκατομμύρια ετησίως, ενώ η διοίκησή της αρνείται να καταθέσει τις σχετικές οικονομικές δηλώσεις του οργανισμού και να συμμορφωθεί με τη νομοθεσία οικονομικής διαφάνειας, την οποία πρέπει να ακολουθούν οι πολιτικές επιτροπές.

Η AIPAC έχει επανειλημμένα δηλώσει ότι δεν είναι «Πολιτική Επιτροπή», όπως ο όρος αυτός αναφέρεται στην Κρατική Νομοθεσία Προεκλογικών Εκστρατειών του 1971 και συνεπώς δεν είναι υποχρεωμένη να υποβάλλει δηλώσεις για την ταυτότητά της, τα έξοδα και τις συνδρομές των μελών της, όπως η νομοθεσία απαιτεί. Η Κρατική Επιτροπή Εκλογών (FEC) δικαίωσε την AIPAC στο θέμα αυτό, μετά από αγωγή που κατέθεσαν ψηφοφόροι, καταγγέλλοντας ότι η AIPAC είναι ένας οργανισμός με έσοδα και έξοδα που εμπίπτει στη νομοθεσία περί ομάδων λόμπι και συνεπώς υποχρεούται να υποβάλλει τις σχετικές δηλώσεις. Η AIPAC αρνήθηκε την αγωγή, υποστηρίζοντας ότι τα έξοδα που κάνει προορίζονται για την πληροφόρηση των μελών της και όχι για τη χρηματοδότηση ενεργειών που αφορούν στη διαμόρφωση του νομοθετικού πλαισίου. Η υπόθεση έφτασε στο Α.Δ. των ΗΠΑ, το οποίο έκρινε ότι οι ψηφοφόροι έχουν το δικαίωμα καταγγελίας και συνεπώς η Κρατική Επιτροπή Εκλογών (Federal Election Committee «FEC») πρέπει να μελετήσει το θέμα περαιτέρω. Μετά από κάποιες τροποποιήσεις στην ερμηνεία της φράσης «οργανισμός με μέλη» που προώθησε η Επιτροπή Εκλογών, το θέμα της AIPAC επανήλθε το Μάρτιο του 2000, οπότε και δικαίωσε η Επιτροπή την εβραϊκή οργάνωση. Ο δικαστικός αγώνας συνεχίστηκε και το Νοέμβριο του 2003, όπου η συγκεκριμένη επιτροπή ξανασυζήτησε το θέμα κρίνοντας ότι η AIPAC δεν παραβίασε ούτε τα νέα κριτήρια της νομοθεσίας στο θέμα των επαφών της οργάνωσης με τα μέλη.

Στο ετήσιο συνέδριο της AIPAC τον Απρίλιο του 2003, ο τότε Υπουργός Εξωτερικών, Κόλιν Πάουελ (Colin Powell), ανέφερε: «Η Αμερική είναι απόλυτα δεσμευμένη στη διαφύλαξη της ασφάλειας και της ευημερίας του Ισραήλ. Το ίδιο πράττει και η AIPAC. Στις καλές αλλά και στις δύσκολες στιγμές, το Ισραήλ πάντα μπορούσε να βασίζεται στους φίλους. Οι ΗΠΑ και η AIPAC ήταν πάντα εκεί. Και θα είναι για πάντα.» Το συνέδριο αυτό παρακολούθησαν η τότε Υπουργός Εξωτερικών, Condoleezza Rice, ο τότε Πρόεδρος Κόμματος της Πλειοψηφίας στη Γερουσία, Μπιλ Φριστ (Bill Frist), ο τότε Πρόεδρος του Δημοκρατικού Κόμματος στην Γερουσία, Τομ Ντάσλ (Tom Daschle), η Πρόεδρος του Δημοκρατικού Κόμματος στη Βουλή των Αντιπροσώπων, Νάνση Πελόζι (Nancy Pelosi), πολλοί γερουσιαστές, βουλευτές και περισσότερα από 3.000 άτομα. Στην ομιλία του στο ετήσιο συνέδριο της AIPAC, το Μάιο του 2004, ο Πρόεδρος Μπους ανέφερε: «Η AIPAC κάνει σημαντικό έργο. Ελπίζω να το γνωρίζετε αυτό. Στην Ουάσιγκτον αλλά και αλλού, η οργάνωσή σας επικεντρώνει την προσοχή μας στα μεγάλα θέματα ασφάλειας της εποχής μας. Εκπαιδεύετε το Κογκρέσο και τον αμερικανικό λαό στους αυξανόμενους κινδύνους της διάδοσης. Έχετε εκφραστεί ανοιχτά για τους κινδύνους που θέτει το Ιράν με την επιδίωξη κατασκευής πυρηνικών όπλων. Έχετε αντιληφθεί εγκαίρως και μας έχετε προειδοποιήσει για τους καταστροφικούς στόχους της τρομοκρατίας και των δικτύων της. Σε έναν νέο και επικίνδυνο αιώνα, η εργασία σας είναι ζωτικής σημασίας, όσο ποτέ άλλοτε. Σας ευχαριστώ για το ρόλο σας στο βωμό της ελευθερίας.»

Σε μια πρόσφατη ομιλία του στο συνέδριο του AIPAC, ο πρόεδρος Μπαρόκ Ομπάμα είπε χαρακτηριστικά: «Ένα από τα πολλά πράγματα που θαυμάζω στο AIPAC είναι ότι αγωνίζεται για μια κοινή κατεύθυνση με την μέθοδο του «από κάτω προς τα πάνω». Η ζωτική δύναμη του AIPAC είναι εδώ σε αυτό τον χώρο. Απλοί μαχητές όλων των ηλικιών, από όλα τα μέρη της χώρας που έρχονται κάθε χρόνο στην Ουάσιγκτον για να ακουστεί η φωνή σας».

Η AIPAC έχει προωθήσει και πετύχει
τα ακόλουθα προγράμματα στην Αμερικανική κυβέρνηση:

- Την εξασφάλιση αναγκαίας εξωτερικής βοήθειας στο Ισραήλ που ανήλθε σε $2.52 δις για το 2006, για στρατιωτική και οικονομική βοήθεια.

- Τη χρηματοδότηση $9 δις για εγγυητικά δάνεια προς το Ισραήλ, με σκοπό την αντιμετώπιση της οικονομικής κρίσης που προκλήθηκε από την παγκόσμια ύφεση και τον πόλεμο κατά της τρομοκρατίας των Παλαιστινίων.

- Την αύξηση της στρατιωτικής βοήθειας προς το Ισραήλ, ύψους $1 δις για την κάλυψη των αυξανόμενων εξόδων του πολέμου κατά της τρομοκρατίας.

- Τη διαμόρφωση προϋποθέσεων για την παροχή της αμερικανικής βοήθειας προς την Παλαιστινιακή Αρχή, με τρόπο που τη μετατρέπει τελικά σε έμμεση χρηματοδότηση, θέτοντας λεπτομερείς όρους για τη χρήση της οικονομικής βοήθειας.

- Τον έλεγχο στη διακίνηση παράνομης τεχνολογίας όπλων στο Ιράν και τη Συρία σε στενή συνεργασία με το Κογκρέσο, με σκοπό να διευρύνει την εφαρμογή του νόμου που επιδιώκει να περιορίσει την παραγωγή στρατιωτικού εξοπλισμού (The Iran Nonproliferation Act). Η εν λόγω νομοθεσία εγκρίνει την επιβολή κυρώσεων εναντίων οργανισμών που παρέχουν την απαραίτητη τεχνολογία στην Τεχεράνη για να παράγει πυραύλους ή όπλα μαζικής καταστροφής.

- Την αναγνώριση της Συρίας ως υπεύθυνης για τη συνεχή παρουσία της στο Λίβανο και την υποστήριξη της τρομοκρατίας. Ο αμερικανικός νόμος για την υπευθυνότητα της Συρίας (The Syria Accountability Act) επιτρέπει στον Πρόεδρο των ΗΠΑ να εγκρίνει την επιβολή κυρώσεων κατά της Συρίας.

- Την προώθηση της νομοθεσίας (The Iran Libya Sanctions Act) που προβλέπει μείωση του ξένου συναλλάγματος που απαιτείται για τη χρηματοδότηση του Πυρηνικού προγράμματος του Ιράν, έτσι ώστε να απειλούνται με κυρώσεις ξένες εταιρείες που επενδύουν στο πρόγραμμα παραγωγής ενέργειας του Ιράν.

- Την καταδίκη των ιρανικών απειλών εναντίον του Ισραήλ, μέσω των ψηφισμάτων στη Βουλή και τη Γερουσία όπου ψηφίστηκαν ομόφωνα και στα δύο τμήματα του Κογκρέσου.

- Την προώθηση, στη Βουλή των Αντιπροσώπων, ψηφίσματος που προειδοποιεί για τις σοβαρές πολιτικές επιπτώσεις στις σχέσεις Αμερικής και Παλαιστίνης, στην περίπτωση που η Χαμάς αναλάβει την παλαιστινιακή κυβέρνηση. Μια επιστολή που περιέχει αυτού του είδους τις ανησυχίες, εστάλη στον Πρόεδρο Μπους με τις υπογραφές 73 γερουσιαστών πριν από τις παλαιστινιακές εκλογές.

- Την εξασφάλιση $600 εκατομμυρίων για ειδικά συνεταιριστικά αμυντικά προγράμματα μεταξύ ΗΠΑ και Ισραήλ, συμπεριλαμβανομένων και $133 εκατομμυρίων για το αμυντικό σύστημα πυραύλων του Ισραήλ (**Arrow Missile Defense System**).

- Την καταδίκη της Αραβικής Ένωσης για το μποϊκοτάζ του Ισραήλ, μέσω ψηφισμάτων στο Κογκρέσο και βασικών επιστολών προς την αμερικανική κυβέρνηση.

- Την προώθηση μέτρων, ώστε να εξασφαλιστεί ο προσδιορισμός του τηλεοπτικού σταθμού Hezbollah ως τρομοκρατικής οντότητας μέσω της συγκεκριμένης νομοθετικής διατύπωσης, καθώς επίσης και η υποστήριξη μιας επιστολής προς τον Πρόεδρο που υπογράφτηκε από 51 γερουσιαστές.

- Την υποστήριξη την αίτησης για πλήρη ένταξη της οργάνωσης πρώτων βοηθειών του Ισραήλ Μαγκεν Ντέιβιντ Άντομ (Magen David Adom) ως μέλους στο διεθνή Ερυθρό Σταυρό και στο **Red Crescent Movement**, με την προώθηση επιστολής και νομοθετικών διατάξεων από το Κογκρέσο

- Την ενθάρρυνση της συνεργασίας μεταξύ Ισραήλ και ΗΠΑ σε θέματα εθνικής ασφάλειας, μέσα από επισκέψεις ειδικών απεσταλμένων των ΗΠΑ στο Ισραήλ και την ανταλλαγή πληροφοριών και τεχνογνωσίας με τους ισραηλινούς ομολόγους.

Παρά την ισχύ της AIPAC στον αμερικανικό κυβερνητικό χώρο, το FBI προχώρησε σε έρευνες στα γραφεία της οργάνωσης, το Σεπτέμβριο και το Δεκέμβριο του 2004 και αντέγραψε τους σκληρούς δίσκους των υπολογιστών της, μετά από πληροφορίες που είχε ότι ο Λάρυ Φράνκλιν (Larry Franklin), υπάλληλος στο αμερικανικό Πεντάγωνο, παρέδωσε απόρρητα στοιχεία σε υπάλληλο της AIPAC. Η έρευνα του FBI είχε ως αποτέλεσμα, να υποχρεώσει η AIPAC δύο υπαλλήλους της, τον Στηβ Ρόζεν (Steve Rosen) και τον Κηθ Γουάισμαν (Keith Weissman), να πάρουν προσωρινή άδεια και να χάσει ο Φράνκλιν την εξουσιοδότηση που είχε για προσπέλαση σε απόρρητες πληροφορίες στο Πεντάγωνο. Στις 20 Ιανουαρίου του 2006, ο Φράνκλιν αποδέχτηκε τις κατηγορίες, ότι προώθησε κρατικά μυστικά (όχι όμως την κατηγορία της κατασκοπείας) σε μέλη της οργάνωσης AIPAC και το ομοσπονδιακό δικαστήριο τον καταδίκασε σε 151 μήνες φυλάκισης και πρόστιμο $10.000. Δύο μέλη της AIPAC επίσης, κατηγορούνται ότι συνέβαλαν στη μετάδοση αυτών των μυστικών πληροφοριών στον Εβραίο διπλωμάτη Ναόρ Γκιλόν (Naor Gilon). Το Μάιο του 2009 ο εισαγγελέας απέσυρε τις κατηγορίες για τα δύο μέλη της AIPAC, ενώ ένα μήνα αργότερα η ποινή του Φράνκλιν μειώθηκε σε 10 μήνες φυλάκιση και 100 ώρες κοινωνικής εργασίας.

Δημήτρης Ιωαννίδης

ΚΕΦΑΛΑΙΟ ΟΓΔΟΟ

Πως λειτουργεί το εβραϊκό λόμπι

Στο βιβλίο του, *The Fatal Embrace: Jews and the State*, ο Βενιαμίν Γκίνσμπουργκ (Benjamin Ginsberg) γράφει: «*Από τη δεκαετία του 1960, οι Εβραίοι έχουν ασκήσει σημαντική επιρροή στην αμερικανική οικονομική, πολιτιστική, πνευματική και πολιτική σκηνή. Έπαιξαν βασικό ρόλο στην αμερικανική χρηματαγορά τη δεκαετία του 1980 και ήταν αυτοί που απεκόμισαν τα μεγαλύτερα οφέλη από τις επιχειρηματικές συγχωνεύσεις και αναδιοργανώσεις αυτής της εποχής. Σήμερα και ενώ ο πληθυσμός τους στην Αμερική αποτελεί μόνο το 2% του συνολικού, περίπου μισοί από τους δισεκατομμυριούχους είναι Εβραίοι. Τα κορυφαία στελέχη των τριών μεγαλύτερων τηλεοπτικών καναλιών και τεσσάρων κινηματογραφικών εταιρειών είναι Εβραίοι, όπως και οι ιδιοκτήτες της μεγαλύτερης αλυσίδας εφημερίδων, αλλά και της εφημερίδας με την μεγαλύτερη επιρροή, The New York Times.*»

Για τους περισσότερους πολιτικούς, το πιο κρίσιμο σημείο επαφής δημιουργείται στις προεκλογικές αναμετρήσεις. Η εκλογή είναι ο στόχος τους και η συσπείρωση των ψηφοφόρων που τελικά θα δώσουν την ψήφο τους και θα συνεισφέρουν στον προεκλογικό αγώνα τους, είναι το μέσο για να τον πετύχουν. Για τους πολιτικούς στην Ουάσιγκτον, η υποστήριξη των θέσεων που προωθεί η AIPAC είναι μονόδρομος, καθώς μια αντιπαράθεση με τον οργανισμό αυτό μπορεί να σημαίνει το τέλος της πολιτικής τους καριέρας. Για παράδειγμα, ο βουλευτής Ερλ Χίλιαρντ (Earl Hilliard), από την Πολιτεία της Αλαμπάμα, έχασε τη βουλευτική του έδρα στις εκλογές του 2002 από τον αντίπαλό του Άρθουρ Ντείβς (Arthur Davis), επειδή μεταξύ άλλων δεν υποστήριξε στο Κογκρέσο κάποια νομοσχέδια που προωθούσε η AIPAC. Στις εκλογές όμως του 2000, ο Ερλ Χίλιαρντ είχε κερδίσει τις εκλογές εναντίον του Άρθουρ Ντείβς, επειδή ο τελευταίος δεν είχε αρκετά υψηλή χρηματική ενίσχυση στην τότε προεκλογική του εκστρατεία. Τα πράγματα όμως άλλαξαν για τον Ερλ Χίλιαρντ, αφού στις εκλογές του 2002 η χρηματική υποστήριξη προς τον Άρθουρ Ντείβς αυξήθηκε ραγδαία από εισφορές που κατέφθασαν από άλλες πολιτείες, γεγονός που δεν είχε συμβεί στην αναμέτρηση του 2000. Ενδεικτικά, ο Άρθουρ Ντείβς πήρε συνολικά $315.000 από ψηφοφόρους της Πολιτείας της Νέας Υόρκης, $61.000 από ψηφοφόρους της Πολιτείας του Νιου Τζέρσεϋ, περισσότερα από $58.000 από κατοίκους της Καλιφόρνιας και πάνω από $21.000 από κατοίκους της Πολιτείας του Κονέκτικατ. Αξιοσημείωτο είναι το γεγονός ότι μόνο από μια μικρή ταχυδρομική περιφέρεια του ανατολικού Μανχάταν, απέσπασε περισσότερες εισφορές από όσες πήρε από όλους τους ψηφοφόρους στην Πολιτεία της Γεωργίας.

Άλλο παράδειγμα είναι αυτό του προέδρου Φορντ που είχε οργιστεί με την απροθυμία του Ισραήλ να εγκαταλείψει την περιοχή του Σινά, μετά τον πόλεμο του 1973. Το 1975, ο πρόεδρος Φορντ ανέστειλε για 6 μήνες την βοήθεια προς το Ισραήλ και ανέφερε σε κάποια ομιλία του ότι οι ΗΠΑ πρέπει να επανεξετάσουν τη σχέση μαζί του. Μέσα σε λίγες εβδομάδες, η AIPAC ενεργοποίησε το εβραϊκό λόμπι στην Ουάσιγκτον και κατάφεραν να προωθήσουν μια επιστολή προς το Λευκό Οίκο υπογεγραμμένη από 76 γερουσιαστές που υποστήριζε το Ισραήλ και που έκανε συστάσεις στον πρόεδρο να επανέλθει στην τακτική που είχε αναστείλει. Αποτέλεσμα αυτής της πίεσης ήταν, ο πρόεδρος Φορντ να αποσύρει την πρότασή του.

Το 1991, ο πρωθυπουργός του Ισραήλ Γιτσάκ Σαμίρ (Yitzhak Shamir), ζήτησε από την κυβέρνηση Μπους $10 δις για εγγυητικά δάνεια, προκειμένου να χρηματοδοτήσει τον επαναπατρισμό των Ρωσοεβραίων. Ο πρόεδρος Μπους δέχτηκε, με την προϋπόθεση ότι το Ισραήλ δε θα προχωρούσε στη δημιουργία νέων εποικισμών στη Δυτική Όχθη και στο πάγωμα νεοαναγειρόμενων οικισμών. Ο Shamir εξοργίστηκε και ζήτησε από την AIPAC την ενεργοποίηση των μελών της, ώστε να προωθηθούν οι εγγυήσεις δανειοδότησης μέσα από τους κόλπους του Κογκρέσου. Πολύ σύντομα, η AIPAC προώθησε μια επιστολή υπογεγραμμένη από 240 μέλη του Κοινοβουλίου και 77 γερουσιαστές, ενώ το Σεπτέμβριο του 1991 απέστειλε πολλούς Εβραίους λομπίστες στην Ουάσιγκτον, ώστε ο ίδιος ο πρόεδρος Μπους να δηλώσει σε τηλεοπτική ομιλία ότι: «1.000 Εβραίοι λομπίστες είναι εναντίον μου τώρα που είμαι γέρος.» Αυτό προκάλεσε τεράστιες αντιδράσεις και κατηγορίες κατά του Αμερικανού Προέδρου για αντι-σημιτισμό και ήταν κάτι που του κόστισε τις επόμενες εκλογές, ενώ οι εγγυήσεις για τα δάνεια της τάξης των $10 δις τελικά εγκρίθηκαν.

Το 2005, ο Τζέφρι Μπλάκφορτ (Jeffrey Blankfort) σε μια ραδιοφωνική εκπομπή είπε: «Ο Τζωρτζ Μπους δεν ήθελε το Ισραήλ και όταν το Ισραήλ εισέβαλε στο Λίβανο ζήτησε να επιβληθούν κυρώσεις, ήταν όμως αντιπρόεδρος τότε, και η γνώμη του δεν υπερίσχυσε. Όταν το Ισραήλ βομβάρδισε τον αντιδραστήρα του Ιράκ, ζήτησε πάλι την επιβολή κυρώσεων, αλλά η άποψή του δεν εισακούστηκε στον πρόεδρο Ρήγκαν. Και όταν το Ισραήλ του ζήτησε $10 δις για εγγυήσεις δανείου, αυτός αρνήθηκε γιατί προσπαθούσε να ξεκινήσει τις διαπραγματεύσεις στη διάσκεψη ειρήνης στη Μαδρίτη. Είπε τότε χαρακτηριστικά: «πρέπει να περιμένουμε 120 ημέρες, σταματήστε την επέκταση των οικισμών, απαγορεύστε την εγκατάσταση Ρώσων στις κατεχόμενες περιοχές» και βγήκε στην τηλεόραση δηλώνοντας ότι χιλιάδες λομπίστες ήταν εναντίον του στο Καπιτώλιο και προσπαθούσαν να προωθήσουν το πρόγραμμα της δανειοδότησης του Ισραήλ. Έπειτα, ανακοίνωσε προς το αμερικανικό τηλεοπτικό κοινό το χρηματικό ποσό που αναλογεί σε κάθε Ισραηλίτη ετησίως από την αμερικανική βοήθεια. Τώρα, αυτές οι δηλώσεις μπορούν να βρεθούν μόνο στο βιβλίο του Υπουργού Εξωτερικών Moshe Arens, με τίτλο «Broken Confidence» το οποίο αποτέλεσε μια επίθεση στην κυβέρνηση Μπους, η οποία θεωρήθηκε ως η πιο αντιεβραϊκή κυβέρνηση στην ιστορία της Αμερικής.»[105]

Στην ίδια ομιλία, ο Jeffrey Blankfort αναφέρει χαρακτηριστικά: «Η AIPAC δεν θα ήταν τόσο ισχυρή, εάν ήταν απλώς ένα λόμπι στην Ουάσιγκτον που αποτελείται από Εβραίους. Ενισχύεται από τις εβραϊκές ομοσπονδίες και τις οργανώσεις μέσα στη χώρα, αλλά με αφετηρία το 1978, με την πρόσκληση από τον Menachem Begin προς τον Jerry Falwell να επισκεφτεί το Ισραήλ, η AIPAC έχει αναπτύξει μια συμμαχία με τους ευαγγελιστές Χριστιανούς [...] οι οποίοι όμως επισκέπτονται το Ισραήλ ως τουρίστες. Δεν συμβάλλουν χρηματοδοτικά στην ανάδειξη των πολιτικών που προωθεί η AIPAC, αλλά παρέχουν τις ψήφους και την υποστήριξή τους στις βασικές πολιτείες, όπου υπάρχουν σχετικά μικροί εβραϊκοί πληθυσμοί. Αυτό έχει δημιουργήσει μια ισχυρή συμμαχία. Για πολύ μεγάλο χρονικό διάστημα, οι περισσότερες από τις φιλελεύθερες σιωνιστικές οργανώσεις, συμπεριλαμβανομένης και της ADL, κράτησαν τις αποστάσεις τους από τους ευαγγελιστές, οι οποίοι έχουν βασικά μια θέση: η υποστήριξη του Ισραήλ, βασίζεται στον ερχομό του Μεσσία. Οι Εβραίοι πρέπει να επιστρέψουν στο Ισραήλ, έτσι ώστε να υπάρξει ένας Armageddon. Ο Μεσσίας θα έρθει και αυτοί οι Εβραίοι που δεν θα αποδεχτούν το Χριστό θα καούν. Αφότου το Ισραήλ ξεκίνησε τις επιθέσεις στη Δυτική Όχθη, στις πόλεις Jenin και Nablus, έψαχνε για συμμάχους, και τότε, τελείως τυχαία, είδαμε την ισραηλινή πρεσβεία να παραθέτει ένα πρόγευμα προσευχής, με προσκεκλημένους τον Jerry Falwell, Pat Robertson και τον Ralph Reed, πρώην αρχηγό του χριστιανικού συνασπισμού. Έπειτα, το ADL, μια από τις τελευταίες οργανώσεις που απέμεναν για να αποδεχτούν τους ευαγγελικούς, προώθησε κάποιο δημοσίευμα στους New York Times το οποίο ανέφερε την ομιλία του Ralph Reed που εγκωμιάζει το Ισραήλ και ενθαρρύνει τη συνεχή αμερικανική υποστήριξη προς το Ισραήλ. Έτσι, διαφαίνεται αυτό σαν ένας «γάμος» σκοπιμότητας. Το εβραϊκό μέρος του λόμπι ξέρει ότι αυτή η ιδεολογία περί Armageddon είναι ανόητη και έτσι θα αποσπάσουν - τουλάχιστον έτσι πιστεύουν - αυτή τη σημαντική υποστήριξη. Πολλοί ισχυροί γερουσιαστές, όπως ο Tom DeLay και ο Trent Lott, εμπλέκονται σε αυτό και είναι μεταξύ μερικών από τους πιο θερμούς *υποστηρικτές του Ισραήλ στην Γερουσία.»*[106]

Ο γερουσιαστής Τζέιμς Αμπουρέζκ (James Abourezk), δημοκράτης από την Πολιτεία της Νότιας Ντακότα, ανέφερε σε μια ομιλία του, στην Αμερικανοαραβική Επιτροπή για Φυλετικές Διακρίσεις: *«Αυτή είναι η σημερινή πολιτική κατάσταση στην Αμερική. Το Εβραϊκό λόμπι έχει συγκεντρώσει τέτοια οικονομική δύναμη, ώστε βλέπουμε σε καθημερινή βάση Αμερικανούς γερουσιαστές και βουλευτές να υποκύπτουν στο Ισραήλ και το λόμπι του. Μην κάνετε λάθος. Οι ψήφοι και αυτή η υπακοή δεν οφείλεται στην αγάπη για το Ισραήλ. Αντιθέτως, συνδέεται με το ύψος των χρημάτων που δαπανώνται στις προεκλογικές εκστρατείες από μέλη του εβραϊκού λόμπι. Σύμφωνα με τους δικούς μου υπολογισμούς, τουλάχιστον $6 δις διατίθενται κάθε χρόνο από το Αμερικανικό Υπουργείο Οικονομικών στο Ισραήλ. Αυτά τα χρήματα και η πολιτική υποστήριξη που παρέχει η Αμερική στο Ισραήλ στα πλαίσια των Ηνωμένων Εθνών είναι που επιτρέπουν στο Ισραήλ να διεξάγει εγκληματικές επιχειρήσεις στην Παλαιστίνη χωρίς να τιμωρείται.»*[107]

Σε μια εργασία το 2006, δύο καθηγητές από το Πανεπιστήμιο του Harvard και το Πανεπιστήμιο του Σικάγου, ανέπτυξαν το θέμα του εβραϊκού λόμπι και την επίδρασή του στην αμερικανική εξωτερική πολιτική.[108] Η έρευνα αυτή όχι μόνο προκάλεσε δυσαρέσκεια σε πολλούς κύκλους της αμερικανικής πολιτικής σκηνής, αλλά συγκλόνισε την ακαδημαϊκή κοινότητα. Οι καθηγητές, Τζον Μιρσχάιμερ (John J. Mearsheimer) και Στήβεν Γουόλτ (Stephen W. Walt), παρουσιάζουν με λεπτομέρεια αλλά και με μια τάση φανατισμού τις δραστηριότητες του εβραϊκού λόμπι και τους τρόπους με τους οποίους χειρίζεται τα θέματα της αμερικανικής εξωτερικής πολιτικής στις σχέσεις με το Ιράκ, το Ιράν, τη Συρία και τους Παλαιστινίους. Αν και είναι μονόπλευροι στην ανάλυσή τους, χωρίς να συμπεριλαμβάνουν και άλλες αντίθετες απόψεις, προωθούν την ιδέα ότι ο πόλεμος στο Ιράκ δεν εξυπηρετεί την αμερικανική εξωτερική πολιτική και δεν είναι τίποτα παραπάνω από μια πράξη προστασίας και ασφάλειας του Ισραήλ. Οι καθηγητές επίσης, καταλήγουν στα ακόλουθα συμπεράσματα:

1. οι ΗΠΑ έχουν σοβαρό πρόβλημα με την τρομοκρατία, επειδή έχουν στενή σχέση με το Ισραήλ,

2. το Ισραήλ δεν έχει ιδιαίτερη στρατηγική σημασία για τις ΗΠΑ και σε πολλές περιπτώσεις δεν έχει συμπεριφερθεί ως αξιόπιστος σύμμαχος,

3. η πίεση του εβραϊκού λόμπι και του Ισραήλ δεν ήταν ο μόνος λόγος για τον πόλεμο στο Ιράκ, αλλά σίγουρα ήταν ο βασικός λόγος που η Αμερική προχώρησε σε αυτό το μέτωπο,

4. ο πόλεμος στο Ιράκ υποδηλώνει την πρόθεση για ριζικές αλλαγές στην Μέση Ανατολή, μια πολιτική που κατευθύνθηκε από το Ισραήλ και το λόμπι του στις ΗΠΑ,

5. το εβραϊκό λόμπι προώθησε τη νομοθεσία κατά της Συρίας (Anti-Syrian Act) που ψηφίστηκε από το Αμερικανικό Κογκρέσο (με 398

ψήφους υπέρ και 4 κατά στη Βουλή και με 89 υπέρ και 4 κατά στη Γερουσία) και υπεγράφη από τον Πρόεδρο Μπους τον Δεκέμβριο του 2003, και η οποία απαιτούσε την αποστρατικοποίηση του Λιβάνου, την εγκατάλειψη των προγραμμάτων κατασκευής Όπλων Μαζικής Καταστροφής, την προώθηση μέτρων που θα καταπολεμούσαν την τρομοκρατία και την επίτευξη ειρήνης με το Ισραήλ,

6. το πρόγραμμα πυρηνικής ενέργειας του Ιράν δεν είναι ουσιαστικά επικίνδυνο για τις ΗΠΑ, αφού υπάρχουν και άλλες χώρες με πυρηνικά όπλα όπως η Ρωσία, η Κίνα, ακόμα και το Βόρειο Βιετνάμ. Οι καθηγητές επίσης, αναλύουν τους τρόπους με τους οποίους λειτουργεί το εβραϊκό λόμπι και τα μέσα που χρησιμοποιεί για να επιτύχει τους στόχους του, ενώ παραθέτουν αρκετά παραδείγματα που, κατά την άποψή τους, αποτελούν ένδειξη της δύναμής του.

Σε πολύ μικρό χρονικό διάστημα, ο καθηγητής της Νομικής Σχολής του Πανεπιστημίου Χάρβαρντ, Άλαν Ντέρσοβιτς (Alan Dershowitz), δημοσίευσε τη δική του μελέτη στην ιστοσελίδα της Σχολής John F. Kennedy του Χάρβαρντ, στην οποία αντικρούει τα συμπεράσματα των δύο καθηγητών.[109] Ο κ. Ντέρσοβιτς, χαρακτηριστικά, αναφέρει ότι η εργασία των δύο καθηγητών περιέχει τρία βασικά σφάλματα:

1. η παράθεση κάποιων κειμένων δεν είναι τίποτα παραπάνω από μια οικτρή παρανόηση,

2. πολλά σημαντικά γεγονότα έχουν παραλειφθεί ή έχουν παρερμηνευτεί και

3. υπάρχει έλλειψη λογικής στην επιχειρηματολογία των δύο καθηγητών.

Για τον Ντέρσοβιτς, η εργασία είναι δείγμα σύνταξης παλαιών, ψευδών, άκυρων και αναξιόπιστων κατηγοριών που παραποιούνται κάτω από τον τίτλο της ακαδημαϊκής έρευνας. Συγκεκριμένα, ο καθηγητής Ντέρζοβιτς αναφέρει ότι οι θέσεις των δύο καθηγητών είναι γνωστές κατηγορίες που συμπεριλαμβάνονται σε ιστοσελίδες εξτρεμιστών της σκληρής δεξιάς, σε εφημερίδες μουσουλμανικών και αραβικών ΜΜΕ, σε βιβλιογραφία ναζιστικού προσανατολισμού και σε προπαγανδιστικά φυλλάδια της Σοβιετικής Ένωσης.

Αν και οι καθηγητές επιχειρούν να προσφέρουν την εργασία τους και το βιβλίο που αργότερα κυκλοφόρησε ως αφετηρία ενός διαλόγου για θέματα λόμπι, ο καθηγητής Ντέρσοβιτς σωστά υποδεικνύει ότι η μελέτη αυτή δεν μπορεί να αποτελέσει την αρχή για τίποτα, απ' τη στιγμή που οι καταγραμμένες απόψεις εκφράζουν μια μονόπλευρη αντισημιτική προπαγάνδα, ενώ παραλείπεται τελείως, το φιλανθρωπικό έργο της εβραϊκής παροικίας στις ΗΠΑ. Παρά τις όποιες καλές προθέσεις των δύο καθηγητών, το άρθρο χαρακτηρίζεται από μια σαφή κατεύθυνση που ισοπεδώνει τα πάντα στο όνομα της επιστημονικής έρευνας, ενώ ο διάχυτος φανατισμός υποβαθμίζει όποια αξιόλογα στοιχεία ενυπάρχουν σ' αυτήν. Εξίσου σημαντικό είναι το γεγονός, ότι ο καθηγητής Ντέρσοβιτς κάλεσε τους δύο καθηγητές σε διάλογο για τα θέματα αυτά σε μορφή ανοιχτής συζήτησης, χωρίς όμως να υπάρξει άμεση ανταπόκριση.[110]

Τα αποτελέσματα του Εβραϊκού Λόμπι

Το Αμερικανικό Κοινοβούλιο στην έκθεσή του για το έτος 1997, πάνω στο θέμα της Αναθεώρησης της Αμερικανικής Εξωτερικής Πολιτικής, πρότεινε τα ακόλουθα προγράμματα για την ανάπτυξη των σχέσεων μεταξύ Ισραήλ και Αμερικής:

1. η παράγραφος 422 της έκθεσης περιγράφει την πρόταση στρατιωτικής βοήθειας (grants) στο Ισραήλ η οποία ανέρχεται σε ύψος $1.8 δις ετησίως, για τα έτη 1998 και 1999, και με την κατανομή του κεφαλαίου σε 30 ημέρες,

2. η παράγραφος 502 της έκθεσης αναφέρει ότι το Ισραήλ θα πρέπει να λάβει οικονομική βοήθεια (ESF funds) που ανέρχεται στο $1.2 δις ετησίως,

3. η Αμερική εντάσσει στην εξωτερική πολιτική της την υποστήριξη και τη διαφύλαξη της άμυνας του Ισραήλ, (α) αναγνώριση της Ιερουσαλήμ ως πρωτεύουσας του Ισραήλ, (β) δημιουργία της αμερικανικής πρεσβείας στην Ιερουσαλήμ με κόστος που ανέρχεται σε $100 εκατομμύρια,

4. προβλέπεται η δυνατότητα αγοράς από το Ισραήλ - με την αξιοποίηση του προαναφερόμενου ποσού - σύγχρονων οπλικών συστημάτων, από τα οποία, τα $425 εκατομμύρια, ετησίως, να αναλογούν σε αμυντικό εξοπλισμό και

5. τέλος, αναφέρεται η παράδοση από τις ΗΠΑ του πολεμικού πλοίου (ειδικό για την αποβίβαση τεθωρακισμένων οχημάτων) Peoria (LST 1183).

Η έκθεση του Κοινοβουλίου εγκρίθηκε στις 12 Νοεμβρίου 1997, με 333 ψήφους υπέρ και 76 ψήφους κατά και η Αμερικανική Γερουσία την ενέκρινε παμψηφεί την επόμενη ημέρα. Συγκριτικά, η ίδια έκθεση αναφέρει για την Ελλάδα το ποσό της τάξης των $12.8 εκατομμυρίων δολαρίων, το οποίο θα χορηγηθεί με τη μορφή επιδόματος για το στρατιωτικό δάνειο των $122.5 εκατομμυρίων που πήρε η Ελλάδα. Η έκθεση επίσης, επισημαίνει την άρνηση εξουσιοδότησης για τη σύναψη στρατιωτικού δανείου με την Ελλάδα και την Τουρκία για το έτος 1999.

Το Αμερικανικό Κοινοβούλιο στην έκθεσή του για το οικονομικό έτος 2003, πρότεινε τα ακόλουθα προγράμματα για την ανάπτυξη των σχέσεων μεταξύ Ισραήλ και Αμερικής, πάνω στο θέμα της Αναθεώρησης της Αμερικανικής Εξωτερικής Πολιτικής:

1. στρατιωτική βοήθεια (grants) στο Ισραήλ που ανέρχεται σε $2.1 δις,

2. οικονομική βοήθεια (ESF funds) που ανέρχεται σε $600 εκατομμύρια,

3. $200 εκατομμύρια για προσπάθειες αντιμετώπισης τρομοκρατικών γεγονότων και,

4. $60 εκατομμύρια για προσφυγικούς καταυλισμούς. Οι προτάσεις αυτές έγιναν δεκτές από το Κογκρέσο και ψηφίστηκαν στις 30 Σεπτεμβρίου 2002.

Επίσης, το Μάρτιο του 2003, ο Πρόεδρος Μπους ανακοίνωσε την πρόσθετη βοήθεια προς το Ισραήλ, ποσού $9 δις, ως εγγύηση δανειοδότησης και $1 δις για στρατιωτική βοήθεια που αποσκοπεί στην υποστήριξη της οικονομίας του Ισραήλ και στην αντιμετώπιση των τρομοκρατικών επεισοδίων.

Από το 1949 μέχρι το 2001, η αμερικανική βοήθεια που δόθηκε στο Ισραήλ υπερβαίνει συνολικά τα $91 δις. Ο τόκος μόνο για την χρηματοδότηση αυτού του ποσού, ανέρχεται σε $50 δις, ενώ στο σύνολό τους τα ετήσια προγράμματα βοήθειας του αμερικανικού κράτους προς το Ισραήλ ανέρχονται σε $10 δις. Αξίζει επίσης να σημειωθεί, ότι οι δωρεές Αμερικανών πολιτών σε εβραϊκά φιλανθρωπικά ιδρύματα, εκπίπτουν από τη φορολογία εισοδήματος. Το ποσό των παραπάνω εισφορών ανέρχεται σε $1 δις ετησίως που αντιστοιχεί σε $280-$390 εκατομμύρια φόρου που το αμερικανικό κράτος δεν εισπράττει. Επίσης, όλα τα δάνεια που έχουν χορηγηθεί στο Ισραήλ στο παρελθόν, έχουν διαγραφεί από το Κογκρέσο, ενώ η πολιτική της Αμερικής από το 1984 μέχρι πρόσφατα, ήταν η ετήσια οικονομική βοήθεια προς το Ισραήλ να υπερβαίνει το ετήσιο ποσό που το τελευταίο έπρεπε να καταβάλει προς το αμερικανικό κράτος για την εξόφληση του χρέους.

Σε ετήσια βάση, το Ισραήλ παίρνει το 1/3 από το συνολικό ποσό της αμερικανικής εξωτερικής βοήθειας, ενώ ο πληθυσμός του Ισραήλ αντιστοιχεί στο .001% του παγκόσμιου πληθυσμού και ταυτόχρονα έχει και ένα από τα μεγαλύτερα κατά κεφαλήν εισοδήματα στον κόσμο. Το ετήσιο ακαθάριστο εθνικό προϊόν (Gross National Product) του Ισραήλ είναι υψηλότερο από το σύνολο των ακαθάριστων εθνικών προϊόντων της Αιγύπτου, του Λιβάνου, της Συρίας, της Ιορδανίας, της Δυτικής Όχθης και της Γάζας. Με κατά μέσον όρο εισόδημα που ανέρχεται σε $14.000 ετησίως, το Ισραήλ κατέχει την 16η θέση ανάμεσα στα πλουσιότερα κράτη του κόσμου, ενώ το κατά κεφαλήν εισόδημα είναι μεγαλύτερο ακόμη και από αυτό της Σαουδικής Αραβίας.

Από την πλευρά της, η AIPAC, προωθεί τις στρατιωτικές ανάγκες του Ισραήλ υποστηρίζοντας την αναπλήρωση του μαχητικού στόλου του με την παράδοση 100 νέων μαχητικών αεροπλάνων τύπου F-16, τη δημιουργία υπερσύγχρονης δορυφορικής και αμυντικής τεχνολογίας και την ολοκλήρωση του προγράμματος βλημάτων Arrow και Tactical High Energy Laser.

Το Ισραήλ λαμβάνει τη μεγαλύτερη στρατιωτική βοήθεια από τις ΗΠΑ. Την τελευταία δεκαετία έχει λάβει συνολικά πάνω από $17 δις σε στρατιωτικό υλικό, ενώ το Υπουργείο Άμυνας των ΗΠΑ στην ετήσια αίτησή του προς το Κογκρέσο για την εξωτερική βοήθεια πολεμικού υλικού, αναφέρει την ανάγκη του Ισραήλ να αντιμετωπίσει τις οικονομικές υποχρεώσεις του για την αγορά των F-16 και των ελικοπτέρων Apache. Είναι η μόνη χώρα που λαμβάνει την Οικονομική Χρηματοδότηση από τις ΗΠΑ στην αρχή του οικονομικού έτους και εφάπαξ, ενώ τα άλλα κράτη λαμβάνουν ανάλογη βοήθεια σε τέσσερις τριμηνιαίες δόσεις. Αυτό και μόνο το γεγονός επιβαρύνει τις ΗΠΑ με πρόσθετο τόκο που κυμαίνεται στα $50-$60 εκατομμύρια ετησίως. Επιπλέον, ενώ άλλα κράτη χειρίζονται την προμήθεια πολεμικού υλικού μέσω του Υπουργείου Άμυνας των ΗΠΑ, το Ισραήλ έχει το δικαίωμα απευθείας συνεργασίας με τις αμερικανικές εταιρείες παραγωγής στρατιωτικού εξοπλισμού και μπορεί να συνάπτει και συμβόλαια αγοράς πολεμικού υλικού κάτω από $100.000, κάτι που δεν ισχύει για κανένα άλλο κράτος. Αξιοσημείωτο είναι επίσης το γεγονός, ότι οι ΗΠΑ πριμοδοτούν ένα μεγάλο κομμάτι της έρευνας και της κατασκευής πολεμικού υλικού στο Ισραήλ, ενώ έχουν επενδύσει δις σε προγράμματα κατασκευής των αρμάτων Merkava και του αεροπλάνου Lavi.

Το Νοέμβριο του 2003, τα πρώτα αεροπλάνα τύπου F-16 από τα 102 που συνολικά είναι να πάρει το Ισραήλ, κατασκευάστηκαν από την εταιρεία Lockheed Martin στην πολιτεία του Texas. Το κόστος του κάθε αεροπλάνου τύπου F-16 Sufa ανέρχεται στα $45 εκατομμύρια και το συνολικό κόστος της προμήθειας αυτής είναι ένα τμήμα της παραγγελίας συνολικού κόστους $4.5 δις της Ιερουσαλήμ προς την εταιρεία Lockheed Martin. Τα αεροπλάνα Sufa F-16 κατασκευάζονται σε συνεργασία με το Ισραήλ, ενώ η Ισραηλιτική εταιρεία Lahav κατασκευάζει τα ηλεκτρονικά συστήματα των αεροπλάνων αυτών.

Οι Η.Π.Α έχουν τροφοδοτήσει το Ισραήλ με τον ακόλουθο πολεμικό εξοπλισμό:

1. 236 αεροπλάνα τύπου F-16, (110 αέρος και 126 εδάφους) από την εταιρεία Lockheed Martin (και από την General Dynamics),

2. 89 αεροπλάνα τύπου F-15 από την Boeing (πρώην McDonnell Douglas),

3. 39 αεροπλάνα επίθεσης τύπου A-4 από την Northrop Grumman (πρώην Grumman),

4. 5 μεταγωγικά αεροπλάνα τύπου C-130 από την Lockheed Martin,

5. 11 μεταγωγικά ελικόπτερα τύπου C-47 από την Boeing, Allied Signal Gulfstream,

6. 8 μεταγωγικά αεροπλάνα τύπου G-550 Gulfstream (από την General Dynamics),

7. 7 μεταγωγικά αεροπλάνα τύπου B-707 από την Boeing,

8. 22 αεροπλάνα τύπου Cessna 206 από την εταιρεία Cessna,

9. 26 εκπαιδευτικά αεροπλάνα τύπου TA-4 από την Northrop Grumman,

10. 55 ελικόπτερα AH-1 Cobra από την Bell/Textron,

11. 40 ελικόπτερα τύπου A-H64 από την Boeing, Lockheed Martin/ Northrop Grumman για τα AH-64D),

12. 41 ελικόπτερα CH-53 Sea Stallion από την United Technologies (Sikorsky unit)

13. 48 ελικόπτερα Black Hawk τύπου S-70 and UH-60A από την United Technologies (εταιρεία της Sikorsky),

14. 77 βοηθητικά ελικόπτερα τύπου Bell 206 και τύπου Bell 212 από την Bell/Textron,

15. 390 πύραυλοι τύπου Stinger man-portable air defense missile της Raytheon (της πρώην General Dynamics, Hughes),

16. 1.000 πύραυλοι τύπου Redeye αέρος-αέρος της εταιρείας General Dynamics

17. Άγνωστος αριθμός πυραύλων αέρος-εδάφους τύπου AGM Hellfire, Walleye, Maverick, Standard των εταιρειών Lockheed Martin/ Boeing (Hellfire); Raytheon (Standard, Maverick); Martin Marietta σήμερα Lockheed Martin (Walleye);

18. Άγνωστος αριθμός πυραύλων αέρος-αέρος τύπου AMRAAM, Sparrow, Sidewinder των εταιρειών Raytheon (AMRAAM, Sparrow, Sidewinder)

19. 48 πύραυλοι αέρος-εδάφους τύπου PAC-2 της εταιρείας Lockheed Martin/Vought Raytheon

20. Άγνωστος αριθμός για βόμβες τύπου (Joint Direct Attack Munitions)

21. 711 άρματα μάχης τύπου M-60 της εταιρείας General Dynamics

22. 6.131 θωρακισμένα μεταγωγικά προσωπικού τύπου M-113 της εταιρείας United Defense, (κοινοπραξία της εταιρείας FMC και της Harsco)

23. 350 μηχανοκίνητα οχήματα πυροβολικού τύπου M-109-155mm (αγοράστηκαν από την εταιρεία BaE systems το 2005) της εταιρείας United Defense,

24. 60 εκτοξευτήρες πολλαπλών πυραύλων τύπου MLRS της εταιρείας Lockheed Martin/Vought,

25. 444 πύραυλοι θαλάσσης-θαλάσσης τύπου Harpoon της εταιρείας Boeing (παραγωγή της McDonnell Douglas)[113]

Το 2007, οι ΗΠΑ δεσμεύτηκαν να δώσουν βοήθεια προς το Ισραήλ, συνολικού ύψους $30 δις, για θέματα ασφάλειας των δύο κρατών για τα επόμενα 10 χρόνια, ώστε να καλυφτούν οι ανάγκες αντιμετώπισης των αυξανόμενων απειλών. Το 75% της βοήθειας αυτής προσφέρεται σε πολεμικό υλικό που παράγεται στις ΗΠΑ.[114]

Τον Αύγουστο του 2007, η κυβέρνηση Μπους ανακοίνωσε ότι θα αυξήσει την αμερικανική στρατιωτική βοήθεια προς το Ισραήλ κατά 6 δις δολάρια, μέσα στην επόμενη δεκαετία. Η συμφωνία απαιτεί $150 εκατομμύρια σε ετήσιες αυξήσεις, ξεκινώντας από $2,55 δις το 2009 και φθάνοντας τα $3 δις μέχρι το 2011. Οι όροι εξακολουθούν να επιτρέπουν στο Ισραήλ να δαπανά το 26% της βοήθειας για εξοπλισμό που παράγεται στο Ισραήλ. Σύμφωνα με τον πρώην Υφυπουργό Εξωτερικών για πολιτικές υποθέσεις, Νίκολας Μπερνς, ο οποίος υπέγραψε το Μνημόνιο Συνεργασίας για την αμερικανική στρατιωτική βοήθεια: *«Θεωρούμε ότι αυτή η βοήθεια ύψους 30 δις προς το Ισραήλ είναι μια επένδυση στην ειρήνη – την μακροπρόθεσμη ειρήνη. Η ειρήνη δεν θα είναι εφικτή αν το Ισραήλ δεν είναι μελλοντικά ισχυρό. Φυσικά, ο στόχος μας ως χώρα, και συγκεκριμένα ο στόχος μας ως κυβέρνηση, είναι να συμβάλλουμε στην ειρήνη - μια ειρήνη μεταξύ του Ισραήλ και του παλαιστινιακού λαού - στη δημιουργία ενός ανεξάρτητου παλαιστινιακού κράτους που είναι έτοιμο να συνυπάρξει ειρηνικά πλάι-πλάι με το Ισραήλ, και σε μια γενική ειρήνη στην περιοχή που δεν υπάρχει για τον ισραηλινό λαό τα τελευταία 59 χρόνια, αλλά που είναι, η μοίρα του λαού του Ισραήλ καθώς και των αραβικών λαών της περιοχής. Η πολιτική μας σε όλη αυτή την περιοχή είναι αφιερωμένη στον τελικό αυτό στόχο.»* [115]

Την περίοδο μεταξύ 1973-1991, οι ΗΠΑ έδωσαν πρόσθετη βοήθεια που ανέρχεται στα 460 εκατομμύρια δολάρια για τη μετεγκατάσταση των Εβραίων προσφύγων στο Ισραήλ. Ετησίως τα ποσά κυμάνθηκαν από $12-$80 εκατομμύρια ανάλογα με τον αριθμό των Εβραίων που επιστρέφουν στο Ισραήλ από την πρώην Σοβιετική Ένωση και άλλες περιοχές.

Μετά από χρόνια διαπραγματεύσεων μεταξύ ΗΠΑ και Ισραήλ, οι δύο πλευρές ανακοίνωσαν τον Αύγουστο του 2010 ότι το Ισραήλ θα προβεί στην αγορά 20 αεροπλάνων τύπου F-35 με κόστος $2,75 δις, το οποίο θα πληρωθεί εξ ολοκλήρου με επιχορηγήσεις από τις ΗΠΑ. Παρότι η συμφωνία βρίσκεται στο στάδιο της τελικής έγκρισης από το υπουργικό συμβούλιο του Ισραήλ, τα πρώτα αεροπλάνα προβλέπεται να παραδοθούν το 2015. Τον Μάρτιο του 2010, η κυβέρνηση Ομπάμα ανακοίνωσε ότι θα υποστηρίξει την αίτηση για αμυντική βοήθεια από το Ισραήλ, ύψους $205 εκατομμυρίων, για την αγορά πυραύλων μικρής εμβέλειας τύπου «Iron Dome».

Για το οικονομικό έτος 2011, η κυβέρνηση Ομπάμα ζήτησε $3 δις για στρατιωτική βοήθεια προς το Ισραήλ. Σύμφωνα με το Υπουργείο Εξωτερικών, το ποσό αυτό θα βοηθήσει το Ισραήλ να διατηρήσει την στρατιωτική του κυριαρχία σε περίπτωση εξωτερικής απειλής, και να αποτρέψει οποιαδήποτε αναστάτωση στην περιοχή. Απώτερος σκοπός είναι το Ισραήλ να μπορέσει να εξασφαλίσει την εσωτερική του ασφάλεια, αλλά και να κάνει τις απαραίτητες παραχωρήσεις για να πετύχει την απόλυτη ειρήνη στην περιοχή.

Πίνακας 5: Πωλήσεις Πολεμικού Υλικού στο Ισραήλ για τα έτη 2001- 2005 (σε εκατομμύρια $)[111]

Έτος	Πρόγραμμα FMS	Πρόγραμμα DCS	Σύνολο
2001	766,026	4,019	770,045
2002	629,426	1,427	630,853
2003	845,952	16,455	862,407
2004	878,189	418,883	1.297,072
2005	1.652,582	1.110,223	2.762,805
Συνολικά (2001 - 2005)	4.772,175	1.551,007	6.323,182

Πίνακας 6: Βοήθεια Πολεμικού Υλικού στο Ισραήλ για τα έτη 2001- 2005 (σε εκατομμύρια $)[112]

Έτος	Πρόγραμμα FMF	Πρόγραμμα ESF	Πρόσθετα	Πρόγραμμα NADR-ATA	Σύνολο
2001	1.975,644	838	-	-	2.813,644
2002	2.040	720	-	28	2.788,000
2003	2.086,350	596,1	1.000	-	3.682,450
2004	2.147,256	477,168	-	-	2.624,424
2005	2.202,240	357,120	50	0,210	2.609,570
01-05	10.451,49	2988,388	1.050	28,21	14.518,09

Πίνακας 7: Βοήθεια Πολεμικού Υλικού στο Ισραήλ για τα έτη 2006 - 2007 (σε εκατομμύρια $)

Έτος	Πρόγραμμα FMF	Πρόγραμμα ESF	Πρόσθετα	Πρόγραμμα NADR-ATA	Σύνολο
2006*	2.257,200	273,6	-	0,526	2.531,326
2007**	2,340	120	-	0,320	2.460,320
2001-2007	15.048,690	3.381,988	1.050	29,056	19.509,734

*(εκτίμηση)
**(αίτηση)

Δημήτρης Ιωαννίδης

ΚΕΦΑΛΑΙΟ ΕΝΑΤΟ

Το Τουρκικό Λόμπι

Ο πρώην αντιπρόεδρος, Ρίτσαρντ Τσέινι (Richard Bruce «Dick» Cheney), είχε απόλυτο δίκαιο στα συμπεράσματα της ομιλίας του με θέμα «Υπεράσπιση της Ελευθερίας στην Παγκόσμια Οικονομία», η οποία εκφωνήθηκε στα πλαίσια της Διάσκεψης για την Παράπλευρη Καταστροφή, στο Ινστιτούτο CATO, στις 23 Ιουνίου του 1998. Η Τουρκία δεν μπόρεσε να αλλάξει την πολιτική των ΗΠΑ κατά την περίοδο της εισβολής στην Κύπρο, γιατί ο ελληνισμός των ΗΠΑ ενεργοποιήθηκε άμεσα τότε. Αν και δεν υπήρχε κάποιο οργανωμένο λόμπι, η ομογένεια απέτρεψε την επεκτατική πολιτική της Άγκυρας, μέσω των επαφών που ανέπτυσσαν επιφανή μέλη της ομογένειας με μέλη του Κογκρέσου και μέσω της κινητοποίησης όλων των δυνάμεών της στους κόλπους της αμερικανικής κυβέρνησης. Η ομογένεια επίσης, πέτυχε και πολλές ισορροπίες στην αμερικανική εξωτερική πολιτική, για πολλά χρόνια μετά την τουρκική εισβολή στην Κύπρο, σε θέματα αμυντικής βοήθειας προς την Τουρκία και την Ελλάδα (αμυντική βοήθεια 7 προς 10).

Από την πλευρά της, η Τουρκία άρχισε την οργάνωση του δικού της λόμπι στις ΗΠΑ, αν και δεν έχει σε αριθμητική δύναμη την ομογένεια που έχει η Ελλάδα. Ο Γιουσούφ Κανλί (Yusuf Kanli) γράφει σε ένα άρθρο στις 17 Φεβρουαρίου 2007 στην εφημερίδα, τα Τουρκικά Ημερήσια Νέα: *«Στις Ηνωμένες Πολιτείες οι Τούρκοι είναι αρκετά δραστήριοι σε θέματα πολιτικών εράνων, αλλά δεν έχουν σχεδόν καμία δύναμη σε θέματα πολιτικής αποδοτικότητας, επειδή δεν υπάρχει μια ισχυρή οργάνωση που να μπορεί να συγκεντρώσει όλες τις τουρκικές ομοσπονδίες στις ΗΠΑ, καθώς επίσης και επειδή οι Τούρκοι δεν είναι συγκεντρωμένοι σε μία Πολιτεία, αλλά είναι διασκορπισμένοι. Όπως συμβαίνει και στην Τουρκία με την κομματικοποίηση του κοινωνικο-δημοκρατικού λαού μας, κάθε τρεις Τούρκοι δημιουργούν ένα σύλλογο ο οποίος θα διαλυθεί αμέσως, μόλις εγγραφούν λίγα περισσότερα μέλη και τελικά, δημιουργούμε πολλούς μικρούς οργανισμούς που ικανοποιούν τον εγωισμό μερικών «επιφανών' Τούρκων, αλλά δεν έχουν καμία αποτελεσματικότητα σε λόμπι.»*

Έχοντας καταλάβει τον τρόπο, με τον οποίο λειτουργεί το αμερικανικό κυβερνητικό σύστημα, η Τουρκία άρχισε ενεργά να επεμβαίνει στη διαμόρφωση της αμερικανικής εξωτερικής πολιτικής, προσλαμβάνοντας εταιρείες δημοσίων σχέσεων, με σκοπό την προώθηση των συμφερόντων της στην αμερικανική κυβέρνηση. Το αποτέλεσμα δεν ήταν άμεσο, αλλά όπως επεσήμανε και ο Αντιπρόεδρος, Τσέινι στην ομιλία του στο Συνέδριο του CATO, η αλλαγή στην αμερικανική εξωτερική πολιτική έχει βοηθήσει τα τουρκικά συμφέροντα και έχει ανατρέψει την πολιτική των ΗΠΑ στο Κυπριακό και στα Ελληνοτουρκικά. Το ίδιο επεσήμανε και ο πρώην Ελληνοαμερικανός γερουσιαστής, Πωλ Τσόγκας, σε μια συζήτηση που είχα μαζί του πριν χρόνια: *«Η Τουρκία έμαθε το μάθημά της μετά το 1974 και άλλαξε τον τρόπο με τον οποίο λειτουργεί στις ΗΠΑ. Μετά το 1974, προσέλαβε εταιρείες δημοσίων σχέσεων και άρχισε να ενεργοποιείται στην αμερικανική εξωτερική πολιτική, ώστε να μπορέσει να αλλάξει τη στάση των ΗΠΑ. Αυτό το έχει καταφέρει.»*

Η Τουρκία σήμερα χρησιμοποιεί τις καλύτερες εταιρείες λόμπι και δημοσίων σχέσεων στην Ουάσιγκτον, όπως αυτές του πρώην Γερουσιαστή Ρόμπερτ Λίβινγκστον (Robert Livingston), του δικηγόρου Τόμας Χέιλ Μπόγκς (Thomas Hale Boggs) και του πρώην Υπουργού Άμυνας Γουίλλιαμ Κόεν (William Cohen).

1. Η Εταιρεία Δημοσίων Σχέσεων Patton Boggs[116]

Ο δικηγόρος Τόμας Χέιλ Μπόγκς αναγνωρίζεται κάθε χρόνο ως ένας από τους 100 καλύτερους δικηγόρους στις ΗΠΑ από το περιοδικό «The National Law Journal». Έχει δημιουργήσει ένα από τα πιο ισχυρά δικηγορικά γραφεία στην Ουάσιγκτον, με ειδίκευση σε θέματα που αφορούν στις σχέσεις κράτους και επιχειρήσεων. Συμβουλεύει τους πελάτες του για νομοθετικά και ρυθμιστικά θέματα φορολογίας, υγειονομικής περίθαλψης, εμπορίου και τηλεπικοινωνιών. Θεωρείται ευρέως ως ένας από τους πλέον αποτελεσματικούς και ικανούς δικηγόρους στην Ουάσιγκτον, λόγω της δυνατότητάς του να αναλύει τις επιλογές των πελατών του, να αναπτύσσει στρατηγικές και να παρουσιάζει τις θέσεις των πελατών του ενώπιον του αμερικανικού Κογκρέσου, του Λευκού Οίκου και άλλων κυβερνητικών γραφείων. Ο κ. Boggs είχε εργαστεί κατά τη διάρκεια της σταδιοδρομίας του μόνο στην Ουάσιγκτον, ενώ πριν δημιουργήσει το δικηγορικό του γραφείο, είχε τη θέση του οικονομολόγου στη Μικτή Οικονομική Επιτροπή του Κογκρέσου (Joint Economic Committee) και στο εκτελεστικό γραφείο του Προέδρου, ως συντονιστής της Εθνικής Αμυντικής Αρχής (National Defense Executive Reserve). Είναι μέλος του διοικητικού συμβουλίου της Eastern Air Lines, της Washington BanCorporation και της Chemfix Technologies Inc., ενώ συγχρόνως συμμετέχει και στο

Δημήτρης Ιωαννίδης

διοικητικό συμβούλιο του Πανεπιστημίου Georgetown. Σχεδίασε και εξασφάλισε το 1979 την έγκριση του Κογκρέσου για την κρατική δανειοδότηση της εταιρείας Chrysler ύψους $1,5 δις, τη μεγαλύτερη οικονομική υποστήριξη στην ιστορία του αμερικανικού κράτους, ενώ αντιπροσωπεύει περισσότερες από 50 εταιρείες, εμπορικούς συλλόγους, πολιτειακές αρχές και ξένες κυβερνήσεις.

Η φιλοσοφία της εταιρείας είναι απλή: «Έχουμε αναγνωρίσει πολύ πριν τους ανταγωνιστές μας, ότι και οι τρεις εξουσίες (εκτελεστική, νομοθετική και δικαστική) στις ΗΠΑ προσφέρουν ευκαιρίες για την προώθηση των εμπορικών στόχων μιας εταιρείας. Γνωρίζουμε καλά ποιες μέθοδοι είναι αποτελεσματικές, επειδή έχουμε αντιληφθεί τους κανόνες της νομοθετικής διαδικασίας, τον τρόπο λειτουργίας των κυβερνητικών οργάνων, ενώ παράλληλα διαθέτουμε και εμπειρία άνω των τεσσάρων δεκαετιών. Έχουμε επανειλημμένα ενθαρρύνει το Κογκρέσο και το γραφείο του προέδρου να προωθήσουν νέες πρωτοβουλίες ή να καταψηφίσουν αρνητικά μέτρα, έχουμε πείσει το Κογκρέσο αλλά και κάποια υπουργεία να προβούν σε αναθεωρήσεις ή σε διαφοροποιημένη ερμηνεία κανονισμών, ενώ έχουμε πείσει ακόμα και δικαστήρια να κρίνουν νομοθετικά μέτρα σύμφωνα με την κατεύθυνση του Κογκρέσου, αρκετές φορές και για νομοθεσία που εμείς προωθήσαμε να ψηφισθεί.»

Η εταιρεία προσλαμβάνει πρόσωπα που έχουν πολιτικές επαφές και είναι δημοφιλή στους κύκλους των νομικών, όπως ο στενός συνεργάτης του πρώην Προέδρου Κλίντον, Λάνη Ντέιβις (Lanny Davis), ο σύμβουλος στην εκλογική εκστρατεία του Πρόεδρου Μπους (Bush) και του Αντιπροέδρου Τσέινη (Cheney), Μπεν Γκίνσμπεργκ (Ben Ginsberg) και ο πρώην γερουσιαστής του δημοκρατικού κόμματος, Τζον Μπρουξ (John Breaux). Για το 2005, η εταιρεία απασχολούσε 400 δικηγόρους και παρουσίασε εισόδημα που υπερέβαινε τα $250 εκατομμύρια ετησίως. Περίπου $65,8 εκατομμύρια από τα συνολικά έσοδα προήλθαν από θέματα λόμπι, γεγονός που την καθιστά τη μεγαλύτερη, σε έσοδα, εταιρεία λόμπι στις ΗΠΑ. Για την περίοδο 1998-2004, είχε συνολικά έσοδα από θέματα λόμπι που ανέρχονταν σε $160.264.000. Ο πατέρας του Μπογκς εξελέγη βουλευτής στο Κογκρέσο το 1940 από την Πολιτεία της Λουϊζιάνα σε ηλικία 26 χρόνων και ανήλθε στην πολιτική ηγεσία του δημοκρατικού κόμματος σε πολύ σύντομο χρονικό διάστημα. Έγινε πρόεδρος του αμερικανικού δημοκρατικού κόμματος το 1958 και συναναστρεφόταν με ανώτατα στελέχη της αμερικανικής κυβέρνησης, με αποτέλεσμα ο γιος του να γνωρίσει από μικρή ηλικία τον Πρόεδρο Λύντον Τσόνσον (Lydon Johnson) τον Τζον Κένεντυ (John Kennedy) και τον πρόεδρο της Βουλής Σαμ Ρέιμπορν (Sam Rayburn). Ο Τόμας Μπογκς άρχισε, από τα πρώτα χρόνια της καριέρας του, να εκπροσωπεί το Πακιστάν, την Ιρλανδία, την Τουρκία και τη Νορβηγία, καθώς είχε τις διασυνδέσεις στην Ουάσιγκτον και μπορούσε να προωθήσει τα συμφέροντα των πελατών του με επιτυχία. Ο μέντοράς του στην πολιτική σκηνή ήταν ο Κλαρκ Κλίφορντ (Clark Clifford), ένας από τους πιο γνωστούς ειδικούς επί των πολιτικών διαπραγματεύσεων

113

στην Ουάσιγκτον, ικανός να χειριστεί πλειάδα θεμάτων σε συναντήσεις που πραγματοποιούσε μέσα σε ιδιαίτερα φιλική ατμόσφαιρα.

Μια μεγάλη επιτυχία στην καριέρα του Boggs κατά τη δεκαετία του 1970, ήταν η κατασκευή του αγωγού πετρελαίου στην Αλάσκα, οπότε και αντιπροσώπευσε τις κατασκευαστικές εταιρείες και τις επιχειρήσεις πετρελαίου. Στη δεκαετία του 1990, η εταιρεία Patton Boggs διαδραμάτισε σημαντικό ρόλο στην προσπάθεια ανατροπής των μεταρρυθμίσεων στο σύστημα υγείας που πρότεινε ο πρόεδρος Κλίντον, μια ήττα που προκάλεσε σοβαρό πλήγμα στο προεδρικό έργο και είχε ως συνέπεια να χάσουν οι Δημοκράτες την πλειοψηφία στην Βουλή, από τους Ρεπουμπλικάνους το 1994.

Συγκεκριμένα, παρόλο που οι εν λόγω μεταρρυθμίσεις είχαν τεράστια κοινωνική απήχηση, η εταιρεία εκπροσώπησε την Ένωση Μαχόμενων Δικηγόρων της Αμερικής, (Association of Trial Lawyers of America), η οποία ήταν αντίθετη με τον περιορισμό των ποσών που τα θύματα μπορούσαν να διεκδικούν σε περιπτώσεις ιατρικής αμέλειας. Επίσης, εκπροσώπησε τον Εθνικό Σύνδεσμο Ασφαλειών Ζωής (National Association of Life Underwriters) και τον Εθνικό Σύνδεσμο Ασφαλειών Ιατρικής Περίθαλψης (National Association of Health Underwriters), οι οποίοι ήταν αντίθετοι με την πρόταση του Πρόεδρου Κλίντον για υποχρεωτική ίδρυση κέντρων υγείας που θα επέτρεπαν στους πολίτες να προσφύγουν για την παροχή ιατρικών υπηρεσιών άμεσα, χωρίς τη συμμετοχή εταιρειών διαμεσολάβησης. Το περιοδικό «Washington Monthly» δημοσίευσε ένα άρθρο το 1995, σχετικά με το θέμα αυτό και ανάμεσα σε διάφορα σχόλια είχε και τα ακόλουθα: «Όχι μόνο η νίκη επιβεβαίωσε τη φήμη της εταιρείας Patton Boggs, αλλά η ήττα όλης της μεταρρύθμισης στο σύστημα υγείας δείχνει ότι το ζήτημα αυτό θα έρθει πάλι στην επιφάνεια μαζί με ορδές πελατών που θα θέλουν να καταβάλλουν τις υπέρογκες αμοιβές που απαιτεί η εταιρεία Patton Boggs, ώστε να την έχουν στο πλευρό τους. Η μεταρρύθμιση στο σύστημα υγείας επηρέασε σημαντικά την Patton Boggs. Το συνολικό εισόδημα της εταιρείας αυξήθηκε πάνω από 25% σε δύο χρόνια, από $49 εκατομμύρια στα $61 εκατομμύρια.»

Οι σχετικές δηλώσεις της εταιρείας αναφέρουν ότι το 2003 εκπροσώπησε κάποια τουρκική εταιρεία κινητής τηλεφωνίας, ενώ σε άλλη δήλωση του 2003 ανέφερε τα ακόλουθα: «Η εταιρεία διερεύνησε το νομοθετικό σώμα και τα εκτελεστικά όργανα του αμερικανικού κράτους, σε σχέση με επιχειρησιακά ζητήματα που αφορούν την Τουρκία», ενώ η συνολική αμοιβή της δεν ξεπερνούσε την περίοδο αυτή τις $10.000 δολάρια. Η δήλωση του 2004 αναφέρει την ίδια τουρκική εταιρεία κινητής τηλεφωνίας, με τη μόνη διαφορά ότι το ποσό της αμοιβής ήταν περίπου $40.000 δολάρια. Από παλαιότερες δηλώσεις προκύπτει ότι είχε εκπροσωπήσει το Τουρκικό κράτος το 1997, με συνολική αμοιβή $999.970,00, ενώ η δήλωση δεν αναφέρει λεπτομέρειες σχετικές με τα θέματα που προώθησε για λογαριασμό της Τουρκίας, κατά την περίοδο αυτή.

2. Η Εταιρεία Δημοσίων Σχέσεων Livingstone Group, LLC[118]

Η εταιρεία Λίβινγκστον Γκρουπ δημιουργήθηκε το Μάρτιο του 1999, με κύριο στόχο την εξυπηρέτηση των πελατών της στην προώθηση δημοσίων υποθέσεων, στη δημιουργία σχέσεων με κυβερνητικά στελέχη και στην ανάπτυξη δραστηριότητας λόμπι. Επίσης, λειτουργεί ως σύμβουλος σε θέματα δημοσίων σχέσεων και στρατηγικής υποστήριξης συνασπισμών στον κυβερνητικό μηχανισμό.

Ο ιδρυτής της, Ρόμπερτ Λίβινγκστον (Robert Livingston) εξελέγη στη Βουλή των Αντιπροσώπων το 1977 και ήταν ο πρώτος Ρεπουμπλικάνος που προήλθε από την Πολιτεία της Louisiana μετά από 102 χρόνια. Κατά τη διάρκεια της κοινοβουλευτικής του καριέρας, συμμετείχε σε πολλές επιτροπές στο Κογκρέσο και δημιούργησε την εταιρεία δημοσίων σχέσεων «The Livingston Group» αμέσως μετά τη λήξη της θητείας του το 1999. Σήμερα, είναι μια από τις μεγαλύτερες στην Ουάσιγκτον σε θέματα λόμπι, και εκπροσωπεί την κυβέρνηση της Τουρκίας για αρκετά χρόνια. Ένα πρώην μέλος του κοινοβουλίου ανέφερε: «*Ο Λίβινγκστον προσέφερε στην Τουρκική Πρεσβεία συμβουλές που είχαν στρατηγική σημασία και ο ίδιος προσωπικά, ζήτησε από τους πρώην συνεργάτες του να υποστηρίξουν την Τουρκία [...]ενώ άλλοι λομπίστες θα έμεναν στάσιμοι. Μόνο λίγοι μπορούν να έχουν αυτές τις φιλικές επαφές με μέλη του Κογκρέσου...*» Ο βουλευτής Ζακ Γουάμπ (Zach Wamp) ανέφερε χαρακτηριστικά: «*Δεν υπάρχει αμφιβολία ότι ο λόγος που δέχθηκα να συζητήσω και να τους καλωσορίσω (κυβερνητικά στελέχη της Τουρκίας) είναι, επειδή ήταν με τον Λίβινγκστον [...] Είμαι περισσότερο διαθέσιμος να τους ακούσω, γιατί δέχτηκε να τους αντιπροσωπεύσει και αυτό τους δίνει την απαραίτητη αξιοπιστία.*»

Αν και ο κ. Λίβινγκστον έφυγε από το Κογκρέσο το 1999, μετά από κατηγορίες για μοιχεία, κατάφερε μέσα στον πρώτο χρόνο της καριέρας του ως λομπίστας να αμειφθεί με περισσότερα από $1,1 εκατομμύρια. Το ποσό δεν είναι ευκαταφρόνητο, καθώς υπάρχει σχετική νομοθεσία που απαγορεύει την άμεση επαφή βουλευτών με τους πρώην συναδέλφους τους, για ένα χρόνο μετά την αποχώρησή τους από το Κογκρέσο, όταν ο σκοπός της επαφής είναι η άσκηση επιρροής για διαμόρφωση της νομοθεσίας. Μετά την περίοδο αυτή, το εισόδημά του ανήλθε στα $4,8 εκατομμύρια ετησίως, ενώ για το 2004 η εταιρεία είχε εισοδήματα που ξεπερνούσαν τα $7.920.000 από θέματα λόμπι. Την περίοδο 1998-2004, τα συνολικά έσοδα της εταιρείας υπερέβησαν τα $25.700.000. Πηγή (Center for public integrity-**www.publicintegrity.org**).

Η εταιρεία υπερασπίζεται επίσης, τα συμφέροντα της κυβέρνησης του Μαρόκο και άλλων ξένων κρατών. Την περίοδο μεταξύ 2000-2004, η Τουρκία κατέβαλε ως αμοιβή στην εταιρεία περισσότερα από $11 εκατομμύρια και θεωρείται ένας από τους καλύτερους πελάτες της, αφού τα τελευταία δύο χρόνια, το 25% του ετήσιου προϋπολογισμού της προέρχεται από αυτήν. Η οργάνωση Public Citizen ερεύνησε της δραστηριότητες της εταιρείας σε δύο συγκεκριμένα θέματα:

A. Το πακέτο οικονομικής βοήθειας στην Τουρκία που ανέρχεται σε $1 δις.

Την άνοιξη του 2003, αμέσως μετά την εκδήλωση της αναμενόμενης εχθρότητας των ΗΠΑ εναντίον της Τουρκίας, λόγω της άρνησής της να επιτρέψει στα αμερικανικά στρατεύματα να χρησιμοποιήσουν τα τουρκικά εδάφη για την εισβολή στο Ιράκ, προωθήθηκε στο Κογκρέσο κάποιο νομοθετικό μέτρο που θα σταματούσε τη συμπληρωματική βοήθεια στην Τουρκία ύψους $1 δις. Μια εξέταση των πρακτικών που υπάρχουν βάσει της νομοθεσίας FARA (που απαιτεί την κατάθεση δηλώσεων), αποκαλύπτει ότι λίγες ημέρες πριν από την ψηφοφορία, ο κ. Λίβινγκστον χρησιμοποίησε την επιρροή και τις διασυνδέσεις του για να επηρεάσει, όχι μόνο πρώην συναδέλφους του στο Καπιτώλιο, αλλά και κορυφαία στελέχη της αμερικανικής προεδρικής ομάδας. Ο κ. Λίβινγκστον και μέλη του προσωπικού του ήρθαν σε επαφή με τα μέλη και το προσωπικό της κοινοβουλευτικής επιτροπής χρηματοδότησης (House Appropriations Committee), στην οποία ο ίδιος παλαιότερα προήδρευε, με την επιτροπή Διεθνών Σχέσεων, με την επιτροπή της Γερουσίας σε θέματα αμυντικών δαπανών και με την επιτροπή προϋπολογισμού της Βουλής. Επίσης, επικοινώνησε με τον πρόεδρο της Βουλής των Αντιπροσώπων, Dennis Hastert (ρεπουμπλικάνος από την Πολιτεία του Illinois) και συνόδευσε τον πρέσβη της Τουρκίας σε μια στρατηγικής σημασίας επίσκεψη στο Καπιτώλιο. Ωστόσο, η εκστρατεία λόμπι δε σταμάτησε εκεί. Η έρευνα στα αρχεία της νομοθεσίας FARA δείχνει ότι ο κ. Λίβινγκστον και οι άνθρωποί του επικοινώνησαν με τους συνεργάτες του αντιπρόεδρου Dick Cheney και με κάποιον υφυπουργό για πολιτικά θέματα. Οι επαφές του και η επιτυχία του να προσεγγίσει πρόσωπα που κατείχαν θέσεις κλειδιά, ήταν εμφανείς κατά τη διάρκεια της ψηφοφορίας της πρότασης για τον τερματισμό της πρόσθετης βοήθειας στην Τουρκία του $1 δις, στις 3 Απριλίου του 2003. Η πρόταση καταψηφίσθηκε από 315 βουλευτές, ενώ μόνο 110 την υποστήριξαν. Το 2003 η Τουρκία πλήρωσε στην εταιρεία του κ. Λίβινγκστον $1,8 εκατομμύρια.

B. Η διαμάχη για την αναγνώριση της Γενοκτονίας των Αρμενίων.

Το 2003 κατατέθηκε στη Βουλή των Αντιπροσώπων ένα νομοσχέδιο που θα αναγνώριζε επισήμως τη Γενοκτονία των Αρμενίων κατά την περίοδο 1915-1923. Πάνω από 1,5 εκατομμύρια Αρμένιοι, γυναίκες και παιδιά σφά-

χτηκαν από τους Οθωμανούς Τούρκους την περίοδο εκείνη. Η Τουρκία, μια ισχυρή και στρατηγικά σημαντική σύμμαχος των ΗΠΑ, έχει αντιδράσει επανειλημμένα σε προσπάθειες αναγνώρισης της Αρμενικής Γενοκτονίας. Ο βουλευτής Adam Schiff από την Πολιτεία της Καλιφόρνια, του οποίου η εκλογική περιφέρεια περιέχει μια αρκετά ισχυρή αρμενική παροικία, προώθησε το σχετικό νομοσχέδιο H.R. 193, το 2003, απαιτώντας την επίσημη αναγνώριση της γενοκτονίας από το αμερικανικό Κογκρέσο. Ωστόσο, χάρη στις ικανότητες του κ. Λίβινγκστον που είναι ο σημαντικότερος λομπίστας της Τουρκίας, το νομοσχέδιο δεν προχώρησε. Το θέμα επανήλθε στα μέσα Ιουλίου του 2004, όταν ξαφνικά ο βουλευτής Schiff δήλωσε ότι σκόπευε να προσθέσει μια τροποποίηση στο γενικό προϋπολογισμό του κράτους για τις Εξωτερικές Δραστηριότητες, σύμφωνα με την οποία θα απαγορευόταν στην Τουρκία να ασκήσει δραστηριότητα λόμπι κατά του νομοσχεδίου, που θα αναγνώριζε τη Γενοκτονία των Αρμενίων, χρησιμοποιώντας την αμερικανική οικονομική βοήθεια. Αν και η προσπάθεια αυτή είχε περισσότερο συμβολικό χαρακτήρα, εφόσον ήδη υπήρχε σχετική απαγορευτική εντολή για τη χρηματοδότηση προσπαθειών λόμπι, ο βουλευτής Schiff ήθελε απλά, να αναγνωρίσει το Κοινοβούλιο τη Γενοκτονία. Αμέσως μόλις ο κ. Λίβινγκστον πληροφορήθηκε για την εν λόγω τροπολογία του βουλευτή Schiff, η εταιρεία του, Livingston Group, κινήθηκε ταχύτατα προς όλες τις κατευθύνσεις. Σύμφωνα με τα αρχεία που τηρούνται βάσει της νομοθεσίας FARA, ήρθε σε επαφή με μέλη και υψηλόβαθμα στελέχη 20 γραφείων του Κοινοβουλίου, όπως τον πρόεδρο της Βουλής, Hastert και τον αρχηγό του ρεπουμπλικανικού κόμματος στο Κοινοβούλιο, Tom DeLay. Μέσα σε δύο ημέρες ο κ. Λίβινγκστον και οι λομπίστες της εταιρείας του τηλεφώνησαν στο γραφείο του αντιπρόεδρου Cheney, στο Εθνικό Συμβούλιο Ασφαλείας, στο Στέιτ Ντιπάρτμεντ και σε κάποιον υποδιευθυντή του Υπουργείου Άμυνας. Παρόλες τις προσπάθειες, το νομοσχέδιο πέρασε από την αρχική ψηφοφορία. Μετά την πρώτη ψηφοφορία, ο κ. Λίβινγκστον επενέβη προσωπικά και ήρθε σε επαφή με το γραφείο του Cheney, του Hastert και του DeLay. Την ίδια στιγμή, οι Hastert, Delay και ο βουλευτής από την Μοντάνα, Roy Blunt, προέβησαν σε δηλώσεις, εκφράζοντας τη δυσαρέσκειά τους από την πρόταση του βουλευτή Schiff και αναφέροντας ότι η σχετική τροποποίηση δε θα περνούσε στην διακομματική επιτροπή. Αργότερα, ο βουλευτής Schiff δήλωσε: «Το Τουρκικό λόμπι έχει τεράστια δύνα-

*μη και επίδραση. Δυστυχώς, η ηγεσία του Κοινοβουλίου
λύγισε κάτω από την πίεση του Τουρκικού λόμπι.»*

3. Η λομπίστας Lydia Borland

Η Τουρκία χρησιμοποιεί για σειρά ετών τη σύμβουλο δημοσίων σχέσεων Λύδια Μπόρλαντ (Lydia Borland), η οποία τελευταία συνεργάζεται με την εταιρεία του κ. Λίβινγκστον (Livingston), με στόχο τη δημιουργία επαφών με κυβερνητικά στελέχη και την παροχή πληροφόρησης σχετικά με την Τουρκία. Η συνεργασία αυτή επίσης, επεκτείνεται και σε άλλους τομείς όπως το λόμπι, η ανάπτυξη προσβάσεων σε κυβερνητικά γραφεία και η υπεράσπιση συγκεκριμένων ζητημάτων μέσα από δημόσιες σχέσεις.

Διαθέτει αρκετά χρόνια εμπειρίας στο δημόσιο και τον ιδιωτικό τομέα, στις διεθνείς σχέσεις επιχειρησιακής ανάπτυξης, καθώς και στις κυβερνητικές σχέσεις. Η κ. Μπόρλαντ έχει οργανώσει εκστρατείες για την εξασφάλιση χρηματοδότησης και την προώθηση ευνοϊκής νομοθεσίας για τους Αμερικανούς και ξένους πελάτες της με μεγάλη επιτυχία. Έχει επίσης σημαντική εμπειρία στην προώθηση εμπορικών στόχων και στην ανάπτυξη αγορών, βοηθώντας τις επιχειρήσεις που την προσλαμβάνουν να εξασφαλίσουν συνεργασίες με μεγάλες πολυεθνικές επιχειρήσεις. Βοηθάει αμερικανικές επιχειρήσεις να αναπτύξουν εμπορικές δραστηριότητες, κυρίως στην Τουρκία και στο Αζερμπαϊτζάν, όπως επίσης και ξένες επιχειρήσεις να εισχωρήσουν στην αμερικανική αγορά. Η κ. Μπόρλαντ είναι αναπληρώτρια εκτελεστική διευθύντρια του εμπορικού επιμελητηρίου του Αζερμπαϊτζάν και μέλος της εκτελεστικής Επιτροπής του Αμερικανοτουρκικού Συμβουλίου.

Είναι η εκπρόσωπος του Αμερικανοτουρκικού Εμπορικού Επιμελητηρίου (Turkish-U.S. Business Council-DEIK) στην Ουάσιγκτον, το οποίο αποτελείται από 100 περίπου τουρκικές επιχειρήσεις και επιδιώκει να βελτιώσει το διμερές εμπόριο και τη βιομηχανική συνεργασία μεταξύ της Τουρκίας και των Ηνωμένων Πολιτειών. Η εταιρεία της ονομάζεται Κάσπιαν Γκρουπ (Caspian Group) και είναι αυτή που διοργανώνει το ετήσιο συνέδριο του Συμβουλίου, το οποίο έχει ως στόχο τη δημιουργία επαφών μεταξύ Τούρκων και Αμερικανών επιχειρηματιών. Επίσης, η κ. Μπόρλαντ σχεδιάζει και προγραμματίζει επισκέψεις τουρκικών αντιπροσωπειών στις ΗΠΑ, διοργανώνει διαλέξεις, συζητήσεις και συνεδριάσεις με ανώτατα στελέχη της κυβέρνησης και εκπροσώπους του ιδιωτικού τομέα στην Αμερική. Η ίδια επίσης, ανέπτυξε ένα ειδικό πρόγραμμα που προωθεί το εμπόριο και τις επενδύσεις μεταξύ της αμερικανικής περιοχής των Αππαλαχίων και της Τουρκικής κυβέρνησης. Το πρόγραμμα υποστηρίζεται από το Γερουσιαστή Ρόμπερτ Μπερτ (Robert Byrd), το Υπουργείο Εμπορίου, την Υπηρεσία Περιοχής Αππαλαχίων, το Αμερικανοτουρκικό Εμπορικό Επιμελητήριο και πολλούς άλλους φορείς.

Στο θέμα της γενοκτονίας των Αρμενίων, η κ. Μπόρλαντ παρακολουθεί από πολύ κοντά όλες τις διαδικασίες στο Κογκρέσο που αφορούν στα τουρκικά συμφέροντα. Παραδειγματικά αναφέρω το ηλεκτρονικό μήνυμα που η κ. Μπόρλαντ έστειλε σε διάφορες τουρκικές οργανώσεις για την πρόταση που κατέθεσε στο Κογκρέσο ο βουλευτής της Νέας Υέρσέη (New Jersey) Φρανκ Παλλόνε (Frank Pallone), στις 30 Ιανουαρίου του 2007, καλώντας την κυβέρνηση να αναγνωρίσει τη γενοκτονία. Με τίτλο «Αρμενική πρόταση κατατέθηκε», η κ. Μπόρλαντ γράφει στο μήνυμα: «Δεν έχει αριθμό ακόμα. Κατατέθηκε σήμερα το πρωί».

4. Η Εταιρεία Δημοσίων Σχέσεων «The Cohen Group»[120]

Ο Γουίλιαμ Κόεν (William S. Cohen) ήταν υπουργός Άμυνας των ΗΠΑ την περίοδο 1997-2001, δηλαδή κατά την δεύτερη θητεία του Προέδρου Κλίντον. Δημιούργησε την εταιρεία «The Cohen Group», μόλις εγκατάλειψε την πολιτική του καριέρα και σήμερα είναι σύμβουλος της Τουρκίας σε διάφορα θέματα. Ο κ. Κόεν δηλώνει ότι, οι λόγοι που τον ώθησαν να δημιουργήσει την εταιρεία και να προσλάβει το υψηλόβαθμο προσωπικό που απασχολεί σήμερα η εταιρεία, συνοψίζονται στα εξής: «Η επιτυχία της Αμερικής δεν κρίνεται μόνο στον εσωτερικό της χώρο, αλλά η χώρα επενδύει στην καλύτερη άμυνα, διατηρεί τους συμμάχους της, δημιουργεί νέες φιλίες και είναι ένα κράτος που ανταγωνίζεται επιτυχώς και στη διεθνή αγορά. Η διατήρηση της ανταγωνιστικότητάς μας στις διεθνείς αγορές είναι μια πρόκληση που αφορά στη βελτίωση της εκπαίδευσης μέσα από καινοτόμες δράσεις, όπως επίσης και την υποστήριξη των επιχειρήσεων που δραστηριοποιούνται στη διεθνοποιημένη αγορά.»

Η εταιρεία προσφέρει τις ακόλουθες υπηρεσίες:

Α. Συμβουλευτική υποστήριξη σε θέματα ηγεσίας των εταιρειών και πρακτική βοήθεια στο μάρκετινγκ και σε θέματα ελέγχων. Συγκεκριμένα:

• Παρέχει συμβουλές σε επιχειρήσεις και σε πολιτικές ομάδες, σχετικά με εξελίξεις και τάσεις που θα μπορούσαν να έχουν επιπτώσεις στον πελάτη, προσφέροντάς του ένα ανταγωνιστικό πλεονέκτημα στην εκμετάλλευση των ευκαιριών και την αποφυγή άσκοπων ενεργειών.

• Προσδιορίζει, αξιολογεί πιθανές αγορές και αναλύει τους πολιτικούς, νομικούς και ρυθμιστικούς παράγοντες που πιθανόν να επηρεάζουν τη δυνατότητα του πελάτη να εισέλθει και να λειτουργήσει επιτυχώς σε μια συγκεκριμένη αγορά.

• Επιχειρεί να δημιουργήσει διαύλους επικοινωνίας με τους πολιτικούς, επιχειρηματικούς και οικονομικούς ηγέτες που θα μπορούσαν να βοηθήσουν τον πελάτη να δημιουργήσει και να ενισχύσει το δικό του δίκτυο στην αγορά.

• Υποστηρίζει τον πελάτη με πρακτικές μεθόδους σε θέματα επιχειρησιακής ανάπτυξης και συνεργάζεται στενά με τη διοίκηση της επιχείρησής του, προκειμένου να προσδιορίσουν από κοινού τις ευκαιρίες και ακολούθως να αυξηθεί η κερδοφορία τους.

B. Σε θέματα συναλλαγών, η εταιρεία ασχολείται με την αύξηση κεφαλαίων και τη διεξαγωγή επιτυχών διαπραγματεύσεων. Συγκεκριμένα, στον τομέα αυτό η εταιρεία:

• Συνεργάζεται με τους πελάτες που ενδιαφέρονται για ευκαιρίες σχετικές με την αγορά ή την πώληση εταιρειών, αναλαμβάνοντας την ανεύρεση τέτοιων περιπτώσεων.

• Αναλύει τα δυνατά σημεία και τα ανταγωνιστικά πλεονεκτήματα της επιχείρησης στη συγκεκριμένη αγορά βασιζόμενη στην εμπειρία του προσωπικού της εταιρείας και στις ποικίλες επαφές της.

Πρόεδρος της εταιρείας είναι ο πρώην υπουργός Άμυνας Γουίλιαμ Κόεν, ο οποίος έχει έντονη παρουσία στην αμερικανική πολιτική σκηνή για πολλά χρόνια. Η επαγγελματική του πορεία είναι ιδιαίτερα αξιόλογη, καθώς για πρώτη φορά στην ιστορία του κράτους ένας πρόεδρος (ο Κλίντον) διόριζε ως μέλος της κυβέρνησής του, βουλευτή εκλεγέντα από την αντίπαλη πολιτική παράταξη. Διετέλεσε ως βουλευτής την περίοδο 1973-1979 και εκλεγόταν γερουσιαστής με το ρεπουμπλικανικό κόμμα από το 1979 μέχρι το 1997, από την Πολιτεία του Μέιν. Από την αρχή της καριέρας του αναδείχτηκε ως ένας από τους «μελλοντικούς» ηγέτες των ΗΠΑ, περιλαμβανόμενος το 1974 στην λίστα των 200 του περιοδικού Time. Ως νέο μέλος στη Βουλή των Αντιπροσώπων, επιφορτίστηκε με το έργο της Δικαστικής Επιτροπής του Κογκρέσου, η οποία την εποχή εκείνη χειριζόταν το θέμα της μομφής κατά του Προέδρου Νίξον. Ασχολήθηκε με την προώθηση των στοιχείων κατά του Προέδρου Νίξον στα τηλεοπτικά μέσα ενημέρωσης και ήταν ένας από αυτούς που ψήφισε για την αποπομπή του Νίξον.

Το 1978 κέρδισε τις εκλογές για την ανάδειξη των μελών της Γερουσίας και πολύ σύντομα επιλέχτηκε ως πρόεδρος δύο ισχυρών υποεπιτροπών, των Ενόπλων Δυνάμεων και των Κυβερνητικών Υποθέσεων. Η πρώτη ήταν αρμόδια για την αγορά πολεμικών πλοίων και αεροπλανοφόρων, με έναν προϋπολογισμό δις, ενώ συγχρόνως είχε την ευθύνη για την αμερικανική πολιτική σε θέματα ασφάλειας στην ανατολική Ασία, τη Μέση Ανατολή και τον Περσικό Κόλπο. Η δεύτερη ήταν αρμόδια για την τροποποίηση των διαδικασιών που ακολουθεί το αμερικανικό κράτος για τις προμήθειές του. Διετέλεσε πρόεδρος της Επιτροπής Συντάξεων της Γερουσίας και προώθησε σημαντικές αλλαγές στα κυβερνητικά προγράμματα υγειονομικής περίθαλψης για τους ηλικιωμένους. Για μια δεκαετία ήταν μέλος της Επιτροπής μυστικών υπηρεσιών, ενώ για πέντε χρόνια ήταν αντιπρόεδρός της, έχοντας την επιτήρηση ενός μεγάλου προϋπολογισμού που αφορούσε στην προηγμένη τεχνολογία του κράτους.

Η εμπειρία που διέθετε ήταν το κριτήριο που οδήγησε στην επιλογή του για την επιτροπή που ερεύνησε το θέμα Ιράν-Κόντρα. Η εμπειρία του σε διεθνή θέματα είναι πολύ σημαντική, καθώς συμμετείχε σε πολλούς σχετικούς οργανισμούς. Ως Υπουργός Άμυνας, κατάφερε να ανατρέψει την πτωτική τάση των αμυντικών προϋπολογισμών που άρχισαν στη δεκαετία του 1980, πέτυχε τον εκσυγχρονισμό των ενόπλων δυνάμεων και τη διατήρηση της ετοιμότητάς τους, ενώ ανέκοψε τη μείωση στρατολόγησης προσφέροντας καλύτερους μισθούς και επιδόματα. Κατά τη διάρκεια της θητείας του, οι ΗΠΑ έστειλαν στρατεύματα στο Κόσσοβο και τη Σερβία, διενεργώντας ουσιαστικά τη μεγαλύτερη εκστρατεία εναέριου πολέμου, μετά το Δεύτερο Παγκόσμιο Πόλεμο.

Αντιπρόεδρος της εταιρείας είναι ο Μαρκ Γκρόσμαν, (Marc Grossman) πρώην υφυπουργός εξωτερικών (2001-2005) και Πρέσβης στην Τουρκία κατά την περίοδο 1994-1997. Μετά την τρομοκρατική επίθεση της 11ης Σεπτεμβρίου, ο υφυπουργός Γκρόσμαν ήταν υπεύθυνος για τις διπλωματικές προσπάθειες καταπολέμησης της διεθνούς τρομοκρατίας, καθώς και για τις στρατιωτικές εκστρατείες στο Αφγανιστάν και στο Ιράκ. Διετέλεσε αναπληρωτής υπουργός στα θέματα της Ευρώπης από το 1997 έως το 2000 και είχε την ευθύνη για την τοποθέτηση 4.000 υπαλλήλων του Στέιτ Ντιπάρτμεντ, σε θέσεις που το συνολικό κόστος υπερέβαινε τα $1,2 δις. Κατά τη θητεία του, ως Πρέσβη στην Τουρκία, προώθησε θέματα συνεργασίας μεταξύ των δύο χωρών, ανθρωπίνων δικαιωμάτων και δημοκρατικών θεσμών, ενώ παράλληλα επεδίωκε μια ισχυρή αμερικανοτουρκική οικονομική σχέση. Την περίοδο 1989-1992 διηύθυνε το γραφείο επαφής της αμερικανικής πρεσβείας στην Τουρκία. Έχει βραβευθεί και τιμηθεί αρκετές φορές για το έργο του στο Στέιτ Ντιπάρτμεντ και εξακολουθεί να συμμετέχει σε πολλές επιτροπές διαφόρων μη κερδοσκοπικών οργανισμών.

Αντιπρόεδρος της εταιρείας είναι ο απόστρατος στρατηγός Τζόσεφ Ράλστον (Joseph W. Ralston), πρώην ανώτατος διοικητής του ΝΑΤΟ την περίοδο 2000-2003. Κατά τη διάρκεια αυτής της θητείας, ο κ. Ράλστον συνέβαλε στην εδραίωση της ειρήνης, της ασφάλειας και της εδαφικής ακεραιότητας των εθνών-μελών του ΝΑΤΟ, έχοντας υπό τη διοικητική εποπτεία του περίπου 65.000 στρατεύματα του ΝΑΤΟ και 39 κρατών που συμμετείχαν στις στρατιωτικές δυνάμεις στη Βοσνία-Ερζεγοβίνη, στο Κόσσοβο και στα Σκόπια. Διετέλεσε διοικητής των αμερικανικών δυνάμεων στην Ευρώπη (2000-2003), έχοντας την ευθύνη για 93 κράτη και επιβλέποντας τις στρατιωτικές επιχειρήσεις στο Βόρειο Ιράκ, τη Μεσόγειο και άλλες περιοχές. Την περίοδο 1996-2000 ήταν αναπληρωτής διοικητής της κεντρικής στρατιωτικής εξουσίας, κατέχοντας τη δεύτερη ιεραρχική θέση και επιβλέποντας όλα τα προγράμματα του Υπουργείου Άμυνας. Έχει σημειώσει μια αξιόλογη καριέρα στο στρατό με περισσότερες από 2.500 ώρες πτήσεων σε πολεμικά αεροπλάνα και πάνω από 147 ένοπλες αεροπορικές επιθέσεις στο Λάος και στο Βόρειο Βιετνάμ. Είναι μέλος στα διοικητικά συμβούλια των εταιρειών Lockheed Martin, The Timken Company και URS Corporation. Το Σεπτέμβριο του 2006, ο πρόεδρος Μπους τον διόρισε ως ειδικό απεσταλμένο για την αντιμετώπιση του Εργατικού Κόμματος του Κουρδιστάν (PKK), μιας οργάνωσης που οι ΗΠΑ, η Ευρώπη και η Τουρκία έχουν ανακηρύξει ως τρομοκρατική.

Ανώτατο στέλεχος της εταιρείας είναι ο Πωλ Κέρν (Paul J. Kern), ο οποίος αποστρατεύτηκε το 2004 από τον αμερικανικό στρατό με το βαθμό του στρατηγού, μετά από 40 χρόνια καριέρας. Κατά τη διάρκεια της θητείας του, ήταν υπεύθυνος για τον εκσυγχρονισμό του στρατού και είχε υπό την εποπτεία του προσωπικό που ξεπερνούσε τα 50.000 άτομα και σχετίζονταν με θέματα τροφοδοσίας, εξοπλισμού και μείωσης εξόδων. Ήταν υπεύθυνος για τις διαδικασίες παραγωγής πυρομαχικών, υιοθέτησε τους προσδιορισμούς ραδιοσυχνοτήτων και διαχειρίστηκε την προμήθεια προηγμένου εξοπλισμού στις πρώτες γραμμές, διαδικασίες που, όπως φαίνεται, ασκούν σημαντικό ρόλο στο Ιράκ. Τον Ιούνιο του 2004, ο τότε υπουργός Άμυνας, Ντόναλντ Ράμσφελντ, (Donald Rumsfeld) όρισε το στρατηγό Κερν ως υπεύθυνο για να ερευνήσει τις κακοποιήσεις στις φυλακές Αμπού Γράμπ στο Ιράκ. Είχε μια μακρόχρονη θητεία σε θέματα στρατιωτικών εξοπλισμών και έχει αναλάβει σημαντικές θέσεις, στις οποίες χειριζόταν αυτά τα θέματα. Έχει λάβει πολλά βραβεία, έχει τιμηθεί από αμερικανικές και ξένες οργανώσεις, διδάσκει σε πολλά πανεπιστήμια και κατέχει θέσεις στα διοικητικά συμβούλια των εταιρειών EDO Corporation και iRobot Corporation.

Ο Τζέιμς Λόι (James M. Loy) είναι επίσης ανώτατο στέλεχος της εταιρείας και πρώην αναπληρωτής υπουργός στο Υπουργείου Εθνικής Ασφάλειας (2003-2005). Έχει υπηρετήσει 45 χρόνια στο δημόσιο τομέα και συνταξιοδοτήθηκε από τη θέση του αναπληρωτή υπουργού έχοντας εργαστεί για την ενοποίηση 22 υπουργείων και υπηρεσιών υπό τη ηγεσία του Υπουργείου Εθνικής Ασφάλειας. Πριν καταλάβει τη θέση αυτή, είχε εργαστεί στο Υπουργείο Μεταφορών ως υπεύθυνος για θέματα ασφάλειας, ενώ παράλληλα ήταν και διευθυντής της Υπηρεσίας Προστασίας Μεταφορών. Αποστρατεύτηκε το 2002 ως Ναύαρχος της Υπηρεσίας Προστασίας Ακτών, στην οποία διετέλεσε γενικός διευθυντής προσωπικού, κατά την περίοδο 1996-1998. Έχει βραβευτεί πολλές φορές για τις υπηρεσίες και το έργο του και είναι μέλος των διοικητικών συμβουλίων των εταιρειών Lockheed Martin, L-1 Solutions, Inc. και Rivada Networks, Inc.

5. Η Εταιρεία Δημοσίων Σχέσεων «The Abernathy MacGregor Group»[121]

Η Τουρκία έχει χρησιμοποιήσει στο παρελθόν και την εταιρεία δημοσίων σχέσεων Abernathy MacGregor. Πρόκειται για μια σύγχρονη εταιρεία που συμβουλεύει τους πελάτες της σε θέματα επενδύσεων, επικοινωνίας, συναλλαγών, προσφοράς κεφαλαίων, δημοσίων σχέσεων, διαχείρισης κρίσεων και πτωχεύσεων. Τα μέλη της εταιρείας ειδικεύονται σε θέματα εσωτερικής επικοινωνίας, ενώ κάποια από αυτά διαθέτουν ειδικές δεξιότητες σε νομικά και εταιρικά θέματα, με έμφαση στη στρατηγική και τον προγραμματισμό, στα μέσα μαζικής ενημέρωσης και στη λειτουργία τραπεζικών και χρηματοδοτικών οργανισμών. Η δομή της εταιρείας είναι τέτοια, ώστε ο πελάτης να έχει πρόσβαση σε όλα τα τμήματά της και αντιπροσωπεύει τις μεγαλύτερες εταιρείες στον κόσμο όπως την Polo Ralph Lauren Corp., τη Russian Standard Company, τη Viacom, τη Vodafone Group plc, πολλές τράπεζες, ξενοδοχειακές επιχειρήσεις, χαλυβουργικές και άλλες χρηματιστηριακές εταιρείες.

Πρόεδρος της εταιρείας είναι ο Τζέιμς Αμπερνάθυ (James L. Abernathy), πρώην στέλεχος της εταιρείας ABC, υπεύθυνος για θέματα επιχειρήσεων, δημοσίων σχέσεων, διαφήμισης, εξωτερικών επικοινωνιών και επενδύσεων. Πριν από την εταιρεία ABC, ήταν για 2 χρόνια αντιπρόεδρος, αρμόδιος για θέματα δημοσίων σχέσεων στην εταιρεία Γουόρνερ (Warner Communications Inc.) και για 6 χρόνια, υπεύθυνος πάλι για τις δημόσιες σχέσεις, στην εταιρεία CBS. Αντιπρόεδρος και ένα από τα ιδρυτικά στελέχη, είναι ο Τζέιμς Μακγκρέκορ (James T. MacGregor), υπεύθυνος για θέματα αντιμετώπισης κρίσεων, στρατηγικής και επενδυτικών σχέσεων. Διαθέτει σημαντική εμπειρία σε θέματα συγχώνευσης εταιρειών και έρευνας παραπτωμάτων και συνεργάζεται με πελάτες που απασχολούνται στον τραπεζικό, ασφαλιστικό και βιομηχανικό τομέα. Έχει εργαστεί στην ABC ως αντιπρόεδρος, για 10 χρόνια και νωρίτερα στην εφημερίδα The Wall Street Journal ως επιμελητής εκδόσεων. Η εταιρεία δήλωσε, ότι το 1996 εργάστηκε για το γραφείο του πρωθυπουργού της Τουρκίας με συνολική αμοιβή $430.000 και το πρώτο εξάμηνο του 1997 η αμοιβή ξεπέρασε το ποσό των $360.000.

6. Η Εταιρεία Δημοσίων Σχέσεων «Fleishman-Hillard»[122]

Η εταιρεία δημοσίων σχέσεων Fleishman-Hillard, είναι επίσης μία από τις εταιρείες που απασχόλησε η Τουρκία στο παρελθόν. Σε δήλωσή της, αναφέρει ότι το 1996 αντιπροσώπευσε το Τουρκικό κράτος, έχοντας λάβει ως συνολική αμοιβή $1.275.165, ενώ για το πρώτο εξάμηνο του 1997 η αμοιβή ξεπέρασε το ποσό των $962.500. Διατηρεί γραφεία σε πολλά κράτη και θεωρείται μια από τις καλύτερες εταιρείες δημοσίων σχέσεων παγκοσμίως. Στον τομέα των κυβερνητικών σχέσεων, έχει άμεση επαφή με την κυβέρνηση και άλλα σημαντικά επιτελεία, ενώ η παρουσία της είναι εμφανής σε όλες τις πολιτείες, όπου αναπτύσσει σχέσεις και συνεργασίες σε όλα τα επίπεδα. Προσλαμβάνει στελέχη, τα οποία έχουν ήδη στενές συνεργασίες με ανώτατα κυβερνητικά στελέχη, πρώην πολιτικούς, ενώ στο δυναμικό της περιλαμβάνονται σύμβουλοι, όπως ο πρώην πρόεδρος της Βουλής των Αντιπροσώπων, Newt Gingrich, ο πρώην γενικός διευθυντής του Λευκού Οίκου, Leon Panetta και ο πρώην Υπουργός Εμπορίου Mickey Kantor.

Γνωρίζει αρκετά καλά τις διάφορες διαδικασίες και πως αυτές μπορούν να επηρεάσουν τα συμφέροντα των πελατών τους και έχει τη δυνατότητα να κινητοποιήσει τους στρατηγικούς συμμάχους της την κατάλληλη στιγμή. Με την αξιοποίηση των δημοσίων σχέσεων που έχει σε διάφορα επίπεδα, με τη διαφημιστική εκστρατεία και τις δραστηριότητες που αναπτύσσονται σε επίπεδο ψηφοφόρων, η εταιρεία έχει επιτύχει τους στόχους που συνήθως θέτουν οι πολυεθνικές εταιρείες, οι μη κερδοσκοπικές οργανώσεις και οι κυβερνητικές αντιπροσωπείες. Έχει χειριστεί μερικά από τα πιο κρίσιμα θέματα δημόσιας πολιτικής, όπως την προστασία του περιβάλλοντος, την ενέργεια και τους φυσικούς πόρους, την υγειονομική περίθαλψη, τη βιοτεχνολογία, την ασφάλεια τροφίμων, τη βιομηχανία μεταποίησης αγροτικών προϊόντων, την ασφάλεια του κράτους, την αεροπορία, την τεχνολογία, την προστασία προσωπικών δεδομένων, την τριτοβάθμια εκπαίδευση και το διεθνές εμπόριο.

7. Το Αμερικανοτουρκικό Συμβούλιο «American-Turkish Council»-ATC[123]

Το Αμερικανοτουρκικό Συμβούλιο (American-Turkish Council) είναι μια μη κερδοσκοπική ένωση επιχειρήσεων που δημιουργήθηκε το 1994, με σκοπό την προώθηση του εμπορίου μεταξύ της Τουρκίας και των ΗΠΑ και τη συνεργασία σε θέματα άμυνας και πολιτιστικών σχέσεων. Δημιουργήθηκε από τη συνένωση δύο άλλων τουρκικών οργανώσεων στις ΗΠΑ, του Τουρκικού γραφείου του Αμερικανικού Εμπορικού Επιμελητηρίου (U.S. Chamber of Commerce) και των Αμερικανών Φίλων της Τουρκίας (American Friends of Turkey). Από την άλλη πλευρά, στην Τουρκία, υπάρχει το Αμερικανοτουρκικό Επιμελητήριο (Turkish-U.S. Business Council) που είναι παράρτημα της τουρκικής οργάνωσης Οικονομικών Σχέσεων (Foreign Economic Relations Board-DEIK), μιας ένωσης που αποτελείται από 9 ιδιωτικές οργανώσεις και η οποία δημιουργήθηκε με σκοπό την προώθηση των οικονομικών συναλλαγών της Τουρκίας σε διεθνές επίπεδο.

Η DEIK περιλαμβάνει στους κόλπους της συνολικά 66 εμπορικά επιμελητήρια, με μεγαλύτερο και πιο ισχυρό το Αμερικανοτουρκικό Επιμελητήριο στην Τουρκία. Η ATC λειτουργεί ως το αντίστοιχο όργανο της DEIK στις ΗΠΑ, με στόχο την ενημέρωση της αμερικανικής κοινής γνώμης για τη σπουδαιότητα της στρατηγικής συμμαχίας μεταξύ των Ηνωμένων Πολιτειών και της Τουρκίας, την προβολή της ιστορίας, του πολιτισμού και των παραδόσεων των δύο λαών. Επίσης, προωθεί προγράμματα που αφορούν στην επίλυση των τουρκικών θεμάτων και στοχεύει στην ενίσχυση του διαλόγου μεταξύ κυβερνητικών αντιπροσωπειών και του ιδιωτικού τομέα.

Εδώ και μερικά χρόνια, πρόεδρος του Διοικητικού Συμβουλίου της ATC είναι ο Μπρεντ Σκόουκροφτ (Brent Scowcroft), πρώην σύμβουλος Εθνικής Ασφαλείας των προέδρων Φορντ και Μπους. Την περίοδο 1982-1989, ήταν αντιπρόεδρος της εταιρείας Kissinger Associates Inc., μιας διεθνούς εταιρείας συμβούλων και δημοσίων σχέσεων. Από αυτή τη θέση, ο κ. Σκόουκροφτ είχε την ευκαιρία να συμβουλεύσει και να βοηθήσει ανώτατα στελέχη μεγάλων εταιρειών σε διεθνή επενδυτικά προγράμματα, σε κοινοπραξίες, στρατηγικούς προγραμματισμούς και αξιολόγηση κινδύνων. Μετά από 29 χρόνια καριέρας στον αμερικανικό στρατό, αποστρατεύθηκε και συνεχίζει να συμμετέχει σε διάφορες επιτροπές που αξιολογούν τις ένοπλες δυνάμεις.

Πρόεδρος της ATC είναι ο πρώην πρέσβης Τζον Χολμς (John H. Holmes). Την περίοδο 1999-2002, διετέλεσε πρέσβης της Αμερικής στη Λετονία και από το 1995 μέχρι το 1998, ήταν ο απεσταλμένος του Προέδρου για θέματα βοήθειας στην Κεντρική και Ανατολική Ευρώπη, έχοντας την ευθύνη για τα σχετικά προγράμματα σε 14 Ευρωπαϊκά κράτη, ενώ συγχρόνως ανέλαβε ηγετικό ρόλο στην προσπάθεια ανασυγκρότησης της Βοσνίας και της Κροατίας. Την περίοδο 1992-1995 υπηρέτησε ως διευθυντής της πρεσβείας στην Άγκυρα και από το 1988 μέχρι το 1992 διετέλεσε επίσης διευθυντής του γραφείου που είναι αρμόδιο στο Στέιτ Ντιπάρτμεντ για την πολιτική των σχέσεων με την Ευρώπη. Η καριέρα του στο Υπουργείο Εξωτερικών είχε αρχίσει το 1967 και έχει υπηρετήσει στο Πακιστάν, τη Νέα Ζηλανδία και τη Νορβηγία.

Ανώτατος Αντιπρόεδρος του Συμβουλίου είναι ο Τζορτζ Πέρλμαν (George H. Perlman) της εταιρείας Lockheed Martin, ενώ μέλη του διοικητικού συμβουλίου είναι πρώην ανώτατα στελέχη των αμερικανικών ενόπλων δυνάμεων και των μεγαλύτερων αμερικανικών εταιρειών παραγωγής πολεμικού εξοπλισμού. Για παράδειγμα, ειδικοί σύμβουλοι και μέλη του Δ.Σ. της ATC, είναι οι απόστρατοι στρατηγοί Έλμερ Πέντλετον (Elmer D. Pendleton), Ρόναλντ Ουάιτχεντ (Ronald L. Whitehead), ο Τζον Μίλερ (John R. Miller) της εταιρείας Ρέιθιον «Raytheon», ο Τσαρλς Τζόνσον της Μπέικερ Ντόνελσον, «Baker Donelson», ο Ερθαν Αταϊ (Erthan Atay) της Ουάσιγκτον Γκρουπ Ιντερνάσιοναλ «Washington Group International», ο Τέρενς Μπέντφορντ (Terence Bedford) της «Raymond James International Holdings», ο Άλαν Κόλεγκροβ (Alan Colegrove) της «Northman-Grumman Corporation», ο Ρίτσαρντ Ντάγκλας (Richard Douglas) της «General Electric», η Κάρολην Λαμ (Carolyn B. Lamm) του δικηγορικού γραφείου «White & Case», ο Τζόσεφ Μακάντριου (Joseph McAndrew) της Μπόινγκ «The Boeing Company», ο Γκρέκορι Σόντερς (Gregory Saunders) της «BP» και ο Ρόμπερτ Γουίντερ (Robert Winter) της εταιρείας δημοσίων σχέσεων «Arnold & Porter».

Η ATC διαθέτει επίσης και την Εκτελεστική Επιτροπή (Executive Committee), η οποία είναι εξίσου πλαισιωμένη από ανώτατα στελέχη εταιρειών και απόστρατους αξιωματικούς του αμερικανικού στρατού. Για το έτος 2007, η επιτροπή απαρτίζεται από επιφανείς μάνατζερ μεγάλων τουρκικών εταιρειών, ενώ συγχρόνως συμμετέχουν στην ομάδα και οι ακόλουθοι: η Ελισάβετ Έβερυ (Elizabeth Avery) της εταιρείας «PepsiCo, Inc.» η Λύδια Μπόρλαντ (Lydia Borland) του οργανισμού «DEIK» και της εταιρείας δημοσίων σχέσεων του Ρόμπερτ Λίβινγκστον, ο Κερν Έβερετ Μπρίγκς (Kern Everett Briggs) της φαρμακευτικής εταιρείας «Eli Lilly» (www. lilly.com), ο Άντυ Μπάτον (Andy Button) της «The Boeing Company», ο Λέναρτ Κόντον (Leonard Condon) και ο Ρίτσαρντ Ντάγκλας (Richard K. Douglas) της «General Electric», η Σούζαν Ντουβάλ (Suzanne Duvall) της

Lobby Power (Η δύναμη του Λόμπι)

«Washington Group International», η Σέρι Γκράντζιαν (Sherry Grandjean) της εταιρείας παραγωγής ελικοπτέρων «UT/Sikorsky», ο Τσαρλς Χάρτμαν (Charles Hartmann) της «Alarko Holding», ο απόστρατος συνταγματάρχης Πρέστον Χιους (Preston Hughes), ο Άλαν Λούκενς (Alan W. Lukens) της «Alvensa», ο Ντανιέλ Μαρτζ (Daniel Martz) της φαρμακευτικής εταιρείας «Pfizen», ο Τζόσουα Μίκεσελ (Joshua Mikesell) της εταιρείας πετρελαίων «Chevron», ο Ντόναλντ Νέλσον (Donald Nelson) της «Aitria Group Inc.» και ο πρώην πρέσβης Μαρκ Πάρις (Mark Parris) της «Baker Donelson».

Η ίδια οργάνωση (ATC) περιλαμβάνει επίσης τη Συμβουλευτική Επιτροπή, στην οποία ανήκουν ο Engin Artemel της «Artemel International» (www.artemel.com) και ο πρώην προσωπάρχης του Λευκού Οίκου, Σάντι Μπέργκερ (Samuel R. Berger). Ο κ. Μπέργκερ ήταν σύμβουλος σε θέματα εξωτερικής πολιτικής, κατά την πρώτη θητεία του Πρόεδρου Κλίντον, ενώ υπήρξε και συνεργάτης του κατά τη διάρκεια της προεκλογικής του εκστρατείας. Διαθέτει σημαντική εμπειρία σε θέματα εξωτερικής πολιτικής, αφού έχει χειριστεί πολύπλοκα ζητήματα κατά τη διάρκεια της θητείας του στο Στέιτ Ντιπάρτμεντ. Τα άλλα μέλη της ομάδας αυτής, είναι ο Ντάγκ Μπέρετερ (Doug Bereuter) της «Asia Foundation» και ο πρώην υπουργός Άμυνας, Φρανκ Καρλούτσι (Frank Carlucci) της εταιρείας «The Carlyle Group». Η εταιρεία «Carlyle» είναι μια από τις πιο γνωστές στον κόσμο σε θέματα επενδύσεων και διαχειρίζεται συνολικά πάνω από $54,5 δις σε θεσμικά κεφάλαια, επικεντρωνόμενη κυρίως σε αμυντικά και διαστημικά προγράμματα, στις αυτοκινητοβιομηχανίες και τις μεταφορικές εταιρείες, στον ενεργειακό και βιομηχανικό κλάδο και σε επιχειρήσεις τηλεπικοινωνιών και ΜΜΕ. Ο πρώην Υπουργός Άμυνας, Καρλούτσι συγκατοικούσε με τον πρώην Υπουργό Άμυνας Ντόναλντ Ράμσφελντ, όταν φοιτούσαν στο πανεπιστήμιο του Πρίνστον και εργάστηκε στο Στέιτ Ντιπάρτμεντ από το 1956 έως το 1969. Ήταν υφυπουργός Υγείας και Πρόνοιας στην περίοδο της προεδρίας του Νίξον και πρέσβης στην Πορτογαλία από το 1974 έως το 1977. Στη συνέχεια, διορίστηκε ως Υποδιευθυντής της CIA από το 1978 έως το 1981, διετέλεσε υφυπουργός Άμυνας την περίοδο 1981-1983, σύμβουλος εθνικής ασφάλειας από το 1986 μέχρι το 1987 και υπηρέτησε ως Υπουργός Άμυνας το 1987, όταν παραιτήθηκε ο Κάσπερ Ουαίνμπεργκερ. Στις 5 Ιανουαρίου του 2006, συμμετείχε σε μια συνάντηση στο Λευκό Οίκο, με πρώην υπουργούς Εξωτερικών και Άμυνας, για να συζητήσουν θέματα εξωτερικής πολιτικής με στελέχη της κυβέρνησης Μπους.

Άλλα μέλη της επιτροπής αυτής είναι ο Ρίτσαρντ Χόλμπρουκ, αντιπρόεδρος της εταιρείας «Perseus, LLC», μια τράπεζα με υποκαταστήματα στην Ουάσιγκτον, στη Νέα Υόρκη, στο Μόναχο και στο Νέο Δελχί. Από την έναρξή της, το 1995, η εταιρεία έχει επενδύσει σε πολυάριθμες συναλλαγές κεφαλαιαγοράς στις Ηνωμένες Πολιτείες, τον Καναδά και τη δυτική Ευρώπη. Διαχειρίζεται έξι επενδυτικά κεφάλαια που ξεπερνούν συνολικά το $1,3 δις, ενώ έχει προωθήσει πρόσφατα και ένα έβδομο κεφάλαιο. Επιπλέον, διαχειρίζεται από κοινού με άλλη εταιρεία, ένα κεφάλαιο $449

Δημήτρης Ιωαννίδης

εκατομμυρίων το οποίο αφορά αποκλειστικά τις επιχειρήσεις βιολογικών επιστημών. Ο Ρίτσαρντ Χόλμπρουκ ήταν πρέσβης στα Ηνωμένα Έθνη και μέλος της κυβερνητικής ομάδας του προέδρου Κλίντον, την περίοδο 1999-2001. Κατά τη θητεία του ως υφυπουργού εξωτερικών την περίοδο 1994-1996, πρωτοστάτησε στις εργασίες για τη σύνταξη και υπογραφή της συνθήκης του Ντέιτον το 1995, δυνάμει της οποίας κηρύχθηκε το τέλος του πολέμου στη Βοσνία. Εργάστηκε ως απεσταλμένος του προέδρου Κλίντον, για το κυπριακό και διετέλεσε πρέσβης στη Γερμανία το 1993 και το 1994. Την περίοδο 1977-1981, ήταν υφυπουργός εξωτερικών αρμόδιος για τα θέματα της Ανατολικής Ασίας και του Ειρηνικού και είχε την ευθύνη των σχέσεων με την Κίνα, την εποχή που ομαλοποιούνταν οι σχέσεις των δύο κρατών, δηλαδή το Δεκέμβριο του 1978.

Στην επιτροπή συμμετέχει και ο Ντάνκαν Μακντόναλντ (Dunkan MacDonald) της εταιρείας «InterGenEnka», ο Τζέρεμη Μόργκαν (Jeremy Morgan) της φαρμακοβιομηχανίας «Eli Lilly», ο απόστρατος στρατηγός Τζόσεφ Ράλστον (Joseph Ralston) της εταιρείας δημοσίων σχέσεων του πρώην υπουργού Άμυνας Κόεν, (The Cohen Group), ο Ρόναλντ Σίνγκερ (Ronald Singer), και ο δικηγόρος Ουίλιαμ Ταφτ (William Taft, IV) της εταιρείας «Fried», (Frank, LLC με έδρα την Ουάσιγκτον). Ο κ. Ταφτ διορίστηκε νομικός σύμβουλος στο Στέιτ Ντιπάρτμεντ το 2001, από τον πρόεδρο Μπους και έχει ειδικότητα στις κρατικές συμβάσεις και στο διεθνές εμπόριο. Την περίοδο 1989-1992 ήταν ο μόνιμος αντιπρόσωπος στο ΝΑΤΟ, από το 1984 μέχρι το 1989 διετέλεσε αναπληρωτής Υπουργός Άμυνας και από το 1981 μέχρι το 1984 υπήρξε νομικός σύμβουλος του Υπουργείου Άμυνας. Μέλη της Επιτροπής είναι και οι βουλευτές Ρόμπερτ Ουέξλερ (Robert Wexler) και Εντ Ουίτφιλντ (Ed Whitfield).

Η εταιρεία δημοσίων σχέσεων του πρώην Υπουργού Άμυνας Κόεν εκπροσωπείται στη συμβουλευτική επιτροπή της ATC και από την Κρίστιν Βικ (M. Christine Vick), ενώ ο Ντένης Βάγκνερ (Dennis Wagner) αντιπροσωπεύει την εταιρεία παραγωγής πολεμικού υλικού «United Defense – BAE Systems». Πρόκειται για μια διεθνή επιχείρηση, η οποία δραστηριοποιείται στην ανάπτυξη, την παράδοση και την υποστήριξη προηγμένων συστημάτων άμυνας. Ειδικότερα, σχεδιάζει, κατασκευάζει και υποστηρίζει στρατιωτικά αεροσκάφη, πολεμικά οχήματα, πλοία επιφάνειας, υποβρύχια, ραντάρ, ηλεκτρονικά συστήματα αεράμυνας, επικοινωνιών και καθοδηγημένων όπλων. Πρωτοπορεί στην τεχνολογία εδώ και πολλά χρόνια και βρίσκεται στην πρώτη γραμμή της καινοτομίας, προκειμένου να αναπτύξει την επόμενη γενεά των έξυπνων αμυντικών συστημάτων. Η εταιρεία απασχολεί σχεδόν 100.000 άτομα, και οι ετήσιες πωλήσεις της ξεπερνούν τα $25 δις.

Η ATC προσφέρει διάφορες μορφές συμμετοχής για τα μέλη της. Στην πρώτη κατηγορία, η ετήσια συνδρομή κοστίζει $11.000 και μέλη της είναι οι ακόλουθες πολυεθνικές εταιρείες: «Alarko» (www.alarko.com.tr), «Altria» (PhilipMorris/SA www.altria.com), «BAE Systems» www.baesystems.com,

127

«Bechtel Corporation» (www.bechtel.com), «Chevron» (www.chevron. com), «Citigroup» (www.citigroup.com), «Eli Lilly» (www.lilly.com), «Enka» (www.enka.com), «Frito Lay» (www.fritolay.com), «General Electric» (www.ge.com), «Lockheed Martin» (www.lockheedmartin.com), «Motorola Inc.» (www.motorola.com), «Northrop-Gruman International» (www.northropgrumman.com), «Pepsi» (www.pepsi.com), «Pfizer Inc.» (www.pfizer.com), «PSEG Global» (www.pseg.com), «Raymond James International» (www.raymondjames.com), «Raytheon Company» (www. ray-theon.com), «The Boeing Company» (www.boeing.com), «The Coca-Cola Company» (www.cocacola.com), «United Technologies Corporation» (Sikorsky), (www.sikorsky.com), «Washington Group International» (www.wgint.com) και η εταιρεία «Whitehead Group».

Στην δεύτερη κατηγορία, η ετήσια συνδρομή είναι $4.000 και μέλη της είναι οι ακόλουθες αμερικανικές εταιρείες: «Arnold & Porter» (www. arnoldporter.com), «BP» (www.bp.com), «Cisco Systems» (www.cisco. com), «Cohen Group» (www.cohengroup.com), «CPS» (www.cpsag. com), General Dynamics Corporation» (www.generaldynamics.com), «Hyatt Regency» (www.hyatt.com), «IDC Defense Industries», Kallman Worldwide (www.kallman.com), «Livingston, Solomon & Solarz» (www. livingstongroupdc.com), «Medtronics, Inc.» (www.medtronic.com), «Rockwell Collins International» (www.rockwellcollins.com), «Pratt & Whitney» (www.pw.utc.com), «Preston Hughes, Textron» (www.textron. com), «THY» (www.thy.com) και το δικηγορικό γραφείο «White & Case» (www.whitecase.com). Διατηρώντας δικηγορικά γραφεία σε πολλές πόλεις ανά τον κόσμο, συμπεριλαμβανομένης και της Άγκυρας, η εταιρεία «White & Case» έχει δηλώσει στο παρελθόν ότι έχει αντιπροσωπεύσει την κεντρική τράπεζα της Τουρκίας.

Μέλη της οργάνωσης είναι και πολλά ακαδημαϊκά κέντρα μελέτης της εξωτερικής πολιτικής, όπως τα Ινστιτούτα Σμισθόνιαν, Ουάσιγκτον και Αϊζενχάουερ, το Κέντρο Στρατηγικών και Διεθνών Ερευνών, το Ινστιτούτο Μπρούκινγκς και το **Εβραϊκό Ινστιτούτο Υποθέσεων Εθνικής Ασφαλείας**. Επίσης, συμμετέχουν τα πανεπιστήμια, Τζωρτζ Ουάσιγκτον, Τζορτζτάουν, Κεντ Στέιτ, Χάνοβερ, Πόρτλαντ Στέιτ και το πανεπιστήμιο του Σικάγο.

Στην ομιλία του, στο ετήσιο συνέδριο της ΑΤC, το Μάρτιο του 2001, ο Πωλ Γούλφοβιτς, πρόεδρος της Παγκόσμιας Τράπεζας, πρώην υφυπουργός Άμυνας του πρώην Προέδρου Μπους την περίοδο 2001-2005 και ο εμπνευστής για πολλούς, της επίθεσης στο Ιράκ, είπε τα ακόλουθα:

> *Θέλω να συγχαρώ το Αμερικανοτουρκικό Συνέδριο*
> *για την επέτειο των 20 χρόνων. Σήμερα, όσο ποτέ άλλοτε,*
> *χρειαζόμαστε οργανισμούς, όπως την ATC, που αντιλαμ-*
> *βάνονται τη σημασία της συνεργασίας μεταξύ της Τουρ-*
> *κίας και της Αμερικής, όχι μόνο για τις δικές μας χώρες,*
> *αλλά για όλο τον κόσμο. Στο Υπουργείο Άμυνας, οι προ-*
> *σπάθειες με τους Τούρκους συνεταίρους μας σκοπούν*

*στην οικοδόμηση της ασφάλειας. Αυτή η ασφάλεια απο-
τελεί το θεμέλιο για περαιτέρω ευημερία που τόσο επιθυ-
μούμε όλοι όσοι βρισκόμαστε σε αυτή την αίθουσα και η
οποία δεν αφορά μόνο στα συμφέροντα των Τούρκων
και των Αμερικανών, αλλά αφορά όλο τον κόσμο. Σήμε-
ρα, διανύουμε μια περίοδο σημαντικών αλλαγών και εξε-
λίξεων στη διεθνή σκηνή. Θέλω να επισημάνω, ότι το τέ-
λος του Ψυχρού Πολέμου έχει αναδείξει την Τουρκία, από
μια χώρα που απλώς είχε τεράστια στρατηγική σημα-
σία [...] στη μόνη χώρα με τεράστια στρατηγική σημα-
σία. Όμως, αυτή η στρατηγική σημασία, έχει σήμερα δι-
αφορετικό περιεχόμενο από αυτό που είχε κατά τη διάρ-
κεια του Ψυχρού Πολέμου. Η Τουρκία έχει το πλεονέκτημα,
το οποίο κάποιοι μπορεί να θεωρούν και μειονέκτημα, ότι
βρίσκεται στο σταυροδρόμι τόσων πολλών διεθνών αντι-
μαχόμενων παρατάξεων. Σήμερα, η Τουρκία αποτελεί τον
κρίκο για την οικοδόμηση μιας Ευρώπης αδιαίρετης, δη-
μοκρατικής και ειρηνικής, ένα όραμα που ήταν μάλλον
φανταστικό 20 χρόνια πριν. Είναι επίσης, το κλειδί για την
επίτευξη της ειρήνης στη νοτιοανατολική Ευρώπη και για
τη διατήρησή της στην περιοχή της Μαύρης Θάλασσας.
Είναι, τέλος η γεφύρωση του χάσματος μεταξύ της δύ-
σης και του ισλαμικού κόσμου. Πράγματι, η Τουρκία εί-
ναι αναντικατάστατη. Οι Ηνωμένες Πολιτείες το καταλα-
βαίνουν αυτό καλά.*

Στην ομιλία που προσφώνησε ο πρώην Υπουργός Άμυνας, Γουί-
λιαμ Κόεν, στο ετήσιο συνέδριο της ΑΤC, το Μάρτιο του 2000, είπε μετα-
ξύ άλλων:

*Έχουμε από τη μια πλευρά ένα νέο και θαρραλέο
κόσμο και από την άλλη ένα θλιβερό κόσμο. Αυτό που
πρέπει να κάνουμε, είναι να χτίσουμε και να ενισχύσου-
με τις συνεργασίες με εκείνες τις χώρες, όπως η Τουρκία,
που αποτελούν περιφερειακά κέντρα στρατηγικής σημα-
σίας για την ασφάλεια της Μέσης Ανατολής. Σας αρέ-
σει να ακούτε τους μεσίτες ακινήτων, να μιλούν για τα
τρία σημαντικότερα πράγματα στην αξία ενός ακινήτου:
κατάλληλη τοποθεσία, κατάλληλη τοποθεσία, κατάλλη-
λη τοποθεσία. Η Τουρκία βρίσκεται σε σταυροδρόμι, σε
ένα σημαντικό σημείο που είναι στην πρώτη γραμμή της
ιστορίας. Και το μόνο που πρέπει να κάνετε είναι να πάτε
εκεί, στην Άγκυρα ή στην βάση της Πολεμικής Αεροπο-
ρίας στο Ινσιρλίκ, όπου μπορούμε να δούμε μερικά από
τα στρατεύματά μας που εκτελούν το σχέδιο «Βόρεια Επι-
χείρηση». Πηγαίνετε στην Κωνσταντινούπολη, και όπως
έλεγα στο τραπέζι πριν, μόλις πάτε στην Κωνσταντινού-*

πόλη, οι πιθανότητες να επιστρέψετε στην Άγκυρα είναι μειωμένες. Τι όμορφη, όμορφη πόλη. Η Τουρκία είναι ένας σύνδεσμος ζωτικής σημασίας που ενώνει τη Ρωσία, την κεντρική Ασία και τον Καύκασο και γεφυρώνει το χάσμα μεταξύ του δυτικού και του ισλαμικού κόσμου. Καμία άλλη χώρα δεν βρίσκεται σε αυτή τη θέση, για να μπορεί να επιτύχει αυτό το μεγάλο σκοπό. Θέλω επίσης, να επαινέσω την Τουρκία για το γεγονός ότι έχει τείνει, με θάρρος, χείρα συνεργασίας προς το Ισραήλ, μια χώρα που βρίσκεται σε ιδιαίτερα επικίνδυνη περιοχή και εξαρτάται από την υποστήριξη ποικίλων παραγόντων. Βεβαίως, η Τουρκία είναι γενναία για να μπορεί να δημιουργήσει σχέσεις συνεργασίας στο διπλωματικό, οικονομικό και στρατιωτικό πεδίο. Αυτή η διαρκώς ενισχυόμενη σχέση, μπορεί να οδηγήσει ακόμη και στην εδραίωση της σταθερότητας που είναι τόσο σημαντική για το μέλλον της Μέσης Ανατολής. Στο Αιγαίο, επιτρέψτε μου να πω, στα ερείπια εκείνων των σεισμών που όλοι είδαμε τον περασμένο χρόνο, υπήρξε ένα λουλούδι που αναδύθηκε, αυτό της ελπίδας. Εκείνες οι πράξεις ανθρωπιστικής βοήθειας εξάλειψαν τόσα χρόνια εχθρότητας μεταξύ των δύο χωρών. Ενθαρρύνομαι από αυτό που συμβαίνει μεταξύ της Ελλάδας και της Τουρκίας σήμερα, καθώς επίσης και από το γεγονός ότι δεσμεύονται όλο και περισσότερο στις διμερείς συζητήσεις, ενώ εμείς από την πλευρά μας μπορούμε να διαδραματίσουμε έναν εποικοδομητικό ρόλο στην επίλυση του προβλήματος στην Κύπρο. Είναι σημαντικό για την ασφάλεια της περιοχής. Και θέλω να επαινέσω και πάλι την Τουρκία, καθώς κι εκείνους τους Έλληνες ηγέτες που είναι πρόθυμοι να παραμερίσουν την παλιά έχθρα και να προσπαθήσουν να βρουν τους τρόπους, με τους οποίους θα οικοδομηθεί η ειρήνη στο μέλλον. Ένα άλλο ζήτημα που θέλω να συζητήσω, είναι η συνεργασία μας για την κατασκευή του μαχητικού αεροπλάνου Joint Strike Fighter. Θα αναγγελθεί αργότερα από τον Αμερικανό πρεσβευτή στην Τουρκία, Μαρκ Πάρρις, ότι η Τουρκία έχει προσκληθεί σήμερα για να συμμετάσχει στην ανάπτυξη αυτού του μαχητικού αεροσκάφους. Πρόκειται να είναι ένα από τα καλύτερα αεροσκάφη που έχουμε κατασκευάσει μέχρι στιγμής. Θέλω να πω για άλλη μια φορά, ότι η συμμετοχή της Τουρκίας σε αυτό το πρόγραμμα θα την τοποθετήσει στην πρώτη γραμμή της προσπάθειας για την οικοδόμηση της ασφάλειας και της σταθερότητας στη Μέση Ανατολή [...] Θα ολοκληρώσω εκφράζοντας τη βαθιά εκτίμησή μου για αυτό που έχει επιτύχει το Αμερικανοτουρκικό Συμβούλιο, για αυτό που αντιπροσωπεύ-

ετε και για το ρόλο που επιτελείτε, ώστε οι δύο χώρες να έρθουν πιο κοντά η μία στην άλλη, μέσα από μια ισχυρή σχέση και μια κοινή προσπάθεια για να ανοικοδομήσουμε έναν ασφαλέστερο κόσμο για όλους μας.

Η ATC εργάζεται σε θέματα που αφορούν στην Τουρκία και χρησιμοποιεί τα άτομα που συμμετέχουν στο διοικητικό συμβούλιο, προκειμένου να προωθήσει τις θέσεις της στην αμερικανική κυβέρνηση. Το Σεπτέμβριο του 2005, ο πρόεδρος της ATC, Μπρεντ Σκόουκροφτ, έστειλε μια επιστολή προς τον πρόεδρο της Βουλής, ώστε να διακόψει τη διαδικασία ενός ψηφίσματος στο Κογκρέσο για τη γενοκτονία των Αρμενίων. *«Οτιδήποτε και να αποφασίζει ξεχωριστά ο καθένας για την ουσία αυτών των ψηφισμάτων, είναι σημαντικό να σημειωθεί ποιες είναι οι πραγματικές παγκόσμιες συνέπειες της υιοθέτησής τους. Όταν η Γαλλική Βουλή ψήφισε έναν παρόμοιο νόμο, το θέμα κόστισε στη Γαλλία πάνω από $1 δις από ακυρώσεις διαφόρων συμβάσεων, ενώ απώλεσε και πολλές επιχειρησιακές ευκαιρίες. Η υιοθέτηση του όρου γενοκτονία, θα διακινδυνεύσει τη δυνατότητά μας να επιτύχουμε τους στρατηγικούς μας στόχους σε σχέση με την Τουρκία και την ευρύτερη περιοχή. Επιπλέον, είναι πολύ πιθανό να διακυβεύονται συμφέροντα πολλών επιχειρήσεων που είναι μέλη της οργάνωσής μας, αν ψηφισθεί μια νομοθεσία με αυτό το περιεχόμενο. Το Αμερικανοτουρκικό Συμβούλιο πιστεύει ότι τα γεγονότα που αναφέρονται στα ψηφίσματα 195 και 316 είναι για τους ιστορικούς και όχι για τους πολιτικούς. Δυστυχώς όμως, αυτά τα ψηφίσματα διατυπώνουν με νομική ορολογία ζητήματα, τα οποία αμφισβητούνται ευρύτατα από μελετητές, ιστορικούς και νομικούς εμπειρογνώμονες.»*

Σε μια συνέντευξη για το περιοδικό Βάνιτι Φέαρ (Vanity Fair) το Σεπτέμβριο του 2005, η Αμερικανοτουρκάλα, Σιμπέλ Έντμοντς (Sibel Edmonds), αναφέρθηκε στο Αμερικανοτουρκικό Συμβούλιο και την επιρροή που ασκεί στην αμερικανική εξωτερική πολιτική. Η κ. Έντμοντς προσλήφθηκε από το FBI ως μεταφράστρια, λίγο μετά την τρομοκρατική επίθεση στη Νέα Υόρκη το 2001. Γνωρίζει αρκετές γλώσσες και για περίπου ένα χρόνο έκανε μεταφράσεις διαφόρων κειμένων που συνέλεγε το FBI από ποικίλες πηγές για θέματα που αφορούσαν σε τρομοκρατικές ενέργειες. Από το Δεκέμβριο του 2001 μέχρι το Μάρτιο του 2002, η κ. Έντμοντς ενημέρωσε ανώτερα στελέχη του FBI για παρατυπίες στην υπηρεσία που αφορούσαν μεταφράσεις χιλιάδων ντοκουμέντων, λόγω ανικανότητας και διαφθοράς, που αν είχαν εξερευνηθεί εγκαίρως μπορεί να είχαν αποτρέψει τα τρομοκρατικά χτυπήματα στη Νέα Υόρκη. Παρά τις επίμονες αναφορές της, το FBI την απέλυσε επειδή δεν έκανε σωστά τη δουλειά της και για παραβίαση της μυστικότητας των θεμάτων που χειριζόταν. Αν και η κ. Έντμοντς προσπάθησε να υπερασπιστεί τα δικαιώματά της και κατέθεσε αγωγή κατά του FBI, ο ανώτατος εισαγγελέας του κράτους στηρίχτηκε σε ένα παλιό θεσμικό πλαίσιο, στο οποίο σπάνια προσφεύγει το αμερικανικό κράτος, ώστε το δικαστήριο να απορρίψει τα επιχειρήματά της. Συγκεκριμένα, ο ανώτατος εισαγγελέας υποστήριξε ότι η κατάθεση της κ. Έντμοντς περιέχει μυστικά του κράτους που απειλούν την ασφάλεια της χώρας σε περίπτωση δημοσίευσής τους. Το ομοσπονδιακό δικαστήριο δέχτηκε αυτά τα επιχειρήματα και στις 6 Ιουλίου του 2004 απέρριψε την αγωγή: «Αναγνωρίζω την ανάγκη για ελεύθερη πρόσβαση στη δικαστική διαδικασία, στα πλαίσια ενός κράτους δικαίου. Όμως, το δικαστήριο καταλήγει στο συμπέρασμα ότι η κυβέρνηση έχει επικαλεστεί ορθά το απόρρητο των κρατικών υποθέσεων, εφόσον ο ανώτατος εισαγγελέας, πρόβαλε την ένσταση του απορρήτου κρίνοντας ότι συντρέχουν τα κριτήρια που απαιτεί ο νόμος για το απόρρητο των κρατικών υποθέσεων. Η μελέτη των απόρρητων εγγράφων από το δικαστήριο, αποδεικνύει ότι οι πληροφορίες που θα είχαν αποκαλυφθεί σε περίπτωση εκδικάσεως αυτής της υπόθεσης, θα έθεταν σε κίνδυνο κρατικά απόρρητα.»

Στην ίδια συνέντευξη η κ. Έντμοντς αναφέρει ότι μια συνάδελφός της στο FBI, η οποία είχε στενούς δεσμούς με το Αμερικανοτουρκικό Συμβούλιο, αρνούνταν συχνά να μεταφράσει τις μαγνητοφωνημένες συνομιλίες μεταξύ ατόμων που εργάζονταν στα γραφεία του Συμβουλίου στο Σικάγο. Το FBI είχε στόχο κάποια μέλη της ATC, καθώς επίσης και ανώτερους υπαλλήλους στο τουρκικό προξενείο στο Σικάγο, σε μια προσπάθεια των αμερικανικών μυστικών υπηρεσιών να ερευνήσουν τις δραστηριότητες της οργάνωσης. Μάλιστα σε μερικές συνομιλίες, αναφέρει η κ. Έντμοντς, μέλη της ATC συζητούσαν με το προσωπικό του τουρκικού προξενείου για τη δωροδοκία πολιτικών, ενώ μερικές συζητήσεις αναφέρονταν σε «μεγάλες αποστολές ναρκωτικών και άλλες - ποινικά κολάσιμες - πράξεις». Επίσης, η κ. Έντμοντς ανέφερε στους ανωτέρους της ότι απειλήθηκε η ζωή μελών της οικογένειάς της στην Τουρκία και ότι οι τουρκικές μυστικές υπηρεσίες ζητούσαν να παρουσιαστεί η αδελφή της για απολογία.

Το Νοέμβριο του 2006, η κ. Έντμοντς δημοσίευσε δύο άρθρα στο διαδίκτυο, σε μια προσωπική ιστοσελίδα με θέμα το τουρκικό λόμπι και τις δραστηριότητες της ATC και των συνεργατών της (www.justacitizen. com). Το δεύτερο άρθρο της, με τίτλο «Η αεροπειρατεία ενός έθνους», αναλύει πώς λειτουργεί το τουρκικό λόμπι, ποια άτομα εργάζονται για τα τουρκικά συμφέροντα και πώς γίνεται η χρηματοδότηση των εξοπλιστικών προγραμμάτων της Τουρκίας. Αξιοσημείωτο είναι το γεγονός ότι η κ. Έντμοντς παρουσιάζει μια εικόνα της τουρκικής πολιτικής που δείχνει ότι το τουρκικό κράτος χρησιμοποιεί όλα τα μέσα για να προωθήσει τα συμφέροντά του στις ΗΠΑ, συμπεριλαμβανομένων των δωροδοκιών, του εμπορίου ναρκωτικών, της πρόσληψης υψηλότατων πρώην κυβερνητικών στελεχών και στρατιωτικών. Ανεξάρτητα από την εγκυρότητα των στοιχείων, η σημερινή κατάσταση στις ΗΠΑ δείχνει ότι τα τουρκικά συμφέροντα προωθούνται με μεγάλη επιτυχία, μέσα από πρόσωπα και οργανώσεις που έχουν διασυνδέσεις με το σημερινό πολιτικό σύστημα.

Στις 14 Ιανουαρίου του 2004, ο γενικός γραμματέας του Υπουργείου Δικαιοσύνης δημοσίευσε το πόρισμα για τις καταγγελίες της κ. Έντμοντς, καταλήγοντας στο συμπέρασμα ότι το FBI δεν αντιμετώπισε με τη δέουσα σοβαρότητα το όλο θέμα και ότι οι ισχυρισμοί της τελευταίας ήταν, στην πραγματικότητα, ο σημαντικότερος παράγοντας στην απόφαση του FBI να αναστείλει τη σύμβαση εργασίας της. Στις 7 Μαρτίου του 2007, η Ένωση Ελευθερίας (Liberty Coalition) και άλλες 30 περίπου οργανώσεις που υποστηρίζουν τα βασικά δικαιώματα και τις προσωπικές ελευθερίες, έστειλε μια αίτηση προς την Επιτροπή Κυβερνητικών Παραλείψεων και Μεταρρύθμισης του Κογκρέσου, απαιτώντας την άμεση ακροαματική διαδικασία για την υπόθεση της κ. Έντμοντς.

8. Η Αμερικανοτουρκική Συνέλευση[125]

Αρχική ιδέα για τη δημιουργία της Αμερικανοτουρκικής Συνέλευσης ήταν η ανάγκη να επιτευχθεί συνοχή και συνεργασία μεταξύ των κοινωνικών και πολιτιστικών αμερικανοτουρκικών οργανώσεων στις ΗΠΑ. Κύριος στόχος της ΑΤΑΑ είναι να συνδέσει όλες τις κοινότητες και να προωθήσει τα συμφέροντά τους στην Ουάσιγκτον. Βασικά, η ΑΤΑΑ προσπαθεί να δημιουργήσει μια ενημερωμένη αμερικανοτουρκική κοινότητα που να μπορεί να βοηθήσει στην ενίσχυση των σχέσεων μεταξύ των δύο λαών και να συμμετέχει ενεργά στην προβολή μιας ισορροπημένης και πραγματικής εικόνας της Τουρκίας στις ΗΠΑ. Επίσης, στοχεύει να επιμορφώσει στελέχη της αμερικανικής κυβέρνησης, παράγοντες των ΜΜΕ, καθώς και τον αμερικάνικο λαό για θέματα που αφορούν στην Τουρκία και στους Αμερικανούς τουρκικής καταγωγής.

Η ΑΤΑΑ διοργανώνει εκπαιδευτικά σεμινάρια για τους Τούρκους που βρίσκονται στις διάφορες πολιτείες, προκειμένου να τους διδάξει πώς να αναμιχθούν ενεργά στα ζητήματα που έχουν επιπτώσεις στις αμερικανοτουρκικές σχέσεις. Επίσης, υποστηρίζει επιμορφωτικά προγράμματα και διασκέψεις για διάφορα πολιτικά, κοινωνικά και οικονομικά ζητήματα που απασχολούν την Τουρκία, οργανώνει εκδηλώσεις για τη διατήρηση της τουρκικής πολιτιστικής κληρονομιάς, καθώς και εκπαιδευτικά σεμινάρια για Αμερικανούς δασκάλους. Η ΑΤΑΑ, επιπλέον, δημοσιεύει ενημερωτικό υλικό για διάφορα ζητήματα που σχετίζονται τόσο με την Τουρκία όσο και με την αμερικανοτουρκική κοινότητα. Τα τελευταία χρόνια, ανέπτυξε επίσης μια αποτελεσματική παρουσία στο διαδίκτυο με έναν περιεκτικό ιστοχώρο και μια υπηρεσία ηλεκτρονικού ταχυδρομείου, με τη βοήθεια των οποίων ενημερώνει τακτικά τα μέλη της και άλλες ομάδες για τυχόν εξελίξεις που απαιτούν την κοινοτική δράση.

Σε καθημερινή βάση, μέλη της ΑΤΑΑ διατηρούν ένα υψηλό επίπεδο επικοινωνίας με τα μέλη της σε όλη την Αμερική, με οργανώσεις και με συγκεκριμένα πρόσωπα. Εργάζεται ως ένας άγρυπνος φρουρός της Τουρκίας παρακολουθώντας και αναλύοντας, ανελλιπώς, πληροφορίες που αφορούν στα τουρκικά θέματα. Ως σημείο αναφοράς, αλλά και πηγή πληροφοριών για την Τουρκία, η ΑΤΑΑ έχει επεκτείνει τη δράση της στο ευρύ κοινό, στους πολιτικούς αναλυτές, στον ακαδημαϊκό κόσμο και στα ΜΜΕ. Η ηγεσία της έχει στενή επαφή με τα φόρουμ για ζητήματα σχετικά με την Τουρκία και την αμερικανοτουρκική κοινότητα, και πολύ συχνά είναι η πηγή πληροφόρησης για τα κέντρα ενημέρωσης στις ΗΠΑ και στην Τουρκία. Το προσωπικό της ΑΤΑΑ και τα μέλη του διοικητικού συμβουλίου συμμετέχουν ενεργά στη δημιουργία συνασπισμών με άλλες κοινότητες. Πρόσφατα, έχει συνεργαστεί και με διάφορες αμερικανοεβραϊκές οργανώσεις, προκειμένου να προωθήσει την ενίσχυση των σχέσεων μεταξύ της Τουρκίας και του Ισραήλ. Συνεργάζεται επίσης, με άλλες εθνικές ενώσεις, για ζητήματα που επηρεάζουν τις αμερικανοτουρκικές σχέσεις και την Τουρκία και ειδικότερα με τις ομάδες εκείνες που παρακολουθούν τις εξελίξεις στον Καύκασο, τη Μέση Ανατολή και τα Βαλκάνια.

Εκτός από την τακτική συμμετοχή της σε σεμινάρια, διασκέψεις και κοινοτικές δραστηριότητες, η ΑΤΑΑ λειτουργεί επίσης ως ένα ρυθμιστικό κέντρο πληροφοριών, πάνω σε νομοθετικά ζητήματα που αφορούν στην αμερικανοτουρκική κοινότητα. Αυτός ο ρόλος αποδείχθηκε εξαιρετικά κρίσιμος το 2000, δεδομένου ότι η αμερικανοτουρκική κοινότητα αντιμετώπιζε τότε αρκετά ζητήματα που σχετίζονταν με ιστορικά γεγονότα του Τουρκικού έθνους.

Η ιστοσελίδα περιλαμβάνει τώρα και τμήμα με τις αποφάσεις του Κογκρέσου και την ψηφοφορία των μελών του, παρέχει άμεση πληροφόρηση για νομοθετικά ζητήματα, καθώς και ένα νέο ηλεκτρονικό περιοδικό που στοχεύει να ενημερώσει τους Τουρκοαμερικανούς ηγέτες της ΑΤΑΑ, αλλά και όλους όσους ενδιαφέρονται για την Τουρκία και την κοινότητά της στις ΗΠΑ. Στην ιστοσελίδα αναφέρεται ότι όλοι οι Τούρκοι στην Αμερική έχουν επωφεληθεί άμεσα και έμμεσα από το έργο της οργάνωσης στην αμερικανική πρωτεύουσα. Οι εργασίες για την οργάνωση της κοινότητας της ΑΤΑΑ σε όλη την Αμερική και ο ρόλος εκπροσώπησης που διαδραματίζει, έχουν προσδώσει σημαντικό κύρος στην παροικία, ενώ το εκπαιδευτικό έργο έχει συμβάλει στη βελτίωση των σχέσεων μεταξύ των δύο λαών. Το έργο της ΑΤΑΑ απαιτεί επαγρύπνηση πάνω σε θέματα διακρίσεων και δυσφήμισης της Τουρκίας και της παροικίας της στις ΗΠΑ, ώστε να προστατευθούν τα δικαιώματα των μελών της. Η ΑΤΑΑ λειτουργεί για να δημιουργήσει ένα καλύτερο μέλλον για τη νέα γενιά της Τουρκικής παροικίας στις ΗΠΑ.

Μέλη της ΑΤΑΑ είναι οι τουρκικές ομοσπονδίες που υπάρχουν στις διάφορες πολιτείες των ΗΠΑ και οι οποίες ξεπερνούν τις 63, ενώ το κεντρικό γραφείο βρίσκεται στην Ουάσιγκτον. Ο μη κερδοσκοπικός χαρακτήρας της οργάνωσης επιτρέπει στα μέλη της να προβούν σε αφορολόγητες δωρεές, ενώ συγχρόνως έχει προωθήσει και ένα πρόγραμμα χρηματοδότησης με διάφορες πολυεθνικές εταιρείες.

Η Συνεργασία Τουρκικών και Εβραϊκών Οργανώσεων

Εξίσου σημαντική για το Τουρκικό λόμπι είναι η στενή συνεργασία που παρατηρείται μεταξύ της Τουρκικής κυβέρνησης και των εβραϊκών οργανώσεων των ΗΠΑ. Για παράδειγμα, στην ιστοσελίδα του Εβραϊκού Ινστιτούτου Υποθέσεων Εθνικής Ασφαλείας, δημοσιεύθηκε ένα άρθρο την 1η Φεβρουαρίου 2006 με τίτλο «Η Τουρκία και το Ισραήλ συνεργάζονται σε θέματα ασφάλειας».

Η αυξανόμενη περιφερειακή αστάθεια, η διασυνοριακή τρομοκρατία και η αιώνια εχθρότητα της Ελλάδας ασκούν τεράστια πίεση στην Τουρκία. Εντούτοις, πρόσφατες εξελίξεις, συμπεριλαμβανομένων των πρωτοκόλλων που υπογράφονται μεταξύ της Τουρκίας και του Ισραήλ, δείχνουν μια θετική τροπή των θεμάτων ασφαλείας στη Μέση Ανατολή. Σχετικά με το θέμα αυτό, έγινε μια ειδική ενημέρωση για την περιοχή από το στρατηγό του τουρκικού γενικού επιτελείου, Hevik Bir, σε μια συνεδρίαση, με αξιωματούχους, σύμβουλους και μέλη της οργάνωσής μας, στις αρχές Μαρτίου του 2006, κατά τη διάρκεια στρατιωτικού ταξιδιού στο Ισραήλ, το οποίο υλοποίησε η οργάνωση [...] Η Ελλάδα βρέθηκε επίσης στο επίκεντρο της ενημέρωσης. Η μακροχρόνια σύγκρουση μεταξύ Αθήνας και Άγκυρας εντάθηκε κατά τον περασμένο χρόνο. Όπως εξήγησε ο στρατηγός, το μεγαλύτερο πρόβλημα είναι η πρόσφατη απόφαση της Ελλάδας να επεκτείνει τα χωρικά της ύδατα - από 3 σε 6 ναυτικά μίλια - στο Αιγαίο. Επειδή κάθε κράτος ελέγχει κάποια νησιά στο Αιγαίο πέλαγος, αυτή η κίνηση της Ελλάδας επεκτείνει την ελληνική κυριαρχία, σε περισσότερο από το 47% της θαλάσσιας περιοχής. Επιπλέον, η Ελλάδα έχει εκδηλώσει την πρόθεση να επεκτείνει τα χωρικά της ύδατα σε 12 ναυτικά μίλια, επιθυμία που αν ικανοποιηθεί θα έχει ως αποτέλεσμα όλη η τουρκική ναυτιλία που διέρχεται από τα Στενά του Βοσπόρου να διασχίζει τα χωρικά ύδατα της Ελλάδας, γεγονός που θα αποτελεί αιτία πολέμου [...] Το επίκεντρο της ενημέρωσης ήταν η λεπτομερής αναφορά στα νέα πρωτόκολλα ασφαλείας που υπογράφηκαν μεταξύ του Ισραήλ και της Τουρκίας. Αυτές οι κινήσεις επιβεβαιώνουν την αρχή ενός νέου περιφερειακού καθεστώτος για τα θέματα αυτά. Όπως ανέφερε ο στρατηγός Μπιρ (Bir), οι δύο χώρες συμφώνησαν να προωθήσουν:
α) μία υψηλού επιπέδου ομάδα εργασίας για να αξιολογήσει και να αναλύσει τις κοινές απειλές. Ο στρατηγός Bir εξέφρασε την ελπίδα ότι και η Ιορδανία θα προσχωρούσε σύντομα στην ομάδα αυτή. Ο Γενικός Διευθυντής του Ισραήλ στο Υπουργείο Άμυνας, Ντέιβιντ Ήβρυ (David Ivry) θα διηύθυνε την ισραηλινή πλευρά της ομάδας
β) την υπογραφή ενός πρωτοκόλλου για τη συλλογή και διανομή μυστικών πληροφοριών,

γ) την παροχή εξοπλισμού παρακολούθησης από το Ισραήλ στην Τουρκία, ώστε να μπορεί η δεύτερη να καταπολεμήσει την διείσδυση τρομοκρατικών στελεχών από τα σύνορά της με το Ιράκ και
δ) την καθιέρωση κοινών προγραμμάτων στρατιωτικών ασκήσεων και εκπαίδευσης μεταξύ της Πολεμικής Αεροπορίας και του Ναυτικού Σώματος των δύο κρατών.

Αξίζει να επισημανθεί επίσης ότι η Τουρκία και το Ισραήλ συχνά συνεργάζονται σε θέματα στρατιωτικού εξοπλισμού, γεγονός που κατακρίνεται από τις Αραβικές χώρες. Όμως, και τα δύο κράτη επωφελούνται από τις στρατιωτικές ασκήσεις και τις συνεργασίες σε τεχνικά και εκπαιδευτικά θέματα, μετά και τη διμερή στρατιωτική συμφωνία που υπέγραψαν το Φεβρουάριο του 1996. Κάθε μήνα, μια ομάδα Ισραηλινών πολεμικών αεροπλάνων κατευθύνεται στην Τουρκία για να επωφεληθεί από τον απέραντο εναέριο χώρο, στην περιοχή της Κονίας στην κεντρική Τουρκία.

Στις 18 Δεκεμβρίου του 2001, η ΑΤΑΑ έστειλε μια επιστολή προς τον Πρόεδρο Μπους, ζητώντας να αυξηθεί η βοήθεια που παρέχεται στην Τουρκία, μετά τα τρομοκρατικά χτυπήματα στη Νέα Υόρκη. Αξίζει όμως να σημειωθεί το γεγονός ότι η επιστολή υπεγράφη και από 9 εβραϊκές οργανώσεις στις ΗΠΑ, όπως την Αμερικανοεβραϊκή Επιτροπή, (American Jewish Committee), το Αμερικανοεβραϊκό Κογκρέσο (The American Jewish Congress), την Ένωση κατά της Δυσφήμισης, (Anti-Defamation League), την Οργάνωση B'nai B'rith, το Αμερικανοεβραϊκό Συνέδριο των Προέδρων (Conference of Presidents of Major American Jewish Organizations), την Οργάνωση Hadassah, το Εβραϊκό Συμβούλιο για Δημόσια Θέματα (the Jewish Council for Public Affairs), το Εβραϊκό Ινστιτούτο για υποθέσεις Εθνικής Ασφάλειας (Jewish Institute for National Security Affairs) και την Ένωση Ορθόδοξων (Orthodox Union).

Ως εβραϊκές οργανώσεις που εκπροσωπούμε την ισχυρή παρουσία των τοπικών εβραϊκών κοινοτήτων και της εθνικής μας ταυτότητας στις Ηνωμένες Πολιτείες, γράφουμε αυτή την επιστολή για να επαναλάβουμε την υποστήριξή μας προς την Τουρκία και τον τουρκικό λαό. Για άλλη μια φορά, η Τουρκία - ένα κοσμικό κράτος με μια συντριπτική μουσουλμανική πλειοψηφία - συμπαραστέκεται με αποφασιστικότητα στις Ηνωμένες Πολιτείες, σε μια κοινή προσπάθεια για την υπεράσπιση της ελευθερίας. Όπως σε κάθε σημαντική διεθνή κρίση των τελευταίων πενήντα ετών, η Τουρκία έχει λάβει αποφάσεις που υποστηρίζουν τα αμερικανικά συμφέροντα, αναγνωρίζοντας ότι τα δύο έθνη πράγματι μοιράζονται μια κοινή στρατηγική συνεργασία. Μετά τις επιθέσεις της 11ης Σεπτεμβρίου του 2001, η Τουρκία είναι ένας από τους πιο ένθερμους υποστηρικτές στην εφαρμογή του άρθρου V της

*Συνθήκης του ΝΑΤΟ. Επιπλέον, η στενή σχέση της Τουρ-
κίας με το Ισραήλ σε κοινωνικό, οικονομικό και στρατιω-
τικό επίπεδο δεν έχει διαταραχθεί καθόλου. Όμως, αυτός
ο κρίσιμος σύμμαχός μας χρειάζεται πρόσθετη οικονο-
μική βοήθεια. Όπως επισήμανε πρόσφατα ο μελετητής
του Κέντρου Στρατηγικών και Διεθνών Μελετών, Μπουλέτ
Αληρίζα (Bulent Aliriza): «Οι Τούρκοι πολιτικοί και οι πολί-
τες συνεχίζουν να ανησυχούν για τα καθημερινά αποτε-
λέσματα της συνεχιζόμενης οικονομικής κρίσης της χώ-
ρας, η οποία έχει καταστρέψει το βιομηχανικό τομέα, υπο-
βάθμισε το βιοτικό επίπεδο, επέφερε αύξηση της ανεργί-
ας, και διακυβεύει τη διεθνή οικονομική φερεγγυότητα της
Τουρκίας.» Δεν μπορεί να υποστηριχθεί με έμφαση ότι η
οικονομική κρίση της Τουρκίας έχει επιδεινωθεί ως απο-
τέλεσμα της τρομοκρατικής επίθεσης της 11ης Σεπτεμβρί-
ου, με τον τουρισμό να έχει δεχθεί μεγάλο πλήγμα. Συνε-
πώς, σας προτρέπουμε να εξετάσετε το αίτημα για πρό-
σθετη βοήθεια των Η.Π.Α προς την Τουρκία. Ανεξάρτητα
από τη μορφή που θα έχει η βοήθεια, δηλαδή αν θα πρό-
κειται για παραγραφή χρέους, για εμπορικές διευκολύν-
σεις ή περαιτέρω απαλλαγές από υποχρεώσεις προς το
Διεθνές Νομισματικό Ταμείο, πιστεύουμε ότι μια τέτοια πα-
ρέμβαση είναι επιβεβλημένη.*

Άλλη μια επιστολή υπογεγραμμένη στις 24 Οκτωβρίου του 2001, από
11 εβραϊκές οργανώσεις, απευθυνόμενη προς τα μέλη της Γερουσίας,
απαιτούσε την άρση των περιορισμών για την αμερικανική βοήθεια που
παρεχόταν στο Αζερμπαϊτζάν. Οι περιορισμοί αποφασίστηκαν από το
αμερικανικό Κογκρέσο το 1992, εξαιτίας του αποκλεισμού που επέβαλε το
Αζερμπαϊτζάν εναντίον της Αρμενίας και του Ναγκόρνο Καραμπά. Από
την ημέρα που ψηφίστηκαν τα μέτρα αυτά, το τουρκικό λόμπι - υπό την
καθοδήγηση της ΑΤΑΑ, διαφόρων πολυεθνικών εταιρειών και ενός τμή-
ματος του εβραϊκού λόμπι στις ΗΠΑ - προσπαθεί να ανατρέψει το σχετι-
κό νόμο, παρά το γεγονός ότι το Αζερμπαϊτζάν δεν προέβη σε άρση του
αποκλεισμού. Παρά τις διαμαρτυρίες της αρμενικής κοινότητας στις ΗΠΑ,
το τουρκικό λόμπι κατάφερε να πείσει το Κογκρέσο να αποσύρει τη συ-
γκεκριμένη νομοθεσία. Εξίσου ενδιαφέρον είναι το γεγονός ότι στο τεύ-
χος του Δεκεμβρίου 2001 του περιοδικού που εκδίδει η εβραϊκή οργάνω-
ση Haaretz, αναφέρεται ότι Εβραίοι απεσταλμένοι έχουν συζητήσει την
ανάγκη να ενισχυθεί η θέση της Τουρκίας, δεδομένου ότι πρόκειται για ένα
κράτος που δεν ανήκει στη φανατική μερίδα των μουσουλμανικών λαών
και υποστηρίζει τις Ηνωμένες Πολιτείες στον πόλεμο κατά της τρομοκρα-
τίας. Το άρθρο αναφέρεται σε αρκετά μέλη της αμερικανικής κυβέρνη-
σης που προωθούν καλύτερες σχέσεις με την Τουρκία, όπως τον Paul
Wolfowitz, τον Steve Hadley, τον Richard Perle και τον Marc Grossman.

Φυσικά, τα τελευταία δύο χρόνια παρατηρούμε την αντίθετη κατεύ-
θυνση στις σχέσεις Τουρκίας και Ισραήλ, ιδιαίτερα μετά την εισβολή Ισ-

ραηλινών κομάντος στο Τουρκικό πλοίο Mavi Marmara. Τον Ιούλιο του 2010, μέλη της Βουλής των Αντιπροσώπων προώθησαν ένα ψήφισμα (H.Res.1532)[126] που καλεί το Υπουργείο Εξωτερικών να διεξάγει μια έρευνα σχετικά με την τουρκική ισλαμική μη κυβερνητική οργάνωση, γνωστή ως ΙΗΗ, που ήταν ο κύριος διοργανωτής του στολίσκου που προσπάθησε να μεταφέρει περιττή ανθρωπιστική βοήθεια στη Γάζα. Το ψήφισμα, που πρότεινε η βουλευτής Ντίνα Τίτους (Dina Titus) που η οργάνωση AIPAC επίσης υποστήριξε, επιχειρούσε να ερευνήσει τον «ρόλο της ΙΗΗ στην παροχή οικονομικής, υλικοτεχνικής και βασικής υποστήριξης προς οργανώσεις που συμπεριλαμβάνονται στην λίστα ξένων τρομοκρατικών οργανώσεων στις Ηνωμένες Πολιτείες.» Ιδιαίτερα σημαντικό ήταν το γεγονός ότι ο ψήφισμα αναφέρονταν και στην ανάγκη διερεύνησης του «ρόλου ορισμένων ξένων κυβερνήσεων», συμπεριλαμβανομένης και της Τουρκίας, η οποία ίσως είχε βοηθήσει και παρακινήσει τους διοργανωτές της πρόσφατης αποστολής του στόλου προς την Γάζα, για να παραβιάσουν την ασφάλεια των παράκτιων περιοχών του Ισραήλ και να επιτεθούν στις ναυτικές δυνάμεις άμυνας του κράτους του Ισραήλ.

ΚΕΦΑΛΑΙΟ ΔΕΚΑΤΟ

Το Ελληνικό Λόμπι

Το ελληνικό λόμπι στις ΗΠΑ είναι μια ακυρολεξία που κατά καιρούς χρησιμοποιείται από πολλούς για να περιγράψει την πολιτική δράση της ελληνικής ομογένειας. Δυστυχώς, δεν υπάρχει ουσιαστική παρουσία στην αμερικανική κυβέρνηση που να προωθεί τα ελληνικά συμφέροντα, εκτός από μικρές οργανώσεις, επιφανείς προσωπικότητες και την Αρχιεπισκοπή Αμερικής. Τα προβλήματα της ελληνικής Ομογένειας στις ΗΠΑ είναι γνωστά. Ξεκινούν από την έλλειψη συντονισμού, κεντρικής κατεύθυνσης και οργάνωσης, καθώς οι πολυάριθμοι εθνικο-τοπικοί οργανισμοί έχουν ελάχιστη δύναμη και κύρος στους κόλπους της κυβέρνησης και στο εκλογικό προσκήνιο, ενώ συγχρόνως δεν υπάρχει ένα κεντρικό όργανο που να είναι σε θέση να χειριστεί εθνικά θέματα σε συντονισμό με την κυβέρνηση της Ελλάδος.

Το Εθνικό Συμβούλιο Αμερικής, του οποίου μέλη είναι πολλές εθνικοτοπικές ομοσπονδίες, επισκιάζεται από τη δημιουργία και λειτουργία του ακόμη μεγαλύτερου Συμβουλίου Απόδημου Ελληνισμού (ΣΑΕ) Αμερικής, το οποίο δημιουργήθηκε και χρηματοδοτείται εν μέρει από την ελληνική κυβέρνηση. Οι δύο αυτοί οργανισμοί έχουν έρθει κατά καιρούς σε ρήξη, διότι έχουν διαφορετικούς στόχους, κίνητρα και προγράμματα, και ταυτόχρονα αυτές οι διαφορές αποτελούν την αιτία πολλών έντονων και θερμών συζητήσεων μεταξύ επιφανών ομογενών. Για παράδειγμα, πριν λίγα χρόνια το Εθνικό Συμβούλιο, ο οργανισμός ΑΗΕΡΑ και η οργάνωση λόμπι «Ελληνοαμερικανικό Ινστιτούτο» (American Hellenic Institute-AHI) αποχώρησαν από το ΣΑΕ.

Το AHI είναι παρόμοιο όργανο με το εβραϊκό AIPAC, αλλά διαφέρει κατά πολύ στην επίδραση, την αποτελεσματικότητα και την οικονομική δύναμη που έχει στην Ουάσιγκτον. Δημιουργήθηκε το 1974 μετά την εισβολή της Τουρκίας στην Κύπρο, από αξιόλογα μέλη της ομογένειας και κατάφερε να ενεργοποιήσει την τελευταία, προκειμένου να επηρεάσει το Κογκρέσο και να ψηφίσει νομοθεσία το 1974 που απαγόρευε την πώληση όπλων στην Τουρκία. Ο νόμος ψηφίστηκε το Δεκέμβριο του 1974, ενώ λίγο αργότερα ψηφίστηκε άλλη νομοθεσία που χρηματοδοτούσε την Κύπρο με $25 εκατομμύρια σε ανθρωπιστική βοήθεια. Το ΑΗΙ προώθησε, όχι μόνο τη συγκεκριμένη νομοθεσία, αλλά είχε και συνεχή επαφή με μέλη του Κογκρέσου και ενεργοποίησε συγκεκριμένες ομογενειακές οργανώσεις, καταφέρνοντας έτσι να ασκήσει σημαντική πίεση. Η επιτυχία αυτή ήταν πρωτοφανής για την ελληνική παροικία και σίγουρα είναι αυτό το λόμπι, στο οποίο αναφέρθηκε ο πρώην Αντιπρόεδρος Τσέινι, στην ομιλία του στο CATO. Οι προσπάθειες του ΑΗΙ συνεχίστηκαν και μετά την εισβολή των Τούρκων, με αποτέλεσμα το αμερικανικό κράτος να δώσει στην Κύπρο συνολικά $400 εκατομμύρια, βοήθεια η οποία συνέβαλε στην ανάκαμψη της οικονομίας του νησιού.

Βασικό στέλεχος του ΑΗΙ και ιδρυτής του, είναι ο δικηγόρος Ευγένιος Τ. Ρωσσίδης, πρώην υφυπουργός Οικονομικών των ΗΠΑ την περίοδο 1969 με 1973. Ο κ. Ρωσσίδης είναι ένα από το πιο ενεργά μέλη της ομογένειας, έχοντας προσφέρει τεράστιο έργο για την προώθηση των ελληνικών συμφερόντων στη χώρα αυτή. Αν και πολλές φορές έχει συνδεθεί με συγκεκριμένες πολιτικές παρατάξεις στις ΗΠΑ και έχει κομματικοποιηθεί ακολούθως και στην Ελλάδα, η παρουσία του και το έργο του σίγουρα δεν έχουν αξιολογηθεί σωστά από την ελληνική κυβέρνηση, ώστε να υπάρξει η απαραίτητη συνεργασία στην προώθηση των θεμάτων.

Τα τελευταία 10 χρόνια, το ΑΗΙ εργάστηκε εντατικά σε διάφορα θέματα που αφορούν στον ελληνισμό, όπως τη νομοθεσία «the American Owned Property in Occupied Cyprus Act» που πρωτοαναφέρθηκε στο Κογκρέσο το 2004. Η σχετική τροπολογία επιτρέπει σε Αμερικανούς πολίτες που έχουν περιουσιακά στοιχεία στην κατεχόμενη Κύπρο, να καταθέσουν αγωγές κατά των κατοίκων στα κατεχόμενα ή κατά του τουρκικού κράτους για την καταπάτηση της περιουσίας τους. Στις 14 Απριλίου του 2005, μέλη του ΑΗΙ κατέθεσαν πρόταση στην Επιτροπή Εξωτερικών Υποθέσεων του Κογκρέσου, για αναστολή της βοήθειας προς την Τουρκία, αν δεν προηγηθεί η εκπλήρωση συγκεκριμένων προϋποθέσεων που αφορούν στην Κύπρο, στην επαναλειτουργία της Θεολογικής Σχολής της Χάλκης και στην προστασία της εθνικής κυριαρχίας της Ελλάδος. Στις 21 Απριλίου του 2005, ο βουλευτής Robert E. Andrews, κατέθεσε νομοσχέδιο στη Βουλή των ΗΠΑ, το οποίο αρχικά είχε προωθήσει το ΑΗΙ, το 1997, μέσω του Ελληνοαμερικανού βουλευτή, Michael Pappas, και αναφέρει ότι τα σύνορα μεταξύ της Ελλάδας και της Τουρκίας έχουν καθοριστεί και η Ελλάδα έχει κυριαρχικά δικαιώματα στα νησιά και τις βραχονησίδες στο Αιγαίο, συμπεριλαμβανομένων και των βραχονησίδων Ίμια.

Για το 2011, το ΑΗΙ εργάζεται σε διάφορα ψηφίσματα στο Κογκρέσο που παροτρύνουν την Τουρκία να σεβαστεί τα δικαιώματα και τις θρησκευτικές ελευθερίες του Οικουμενικού Πατριαρχείου. Επίσης το ΑΗΙ στηρίζει τις προσπάθειες βουλευτών του Κογκρέσου, σε μια τροπολογία που καλεί την κυβέρνηση της Τουρκίας να τηρήσει τις διεθνείς της υποχρεώσεις για τη διαφύλαξη της χριστιανικής κληρονομιάς, την επιστροφή της χριστιανικής εκκλησιαστικής περιουσίας και τον σεβασμό των δικαιωμάτων των Χριστιανών να εκδηλώνουν ελεύθερα την πίστη τους.

Πέρα από τις προσπάθειες ευαισθητοποίησης των πολιτικών στις ΗΠΑ και την προώθηση νομοθετικών μέτρων που υποστηρίζουν τις ελληνικές θέσεις, ο οργανισμός ΑΗΙ διοργανώνει ημερίδες για θέματα εξωτερικής πολιτικής που αφορούν στην ονομασία των Σκοπίων, τα ελληνοτουρκικά, την Κύπρο και προτρέπει επισκέψεις Αμερικανών πολιτικών σε Ελλάδα και Κύπρο. Ταυτόχρονα, παρακολουθεί τον αμερικανικό τύπο, δημοσιεύει απόψεις και δελτία τύπου και γενικά προβάλλει τα συμφέροντα της Ελλάδας στα ΜΜΕ της Αμερικής.

Η ελληνική εκκλησία της Αμερικής είναι το μόνο οργανωμένο κομμάτι της ομογένειας που προωθεί την ελληνική γλώσσα και την ορθοδοξία, ενώ η ηγεσία της μπορεί να επεμβαίνει και στα πολιτικά δρώμενα της χώρας αυτής. Είναι πολλές οι περιπτώσεις, που ο Αρχιεπίσκοπος έχει επισκεφθεί το Λευκό Οίκο και έχει συνεργαστεί με πολλά κυβερνητικά στελέχη στην Ουάσιγκτον για θέματα που αφορούν στις σχέσεις Ελλάδας-Αμερικής. Ιδιαίτερα, την περίοδο που ήταν αρχιεπίσκοπος ο Ιάκωβος, η βασική δύναμη της ομογένειας ήταν η εκκλησία και ο ρόλος που διαδραμάτισε στα πολιτικά δρώμενα της χώρας ήταν πολύ σημαντικός. Τα προβλήματα της Αρχιεπισκοπής όμως, δεν είναι λίγα, και προέρχονται από κάποια οικονομικά σκάνδαλα, ενώ ο αμερικανικός τρόπος σκέψης σχετικά με τη θεολογία και τη θρησκεία προβλέπεται ότι θα μειώσει αισθητά το ποίμνιο στα επόμενα 100 χρόνια. Είναι αρκετές οι ορθόδοξες κοινότητες στις ΗΠΑ, όπου η ελληνική γλώσσα έχει εξαλειφθεί και η ελληνική ιστορία δε διδάσκεται. Ακόμα και τα ελληνικά σχολεία που λειτουργούν δεν έχουν ανανεώσει, δυστυχώς, τη διδακτέα ύλη για πολλά χρόνια, ενώ τα εκπαιδευτικά βιβλία που χρησιμοποιούνται στην Ελλάδα δεν ανταποκρίνονται προς την κατεύθυνση που επιδιώκει η Αρχιεπισκοπή. Πολύ πιο σημαντικό όμως, είναι το γεγονός ότι δεν υπάρχει επαφή με την Ελλάδα για τα εκπαιδευτικά ζητήματα, στο επίπεδο που θα έπρεπε, ώστε σήμερα να θεωρούν πολλοί την άφιξη των ελληνικών τηλεοπτικών δορυφορικών σταθμών ως το μόνο μέσο για τη διδασκαλία της ελληνικής γλώσσας και της ιστορίας στην ομογένεια.

Πριν λίγα χρόνια, η Αρχιεπισκοπή αντιμετώπιζε σοβαρά προβλήματα με τη Θεολογική Σχολή στη Βοστόνη, ιδιαίτερα όταν κατέθεσε αγωγή εναντίον ομάδας «επαναστατών» που αντιδρούσαν σε ορισμένα θέματα καθώς και στην παραμονή του τότε Αρχιεπισκόπου Σπυρίδωνος. Οι «επαναστάτες» κατηγορήθηκαν για κλοπή των καταλόγων μελών της Αρχιεπισκοπής. Το θέμα, στην πραγματικότητα, ήταν πολύ πιο σοβαρό, γιατί οι ρίζες του προβλήματος ήταν η πρόθεση πολλών παραγόντων της Αρχιεπισκοπής για ανεξαρτησία από το Πατριαρχείο. Τα νομικά προβλήματα της Αρχιεπισκοπής ήταν τεράστια, αλλά η ενθρόνιση του Αρχιεπισκόπου Δημητρίου έδωσε λύσεις σε πολλά από αυτά. Παρόλα αυτά, η Αρχιεπισκοπή είναι το κέντρο του ελληνισμού στις ΗΠΑ, καθώς οι ενορίες της έχουν τη δυνατότητα να προσελκύουν ένα πολύ μεγάλο μέρος της ομογένειας. Τα ελληνικά σχολεία, το κατηχητικό, τα προγράμματα διδασκαλίας, οι εκδηλώσεις για τις εθνικές επετείους, το φιλανθρωπικό έργο και γενικά η συμμετοχή της εκκλησίας στη ζωή της ομογένειας, αποτελούν αναντικατάστατη μορφή επαγρύπνησης.

Σύμφωνα με την άποψη κάποιων ομογενών, η εκκλησία δεν πρέπει να έχει πολιτικό λόγο στις ΗΠΑ, επειδή υπάρχει διαχωρισμός κράτους-θρησκείας. Όμως, αυτή η άποψη δε λαμβάνει υπόψη το γεγονός ότι η εκκλησία σήμερα κρατάει την ομογένεια ενωμένη στις ΗΠΑ, σε μια χώρα δηλαδή, όπου η αφομοίωση των περισσοτέρων εθνικοτήτων αρχίζει αμέσως μετά την άφιξή τους εκεί. Στις ΗΠΑ, το έργο της Αρχιεπισκοπής δεν είναι μόνο θρησκευτικό, αλλά και πολιτικό και αυτό δεν πρέπει και δεν μπορεί να αλλάξει.

Κατά τα άλλα, τα θετικά στοιχεία για την Ομογένεια της Αμερικής είναι αρκετά, αφού έχει παρουσία σε όλα τα μήκη και πλάτη της αμερικανικής κοινωνίας και ζωντανή ανάμιξη στο πολιτικό, κοινωνικό και οικονομικό γίγνεσθαι. Μία σχετική έρευνα στην εφημερίδα Boston Globe πριν μερικά χρόνια, έδειξε ότι οι Έλληνες ομογενείς είναι η δεύτερη οικονομική δύναμη στις Η.Π.Α, ενώ είναι πρώτοι σε επίπεδο ανώτατης εκπαίδευσης. Υπολογίζεται ότι υπάρχουν 5.000 Έλληνες καθηγητές σε αμερικανικά πανεπιστήμια. Η δύναμη της ομογένειας είναι μεγάλη, αλλά βρίσκεται διάσπαρτη και παραμένει κυριολεκτικά ανεκμετάλλευτη από την ελληνική κυβέρνηση. Για παράδειγμα, το περιοδικό «The Hill» κατέταξε τον Ελληνοαμερικάνο δικηγόρο Εμμανουήλ Ρούβελα (Emmanuel Rouvelas), σε έναν από τους καλύτερους λομπίστες στην Ουάσιγκτον (στους 50 πρώτους από συνολικό αριθμό 12.000). Ωστόσο, δε χρησιμοποιείται από την ελληνική κυβέρνηση. Στην Πολιτεία της Μασαχουσέτης, ο Ελληνοαμερικανικός Δικηγορικός Σύλλογος[127] κατέγραψε πάνω από 600 ελληνικά ονόματα στο δικηγορικό σύλλογο της Πολιτείας. Παρομοίως, δεν υπάρχει καμία επαφή μεταξύ του συλλόγου και της Ελληνικής Κυβέρνησης και η δύναμη αυτή δεν χρησιμοποιείται από το ελληνικό κράτος.

Το Κέντρο για τη Δημόσια Ακεραιότητα[128] καταγράφει τα εξής στοιχεία για την Ελλάδα. «Από το 1998, τέσσερις εταιρείες ή οργανώσεις από αυτή τη χώρα άσκησαν δραστηριότητες λόμπι εντός του αμερικανικού κράτους ή προσέλαβαν εταιρείες για να τους αντιπροσωπεύσουν. Το 2003, το τελευταίο έτος για το οποίο υπάρχουν συγκεντρωτικά στοιχεία, 3 εταιρείες και οργανώσεις ανέπτυξαν δραστηριότητες λόμπι εντός των κυβερνητικών κόλπων. Αυτές οι εταιρείες προσέλαβαν 10 λομπίστες (6 το 2003), από τους οποίους τρεις εργάστηκαν στο Κογκρέσο ή στην κυβέρνηση.» Για την περίοδο 1998-2004, το συνολικό ποσό που χρησιμοποιήθηκε για εργασίες λόμπι ήταν $440.000, ενώ το 2003 το ποσό ήταν $260.000.

Πίνακας 8. Εταιρείες/Οργανισμοί & Ύψος Χρηματοδότησης

	Εταιρείες ή οργανισμοί	2003	2004	1998-2004
1	Consolidated Contractors Corp.	$260.000	$160.000	$420.000
2	Unideal Navitankers	Λιγότερο από $10.000	Λιγότερο από $10.000	$80.000
3	Hellenic American Lines	-	-	$20.000
4	Οργανωτική Επιτροπή Ολυμπιακών Αγώνων 2004	Λιγότερο από $10.000	Λιγότερο από $10.000	Λιγότερο από $10.000

Πίνακας 9. Εταιρείες Λόμπι που αντιπροσώπευσαν εταιρείες & οργανώσεις στην Ελλάδα

	Εταιρείες Λόμπι	2003	2004	1998-2004
1	Interpublic Group of Companies	$260.000	$160.000	$420.000
2	Evans Group	-	-	$80.000
3	Sullivan & Cromwell	-	-	$20.000
4	Tsg Ventures	Λιγότερο από $10.000	Λιγότερο από $10.000	Λιγότερο από $10.000

Πηγή: Center for Public Integrity

Τα στοιχεία από αυτό το Κέντρο επίσης, δείχνουν ότι το ποσό των $420.000, δόθηκε από την κατασκευαστική εταιρεία Consolidated Contractors Corp., με έδρα στην Αθήνα. Η εταιρεία δημιουργήθηκε το 1952 από τον Καμέλ Αμπντούλ Ράχμαν (Kamel Abdul-Rahman), τον Ηασίμπ Σαμπάγχ (Hasib Sabbagh) και τον Σάιντ Κουρί (Said Khoury) και απασχολεί πάνω από 69.000 άτομα ως προσωπικό σε διάφορα μέρη του κόσμου.

Οι Ολυμπιακοί Αγώνες του 2004

Η αποτυχία της προώθησης των Ολυμπιακών Αγώνων στις ΗΠΑ από την Ελληνική Οργανωτική Επιτροπή «Αθήνα 2004» και από το ελληνικό κράτος, είναι δυστυχώς πραγματικότητα. Τα αρνητικά δημοσιεύματα στα αμερικανικά μέσα μαζικής ενημέρωσης αποτελούσαν καθημερινό φαινόμενο, χωρίς να υπήρχε οργανωμένη προσπάθεια αντιμετώπισης αυτού του είδους δημοσιότητας. Τα διαφημιστικά σποτ ήταν ελάχιστα, ενώ το τηλεοπτικό κανάλι NBC άρχισε να προβάλει το πρόγραμμα κάλυψης των Ολυμπιακών Αγώνων προς το τηλεοπτικό κοινό της Αμερικής λίγους μήνες πριν την Ολυμπιάδα.

Η οργανωτική επιτροπή «Αθήνα 2004» είχε προσλάβει στην Ουάσιγκτον την εταιρεία λόμπι και δημοσίων σχέσεων, TSD Communications,[129] η οποία σχεδιάζει εκστρατείες επικοινωνίας, υποστήριξη επικοινωνιών σε περιόδους κρίσης και τεχνολογίες επικοινωνίας. Αξίζει πάντως να σημειωθεί ότι όλα τα μέλη της TSD Communications που ασχολήθηκαν με τους Ολυμπιακούς Αγώνες, ήταν στενά συνδεδεμένα με το δημοκρατικό κόμμα των ΗΠΑ και κανένα μέλος της εταιρείας δεν είχε στο παρελθόν συνεργασία με το κυβερνόν την εποχή εκείνη, κόμμα των Ρεπουμπλικάνων. Για παράδειγμα, ο Μαρκ Στάιτς (Mark Steitz), μέτοχος και ιδρυτής της εταιρείας αυτής, ήταν ο διευθυντής επικοινωνίας του Δημοκρατικού Κόμματος το 1992. Ο Ντέιβιντ Ντράιερ (David Dreyer), μέτοχος και αυτός της εταιρείας, εργάστηκε για τον πρώην πρόεδρο Κλίντον και τους δημοκρατικούς βουλευτές Ρίτσαρντ Γκέπχαρντ (Richard Gephardt) και Γκάρυ Χαρτ (Gary Hart). Ο επίσης μέτοχος, Ρόμπιν Σέπερ (Robin Schepper), ήταν ο διευθυντής του Γραφείου Πληροφοριών στο Συνέδριο του Δημοκρατικού Κόμματος το 2000, ενώ ο μέτοχος Τζον Κολέτι (John Coletti), ήταν μέλος του γραφείου οικονομικών του Συνεδρίου.

Η ανάγκη παρουσίασης των ελληνικών θέσεων στα αμερικανικά δικαστήρια

Η αποτυχία των ελληνικών κυβερνήσεων να υπερασπιστούν τα ελληνικά θέματα ακόμα και στα αμερικανικά δικαστήρια, είναι επακόλουθο της γενικότερης αδράνειας που παρατηρείται στις σχέσεις της Ελλάδας με την Αμερική.

Παραδειγματικά, αναφέρεται η υπόθεση του Εμμανουήλ Φόρογλου, ο οποίος ζήτησε πολιτικό άσυλο από τις αμερικανικές αρχές στην προσπάθειά του να παραμείνει μόνιμα στις ΗΠΑ. Συγκεκριμένα, ο κ. Φόρογλου είναι Έλληνας υπήκοος και κάτοικος της Ελλάδος, ο οποίος μετέβη στις Η.Π.Α το 1983 για μεταπτυχιακές σπουδές στο Πανεπιστήμιο Brown. Όταν αποφοίτησε από εκεί, άρχισε να διδάσκει στο Πανεπιστήμιο Utica και μετέτρεψε τη φοιτητική του βίζα σε επαγγελματική, χωρίς όμως να έχει το δικαίωμα μόνιμης παραμονής στις ΗΠΑ. Το 1989, αποχώρησε από το Πανεπιστήμιο Utica, χωρίς να αλλάξει την άδεια παραμονής του και συνέχισε να εργάζεται στην περιοχή του Σικάγου για μερικά χρόνια. Κατόπιν, εγκαταστάθηκε στην Πολιτεία του Maine, όπου και εντοπίσθηκε από την Υπηρεσία Μεταναστών, η οποία άρχισε τη διαδικασία απέλασής του, λόγω της παράνομης παραμονής του στις ΗΠΑ.

Κατά της απόφασης απέλασης του αμερικανικού κράτους, ο κ. Φόρογλου κατέθεσε αίτηση πολιτικού ασύλου, στην οποία επικαλέσθηκε ότι αρνούνταν να επιστρέψει στην Ελλάδα, λόγω της υποχρεωτικής στράτευσης που προέβλεπε η ελληνική νομοθεσία για όλους τους άντρες, ανεξαρτήτως θρησκευτικών, πολιτικών και φιλοσοφικών πεποιθήσεων γύρω από το θέμα αυτό. Συγκεκριμένα, ο κ. Φόρογλου δήλωσε ότι ανήκε στην ομάδα των objectivists (Objectivism-Αντικειμενισμός: φιλοσοφική θεωρία του Ayn Rand, κατά την οποία το άτομο αντιτίθεται στις βασικές υποχρεώσεις που θέτει ή επιβάλλει το κράτος) και ότι η ελληνική νομοθεσία δεν αναγνώριζε αυτή τη θεωρία ως θρησκεία, ώστε να απαλλάσσονται οι πιστοί της από την υποχρέωση στρατιωτικής θητείας, ως αντιρρησίες συνείδησης.

Ο κ. Φόρογλου ανέφερε ότι η ελληνική νομοθεσία του 1997, επιτρέπει σε αντιρρησίες συνείδησης να προσφέρουν άλλες υπηρεσίες, δηλαδή την εναλλακτική θητεία, η οποία - κατά συνέπεια - είναι 12-18 μήνες μεγαλύτερη από αυτήν του κοινού στρατιώτη, αλλά δε θεωρεί τη δική του ανωτέρω ιδεολογία, αντίρρηση συνείδησης, λόγω του ότι ο ίδιος δεν είναι αντίθετος στη χρήση όπλων. Μεταξύ άλλων, ο κ Φόρογλου ισχυρίστηκε ότι η Παγκόσμια Οργάνωση Διεθνούς Αμνηστίας αναφέρει ότι το ελληνικό κράτος έχει τιμωρήσει σε ανάλογες περιπτώσεις μάρτυρες του Ιεχωβά που αρνήθηκαν να υπηρετήσουν τη θητεία τους, με φυλάκιση και βασανιστήρια. Επιπλέον, ισχυρίστηκε ότι το Γενικό Προξενείο Ελλάδος αρνήθηκε την ανανέωση του διαβατηρίου του και την αίτησή του να συμπεριληφθεί στην κατηγορία των - αντιρρησιών συνείδησης, παραπέμποντάς τον στην αρμόδια τοπική στρατιωτική υπηρεσία στην Ελλάδα για τη μελέτη της αίτησής του και την εκπλήρωση της στρατιωτικής του θητείας, γεγονός που τον αναγκάζει να παρουσιαστεί στα στρατολογικά γραφεία της Ελλάδος.

Η πρώτη απόφαση του Εφετείου των ΗΠΑ

Ο Φόρογλου ανέπτυξε δύο βασικά επιχειρήματα: πρώτον, αποτελεί καταδίωξη από ένα κράτος να αρνείται να δεχθεί αντιρρησίες συνείδησης και ταυτόχρονα να τους τιμωρεί επειδή αρνούνται να υπηρετήσουν και δεύτερον, η πίστη στην ιδεολογία των Αντικειμενιστών δημιουργεί μια κατάσταση σύγχυσης σε ειρηνόφιλα θρησκευόμενα άτομα, τα οποία είναι αντίθετα με τη συμμετοχή τους σε κάθε είδους πολεμική δραστηριότητα και αναγκάζονται εκ των πραγμάτων να υπηρετήσουν. Βασιζόμενος στην ελληνική νομοθεσία του 1997 που επιτρέπει την εναλλακτική θητεία μόνο στους αντιρρησίες συνείδησης, ο Φόρογλου κατέληξε ότι είναι υποχρεωμένος να υπηρετήσει την κανονική στρατιωτική θητεία, επειδή η ομάδα των Αντικειμενιστών δε συμπεριλαμβάνεται στις αναγνωρισμένες ομάδες αντιρρησιών συνείδησης.

Η αίτηση του κ. Φόρογλου αρχικά παρουσιάστηκε στο Δικαστήριο

Μεταναστατευτικών Θεμάτων και στη συνέχεια στην Επιτροπή Εφέσεων Μεταναστατευτικών Θεμάτων των ΗΠΑ. Και τα δύο δικαστήρια αρνήθηκαν την αίτηση πολιτικού ασύλου του κ. Φόρογλου και ο ίδιος άσκησε έφεση στο Εφετείο των ΗΠΑ. Το Εφετείο αφού εξέτασε το αίτημά του και έλαβε υπόψη του την υπάρχουσα αμερικανική νομοθεσία για θέματα πολιτικού ασύλου, απεφάνθη ότι η υποχρεωτική στρατιωτική θητεία σε ένα κράτος δε δύναται να θεωρηθεί αυτοδικαίως ως καταδίωξη.[130] Σύμφωνα με την αμερικανική νομοθεσία, ένα άτομο θεωρείται πολιτικός πρόσφυγας, όταν το κράτος από το οποίο προέρχεται τον υποχρεώνει να εκπληρώσει τη στρατιωτική του θητεία, επειδή ανήκει ή επειδή ενδέχεται να τιμωρηθεί λόγω της συμμετοχής του σε κάποια ομάδα ή οργανισμό. Στην περίπτωση του κ. Φόρογλου, το Εφετείο εκτίμησε ότι, παρόλο που η ελληνική νομοθεσία καθιστά υποχρεωτική τη στρατιωτική θητεία για όλους τους άντρες ηλικίας 18 έως 50 ετών, δεν υπάρχουν στοιχεία που να οδηγούν στο συμπέρασμα ότι το ελληνικό κράτος απείλησε τον κ. Φόρογλου με υποχρεωτική θητεία, επειδή ανήκει στην ομάδα των Αντικειμενιστών ή ότι το ελληνικό κράτος «περιθωριοποιεί» εσκεμμένα τους οπαδούς της ομάδας αυτής για να τους τιμωρήσει παραδειγματικά, επειδή είναι αντίθετοι προς τη στρατιωτική θητεία. Επίσης, το Εφετείο έκρινε ότι η διαδικασία πολιτικού ασύλου δεν επιβάλλει σε ξένα κράτη την υποχρέωση να καταρτίζουν νομοσχέδια στρατιωτικής θητείας που να συμφωνούν με την πολύπλοκη αμερικανική νομοθεσία περί ίσης προστασίας πολιτών. Αξιοσημείωτο πάντως, είναι το συμπέρασμα στο οποίο κατέληξε το Εφετείο, ότι δηλαδή οι ρυθμίσεις της ελληνικής νομοθεσίας του 1997 που προέβαλε ο Φόρογλου, είναι πιθανότατα συνταγματικά αποδεκτές και στις ΗΠΑ.

Η δεύτερη απόφαση του Εφετείου των ΗΠΑ

Ο κ. Φόρογλου συνέχισε το δικαστικό αγώνα και προσέφυγε στο Ανώτατο Δικαστήριο των ΗΠΑ, το οποίο αρνήθηκε να μελετήσει την περαιτέρω έφεση του κ. Φόρογλου με σχετική απόφαση που εκδόθηκε στις 4 Οκτωβρίου του 1999.[131] Στις 14 Οκτωβρίου του 1999, ο κ. Φόρογλου κατέθεσε αίτηση στην Επιτροπή Εφέσεων Μεταναστατευτικών Θεμάτων των ΗΠΑ, ζητώντας επανεξέταση της υπόθεσής του βασιζόμενος στη Διεθνή Συνθήκη του 1984 περί Προστασίας Ατόμων από Βασανιστήρια, από Απάνθρωπη και Ταπεινωτική Μεταχείριση ή Τιμωρία.[132]

Περιληπτικά, η Συνθήκη απαγορεύει πράξεις «εκδίωξης, επιστροφής ή απέλασης ατόμων από ένα κράτος σε άλλο, όταν υπάρχουν βάσιμα στοιχεία που επιβεβαιώνουν τον κίνδυνο βασανιστηρίων.»[133] Η συνθήκη επικυρώθηκε από την αμερικανική κυβέρνηση στις 10 Δεκεμβρίου του 1984 και το αμερικανικό Κογκρέσο ψήφισε σχετική νομοθεσία το 1994, σε συμμόρφωση με τις προβλέψεις της Συνθήκης. Στη συνέχεια, το Γραφείο Μετανάστευσης των ΗΠΑ (INS), εξέδωσε το 1999 σχετικούς κανονισμούς που επέτρεπαν στους ενδιαφερομένους να επικαλεστούν την προστασία της Συνθήκης και να καταθέσουν την αίτηση επανεξέτασης της υπόθεσής τους μέχρι τις 21 Ιουνίου 1999, για όλες τις περιπτώσεις που η απόφαση απέλασης είχε γίνει τελεσίδικη πριν τις 22 Μαρτίου του 1999.

Η Επιτροπή Εφέσεων Μεταναστατευτικών Θεμάτων, απέρριψε τη νέα αίτηση του κ. Φόρογλου στις 8 Δεκεμβρίου του 1999 και λίγες ημέρες αργότερα οι μεταναστευτικές αρχές των ΗΠΑ τον μετέφεραν στην Νέα Υόρκη για την εκτέλεση της δικαστικής απόφασης απέλασής του στην Ελλάδα. Λίγα εικοσιτετράωρα πριν το ταξίδι επιστροφής στην Ελλάδα, το Εφετείο των ΗΠΑ ανέστειλε προσωρινά τη διαταγή απέλασης, μέχρι να εκδικάσει τη νέα αίτηση του κ. Φόρογλου που βασιζόταν στη Συνθήκη Προστασίας Ατόμων από Βασανιστήρια. Συγκεκριμένα, ο κ. Φόρογλου ισχυρίσθηκε ότι η απέλασή του από την Αμερική στην Ελλάδα παραβίαζε την εν λόγω Συνθήκη, αφού υπήρχε κίνδυνος να φυλακισθεί και να υποστεί βασανιστήρια από τις ελληνικές αρχές. Στις 2 Μαρτίου 2001, το Εφετείο των ΗΠΑ αρνήθηκε την αίτηση του κ. Φόρογλου για επανεξέταση της υπόθεσής του, βασιζόμενο στις σχετικές νομοθετικές διατάξεις που προέβλεπαν την κατάθεση αιτήσεων - βάσει της Συνθήκη αυτής - μέχρι της 21 Ιουνίου του 1999.[134] Το Εφετείο έκρινε ότι η κατάθεση της αίτησης του κ. Φόρογλου στις 14 Οκτωβρίου 1999 ήταν εκπρόθεσμη και συνεπώς δεν ήταν δυνατόν να την εκδικάσει.

Η υπόθεση του κ. Φόρογλου αποτελεί μια ιδιάζουσα περίπτωση, κατά την οποία ο ίδιος παρουσίασε στα αμερικανικά δικαστήρια μια απόλυτα διαστρεβλωμένη εικόνα της ελληνικής στρατολογικής νομοθεσίας που, κατά την άποψή του, τιμωρεί τους αντιρρησίες συνείδησης με φυλάκιση και βασανιστήρια. Η περαιτέρω δημοσιότητα της υπόθεσης μέσω διαφόρων ιστοσελίδων και η μονόπλευρη προώθηση των απόψεων του κ. Φόρογλου από διάφορους οργανισμούς με ιδεολογικές και φιλοσοφικές πεποιθήσεις (που τον ενίσχυσαν ακόμα και οικονομικά), σίγουρα διαμόρφωσαν - ως ένα βαθμό - την εικόνα ότι η Ελλάδα είναι μια τριτοκοσμική χώρα, όπου τα βασανιστήρια και η φυλάκιση είναι μέσα συμμορφώσεως των πολιτών της.

Από την πλευρά του, το ελληνικό κράτος απουσίασε παντελώς από την πολυετή δικαστική διαδικασία, χωρίς να προβάλει στα ανώτατα αμερικανικά δικαστήρια την ελληνική νομοθεσία που ρυθμίζει τα θέματα των Ελλήνων πολιτών-αντιρρησιών συνείδησης. Εξίσου σημαντικό είναι το γεγονός, ότι το αμερικανικό νομοθετικό σώμα λαμβάνει υπόψη του και προτρέπει τη συμμετοχή διαφόρων πλευρών που δεν εμπλέκονται άμεσα με τις υποθέσεις που εκδικάζονται, καθώς με αυτόν τον τρόπο οι δικαστικές αποφάσεις βασίζονται σε ολοκληρωμένες μελέτες και απόψεις. (Για παράδειγμα «Friends of the Court Briefs»). Στην προκειμένη περίπτωση, η διαστρέβλωση της πραγματικής κατάστασης, σχετικά με τα στρατολογικά θέματα, από το αρμόδιο όργανο της ελληνικής κυβέρνησης, επέτρεψε στον κ. Φόρογλου να καταθέσει αβάσιμα στοιχεία και να διασύρει τον ελληνικό στρατό στα αμερικανικά δικαστήρια, σε τέτοιο σημείο που το Αμερικανικό Πρωτοδικείο, δήλωσε απερίφραστα την έντονη ενόχλησή του.

Η Ολυμπιακή Αεροπορία στα Αμερικανικά δικαστήρια

Στις 24 Φεβρουαρίου του 2004, το Ανώτατο Δικαστήριο των ΗΠΑ εκδίκασε μια υπόθεση κατά της Ολυμπιακής Αεροπορίας για το θάνατο ενός επιβάτη της πτήσης «Αθήνα-Νέα Υόρκη», με τελικό προορισμό το Σαν Φρανσίσκο[135]. Το Δεκέμβριο του 1997, ο γιατρός Αμπίν Χάνσον (Abin Hanson), αρχικά ταξίδεψε με την οικογένειά του από το San Francisco, μέσω Νέας Υόρκης και Αθήνας, για το Κάιρο έχοντας προγραμματίσει την επιστροφή μέσω των ίδιων σταθμών μετεπιβίβασης. Στο πρώτο σκέλος του ταξιδιού και συγκεκριμένα όταν έφτασε στη Νέα Υόρκη, ο κ. Χάνσον έμαθε για πρώτη φορά ότι η Ολυμπιακή Αεροπορία επέτρεπε το κάπνισμα στα υπερατλαντικά ταξίδια. Επειδή ο κ. Χάνσον έπασχε από άσθμα και ήταν πολύ ευαίσθητος στον καπνό, ζήτησε να έχει θέση απομακρυσμένη από τις θέσεις των καπνιστών, όπως και έγινε και ταξίδεψε προς το Κάιρο, χωρίς κανένα πρόβλημα. Στο ταξίδι της επιστροφής προς τις ΗΠΑ, στις 4 Ιανουαρίου 1998, ο κ. Χάνσον προσήλθε εγκαίρως στο αεροδρόμιο του Καΐρου και ζήτησε θέσεις μη καπνιστών, ενώ έδειξε στους υπαλλήλους και μία ιατρική γνωμάτευση που ανέφερε ότι ο κ. Χάνσον είχε ένα ιστορικό αλλεπάλληλων αναφυλακτικών αντιδράσεων. Το ταξίδι προς την Αθήνα ήταν ήσυχο, ενώ στον αερολιμένα των Αθηνών ο κ. Χάνσον άρχισε να έχει κάποιες ενοχλήσεις, αφού ο καπνός στην αίθουσα αναμονής ήταν ιδιαίτερα αυξημένος.

Όταν επιβιβάσθηκαν στο αεροπλάνο για την πτήση «Αθήνα-Νέα Υόρκη», παρατήρησαν ότι οι θέσεις τους ήταν στην τρίτη σειρά από τις θέσεις των καπνιστών. Ο κ. Χάνσον ζήτησε από την αεροσυνοδό Μαρία Λεπτουργού να τους μετακινήσει σε άλλες θέσεις, αυτή όμως απήντησε στη σύζυγό του ότι έπρεπε να καθίσουν στις συγκεκριμένες θέσεις. Όταν όλοι οι επιβάτες ήταν στο αεροπλάνο, η κ. Χάνσον επανέλαβε το ίδιο αίτημα προς την κ. Λεπτουργού, επειδή ο σύζυγός της ήταν αλλεργικός στον καπνό. Η κ. Λεπτουργού απάντησε ότι δεν μπορούσε να προβεί σε αλλαγές θέσεων, διότι το αεροπλάνο ήταν πλήρες, χωρίς καμία κενή θέση και επίσης ότι ήταν απασχολημένη. Λίγο μετά την απογείωση του αεροπλάνου, οι επιβάτες των συγκεκριμένων θέσεων άρχισαν να καπνίζουν και πολύ σύντομα ο κ. Χάνσον εγκλωβίστηκε στον καπνό. Η σύζυγός του, ζήτησε και πάλι από την κ. Λεπτουργού την αλλαγή θέσης, αυτή όμως συνέχισε να απαντά ότι το αεροπλάνο ήταν πλήρες και ότι αν ήθελε να κάνει κάποια αλλαγή, θα έπρεπε η ίδια να ρωτήσει άλλους επιβάτες, χωρίς την βοήθεια των αεροσυνοδών. Η κ. Χάνσον επισήμανε για άλλη μία φορά τη σοβαρότητα της κατάστασης του συζύγου της και ότι έπρεπε να γίνει αλλαγή θέσης, ακόμα και αν καθόταν στο πιλοτήριο ή σε διακεκριμένη θέση. Η αίτησή της δεν βρήκε ανταπόκριση, ενώ στην πραγματικότητα το αεροπλάνο είχε 11 κενές θέσεις στην οικονομική πλευρά και άλλες 28 «non-revenue» θέσεις, οι περισσότερες στην οικονομική σειρά του αεροπλάνου και αρκετά μακριά από τους καπνιστές.

Στις δύο πρώτες ώρες του ταξιδιού, το κάπνισμα αυξήθηκε στις θέσεις που βρίσκονταν λίγο πιο πίσω από τον κ. Χάνσον, ο οποίος ζήτησε από τη σύζυγό του τον αναπνευστήρα του οξυγόνου (inhaler) και μεταφέρθηκε από μόνος του στο μπροστινό σημείο του αεροπλάνου, όπου θεώρησε ότι ο αέρας θα ήταν πιο καθαρός. Σε κάποια στιγμή ζήτησε από τη σύζυγό του το κουτί των πρώτων βοηθειών και αυτή του έκανε αμέσως μια ένεση επινεφρίνης. Η κ. Χάνσον πήγε και ξύπνησε το γιατρό κ. Umesh Sabharwal, με τον οποίο συνταξίδευαν. Αυτός παρείχε αμέσως τις πρώτες βοήθειες προς τον κ. Χάνσον καθώς και μια ακόμα ένεση επινεφρίνης. Δυστυχώς, οι προσπάθειες αυτές δεν είχαν αποτέλεσμα, αφού ο 52χρονος κ. Χάνσον λίγο αργότερα πέθανε. Για θρησκευτικούς λόγους, η οικογένεια δεν επέτρεψε να γίνει νεκροψία προς εξακρίβωση των αιτιών του θανάτου.

Η υπόθεση αρχικά εκδικάστηκε από το Ομοσπονδιακό δικαστήριο στην Πολιτεία της Καλιφόρνιας, το οποίο έκρινε ότι η άρνηση της κ. Λεπτουργού να επιτρέψει στον κ. Χάνσον να αλλάξει θέση, ήταν ένα ατύχημα, όπως ο όρος αυτός αναφέρεται στο κεφάλαιο 17 της Συνθήκης της Βαρσοβίας. «Η μεταφορική εταιρεία είναι υπεύθυνη για τυχόν απώλειες που μπορεί να επέλθουν σε περίπτωση θανάτου ή σωματικής βλάβης κάποιου επιβάτη, εάν το ατύχημα που τις προκάλεσε συνέβη μέσα στο αεροσκάφος ή κατά τη διάρκεια της επιβίβασης ή της αποβίβασης.»[136] Το Ομοσπονδιακό δικαστήριο επιδίκασε ως αποζημίωση, το ποσό των $1,4 εκατομμυρίων και παράλληλα έκρινε ότι κ. Λεπτουργού παραβίασε το άρθρο 25 της Συνθήκης της Βαρσοβίας με τη συγκεκριμένη συμπεριφορά της, την οποία το δικαστήριο έκρινε ως σκόπιμη παρεκτροπή (willful misconduct).

Μετά από έφεση που άσκησε η Ολυμπιακή Αεροπορία, το Εφετείο των ΗΠΑ επικύρωσε την απόφαση του πρωτοβάθμιου ομοσπονδιακού δικαστηρίου και έκρινε με τη σειρά του ότι η άρνηση της αεροσυνοδού να αλλάξει τη θέση του κ. Χάνσον, ήταν ένα γεγονός σαφώς απροσδόκητο και ασυνήθιστο, λαμβάνοντας υπόψη τα πρότυπα των αεροπορικών εταιρειών, της Ολυμπιακής αεροπορίας και την απαίτηση της κ. Χάνσον να εξυπηρετηθεί.[137] Στο μεταξύ, προκειμένου μια αεροπορική εταιρεία να φέρει ευθύνη για κάποιον τραυματισμό, ο επιβάτης πρέπει να αποδείξει ότι το ατύχημα προκάλεσε τον τραυματισμό.[138] Η Συνθήκη της Βαρσοβίας επίσης, προβλέπει ότι το ποσό της αποζημίωσης για ατυχήματα σε αεροσκάφη δεν μπορεί να ξεπεράσει τις $75 χιλιάδες και η μόνη εξαίρεση είναι για περιπτώσεις που κριθεί ότι ο αερομεταφορέας ή οι υπάλληλοι εκτελούν την εργασία τους με σκόπιμη παρεκτροπή. Το Εφετείο έκρινε ότι η συμπεριφορά της κ. Λεπτουργού ήταν πράξη που μπορούσε να θεωρηθεί ως σκόπιμη παρεκτροπή ή «εκ προθέσεως πράξη, εμπεριέχουσα δηλαδή τη γνώση ότι από αυτή την πράξη ήταν πολύ πιθανό να προκληθεί τραυματισμός ή κάποια ζημιά ή ακόμη θα μπορούσε να υποδηλώνει βαριά αμέλεια για τις ενδεχόμενες συνέπειες.»

Η Ολυμπιακή Αεροπορία άσκησε και δεύτερη έφεση στο Α.Δ. των ΗΠΑ, το οποίο επικύρωσε την απόφαση του Εφετείου. Για το Α.Δ., ο όρος «ατύχημα» στη Συνθήκη της Βαρσοβίας, θεωρείται «ένα απροσδόκητο και ασυνήθιστο γεγονός ή συμβάν που είναι εξωτερικής φύσης για τον επιβάτη», ενώ ατυχήματα δε θεωρούνται οι εσωτερικές αντιδράσεις επιβατών που προέρχονται από τη συνηθισμένη, φυσιολογική και προβλεπόμενη λειτουργία του αεροσκάφους. Σύμφωνα με το Α.Δ., ο ενάγων θα έπρεπε αρχικά να αποδείξει την υπευθυνότητα του αερομεταφορέα για την περίπτωση του τραυματισμού και στη συνέχεια ο αερομεταφορέας θα μπορούσε να προβάλει στοιχεία που να αποδεικνύουν, σύμφωνα με το άρθρο 20 της Συνθήκης, ότι έλαβε όλα τα απαραίτητα μέτρα για να αποφευχθεί η ζημία ή ότι ήταν αδύνατο για τη μεταφορική εταιρεία να λάβει τα απαραίτητα προληπτικά μέτρα. Το Α.Δ. θεώρησε ότι το άρθρο 17 της Συνθήκης δημιουργεί ένα τεκμήριο για ευθύνη του αερομεταφορέα, το οποίο στη συνέχεια μπορεί η εταιρεία να αντιμετωπίσει αποδεικνύοντας ότι οι πράξεις του προσωπικού της δεν ήταν πράξεις αμέλειας.

Το Α.Δ. απέρριψε το αίτημα της Ολυμπιακής, να διερευνηθεί η αιτία του τραυματισμού, η οποία φυσικά δεν ήταν τίποτα άλλο από τον περιβάλλοντα καπνό στην καμπίνα του αεροσκάφους. Σύμφωνα με τους ισχυρισμούς της Ολυμπιακής Αεροπορίας, ο θάνατος του κ. Hanson ήταν αποτέλεσμα της δικής του παθολογικής κατάστασης (του άσθματος) στη διάρκεια της φυσιολογικής λειτουργίας του αεροσκάφους, καθώς η Ολυμπιακή επιτρέπει το κάπνισμα στα υπερατλαντικά ταξίδια. Επίσης, η Ολυμπιακή προέβαλε το επιχείρημα ότι η άρνηση της κ. Λεπτουργού να αλλάξει θέση στον κ. Hanson ήταν απλώς απραξία, ενώ η Συνθήκη της Βαρσοβίας απαιτεί συγκεκριμένη πράξη που προκαλεί τον τραυματισμό ή τον θάνατο.

Το Α.Δ. αποφάνθηκε ότι η έκθεση στον καπνό και η άρνηση της αεροσυνοδού να βοηθήσει έναν επιβάτη, ήταν τα βασικά γεγονότα που συνδέονται αιτιωδώς με το θάνατο του κ. Χάνσον. Σύμφωνα με τη Συνθήκη της Βαρσοβίας, η θεώρηση-μελέτη κάποιου ατυχήματος συνδέεται με τον απροσδόκητο και ασυνήθιστο χαρακτήρα του και η περίπτωση του κ. Hanson εμπίπτει στις ρυθμίσεις της Συνθήκης.

Δύο δικαστές ήταν αντίθετοι με την άποψη της πλειοψηφίας και αποφάνθηκαν ότι για ζητήματα ρυθμιζόμενα από Συνθήκες, τις οποίες το αμερικανικό κράτος συνυπογράφει με άλλα κράτη, οι αποφάσεις των δικαστηρίων έχουν βαρύτητα για τα συνομολογούντα κράτη και δεν πρέπει να παραβλέπονται. Για παράδειγμα, η μειοψηφία του Α.Δ. αναφέρεται σε αποφάσεις δικαστηρίων της Μεγάλης Βρετανίας και της Αυστραλίας, οι οποίες είναι αντίθετες με τις θέσεις του Α.Δ. και που κατά την γνώμη της πρέπει να μελετούνται. Η Συνθήκη της Βαρσοβίας αποτελεί μια προσπάθεια από αρκετά κράτη να προβλέψουν κάποιες περιπτώσεις κάλυψης ατυχημάτων, ώστε να υπάρχει ομοιόμορφη αντιμετώπιση των περιστατικών αυτών από τα κράτη μέλη, κάτι που το Α.Δ. με την εν λόγω απόφαση σίγουρα δεν ενθαρρύνει.

Η απόφαση του Α.Δ. και η αποζημίωση των $1,4 εκατομμυρίων (όπως επίσης και ο επιπλέον δικαστικός τόκος που υπολογίζεται από την ημέρα κατάθεσης της αγωγής) που κλήθηκε να πληρώσει η Ολυμπιακή Αεροπορία δείχνουν την ευαισθησία των αμερικανικών δικαστηρίων σε περιπτώσεις ατυχημάτων και τραυματισμών από αμέλεια των αεροπορικών εταιρειών. Αν και η Συνθήκη της Βαρσοβίας ορίζει ως μέγιστο ποσό αποζημίωσης τις $75.000 χιλιάδες, η αδικαιολόγητη συμπεριφορά της αεροσυνοδού κ. Μαρίας Λεπτουργού (και ο μόνος λόγος που αναφέρεται και το όνομα της) στοίχισε στην Ολυμπιακή Αεροπορία εκατομμύρια δολάρια σε αποζημίωση, δικαστικά έξοδα και δυσφήμιση. Πολύ πιο σημαντικό όμως, είναι το γεγονός ότι ο κ. Χάνσον έχασε τη ζωή του, λόγω της αδιαφορίας μιας υπαλλήλου να χειριστεί με κατανόηση το πρόβλημα υγείας ενός συνανθρώπου της και από την πολιτική της Ολυμπιακής Αεροπορίας, να επιτρέπει το κάπνισμα στην καμπίνα του αεροσκάφους.

Και αυτό είναι το μήνυμα που λαμβάνει το επιβατικό κοινό, κατά το διασυρμό του εθνικού μας αερομεταφορέα στην υπόθεση αυτή, η οποία διήλθε από όλα τα στάδια της δικαστικής διαδικασίας στις ΗΠΑ, προσλαμβάνοντας τη σχετική δημοσιότητα που συνοδεύει τέτοιες καταδικαστικές αποφάσεις των αμερικανικών δικαστηρίων.

Η Τουρκία στα Αμερικανικά Δικαστήρια

Η αποφασιστικότητα της Τουρκίας κατά την άσκηση των δικαιωμάτων της ενώπιον των δικαστικών αρχών των ΗΠΑ, είναι αναμφισβήτητη και αποδεικνύει, για άλλη μια φορά, τη διαφορετική προσέγγιση μεταξύ των δύο χωρών, ακόμα και σε θέματα που σχετίζονται με τη διαμόρφωση της νομολογίας στη χώρα αυτή.

Στις 29 Δεκεμβρίου του 1989, η Τουρκία κατέθεσε πολυσέλιδη αγωγή στο Ομοσπονδιακό Δικαστήριο της Μασαχουσέτης κατά διαφόρων φυσικών και νομικών προσώπων, απαιτώντας την επιστροφή περίπου 2.000 αρχαίων Ελληνικών και Λυσιακών νομισμάτων, τα οποία βρέθηκαν το 1984 στο Ελμαλί της Τουρκίας. Τα αρχαία ασημένια νομίσματα του 5ου αιώνα π.χ. είναι ανυπολόγιστης αξίας (ιδιαίτερα για τα 13 σπάνια αθηναϊκά δεκάδραχμα) και η ανεύρεσή τους θεωρήθηκε από πολλούς ως η μεγαλύτερη ανακάλυψη αρχαιοτήτων του 20^{ου} αιώνα. Οι 3 Τούρκοι αγρότες που τυχαία ανακάλυψαν τα αρχαία νομίσματα, τα πούλησαν αμέσως μετά την ανακάλυψή τους σε μια ομάδα Τούρκων αρχαιοκάπηλων στη Γερμανία, οι οποίοι σύντομα τα προώθησαν στην Αμερική και συγκεκριμένα σε αυτούς, κατά των οποίων στρεφόταν η αγωγή του τουρκικού κράτους. Τα αρχαία νομίσματα μεταφέρθηκαν σε αποθήκη μιας τράπεζας στην Πολιτεία της Φλόριντας, μετά από τη γνωμάτευση περί γνησιότητας, του υπαλλήλου Κορνήλιους Βερμούλ, του Μουσείου Καλών Τεχνών της Βοστόνης.

Δέκα χρόνια μετά την κατάθεση της αγωγής (πού σίγουρα έχει κοστίσει στην Τουρκία εκατομμύρια δολάρια σε δικαστικά έξοδα) και λίγο πριν την έναρξη εκδίκασης της υπόθεσης, η οποία είχε οριστεί για τις 8 Μαρτίου του 1999 ενώπιον του Ομοσπονδιακού Δικαστή Ρίτσαρντ Στερνς, το Τουρκικό κράτος διαπραγματεύτηκε με τους εναγομένους την επιστροφή των νομισμάτων.

Ένας από τους ενάγοντες ήταν και ο δισεκατομμυριούχος, Γουίλιαμ Κοτς, του οποίου η οικογενειακή περιουσία ανέρχεται στα $35 δις, ενώ ο ίδιος έχει επανειλημμένα απασχολήσει τα αμερικανικά ΜΜΕ. Για παράδειγμα, το καλοκαίρι του 1998, ο Κοτς κατέθεσε αγωγή εναντίον των αδελφών του για διαφορά ύψους $2 δις και λίγο παλαιότερα είχε καταθέσει αγωγή έξωσης στο τοπικό δικαστήριο, εναντίον της ερωμένης του. Επίσης, ο Κοτς ήταν για μεγάλο χρονικό διάστημα σε ανοιχτό πόλεμο με την Πολιτεία της Μασαχουσέτης, διεκδικώντας την επιστροφή $47.5 εκατομμυρίων από φόρους, ενώ κάποια άλλη χρονική περίοδο είχε έντονες διαμάχες με τους κατοίκους της συνοικίας του στην περιοχή του Κέιπ Κοτ, λόγω χαμηλών πτήσεων του προσωπικού του ελικοπτέρου. Η Τουρκία από την άλλη, δε δίστασε να κατονομάσει στην αγωγή δύο φίλους και συμμαθητές του Κοτς, από το Χάρβαρντ, οι οποίοι είναι μέτοχοι της εταιρείας που είχε στην κατοχή της τα αρχαία νομίσματα.

Μελέτη του δικαστικού φακέλου επιβεβαιώνει τη σκληρή αντιπαράθεση των δύο πλευρών και την επιτυχία της Τουρκίας να θεμελιώσει πλήρως τους νομικούς ισχυρισμούς της γύρω από το θέμα των αρχαιοτήτων και να αποκρούσει επίσης με άρτια νομική θεμελίωση τους ισχυρισμούς της αντίδικης πλευράς, περί καθυστερημένης κατάθεσης της αγωγής και έλλειψης νομικής βάσης των θέσεών της. Η Τουρκία στήριξε την αγωγή της σε σωρεία νομικών διατάξεων, αλλά και σε θεωρητικές βάσεις, συμπεριλαμβανομένης ακόμα και της ιδιαίτερα σκληρής νομοθεσίας περί Εκβιαστικών Επιδράσεων Διεφθαρμένων Οργανισμών (Racketeering Influenced and Corrupt Organizations Act («RICO»). Αν και οι εναγόμενοι παρουσίασαν στοιχεία, τα οποία απεδείκνυαν ότι τα αρχαία νομίσματα δεν προέρχονταν από το Ελμαλί, αλλά από ανακάλυψη αρχαιοτήτων που έγινε στην Ελλάδα και ότι το τουρκικό κράτος προσκόμισε στοιχεία (κυρίως ένορκες μαρτυρίες) μετά από χρήση βίας, η Τουρκία πέτυχε να πάρει πίσω τα νομίσματα, μετά από τον επιτυχή διακανονισμό που διεξήγαγε.

Στην πρώτη απόφαση του δικαστηρίου το 1992,[139] ο Ομοσπονδιακός δικαστής, Γουόλτερ Σκίνερ, αρνήθηκε το αίτημα των εναγομένων που βασιζόταν στη νομολογία του Αμερικανικού Εφετείου,[140] σύμφωνα με την οποία ένα κράτος δεν μπορεί να θεμελιώσει δικαίωμα ιδιοκτησίας σε αρχαία αντικείμενα, αν προηγουμένως δεν έχει θεσπίσει στο εσωτερικό του, το σχετικό νομοθετικό πλαίσιο. Ο δικαστής έκρινε ότι ο ισχυρισμός των εναγομένων, περί ασάφειας του τουρκικού νόμου σε θέματα κρατικής ιδιοκτησίας αρχαίων αντικειμένων (και συνεπώς το νομικά αβάσιμο των τουρκικών θέσεων), δεν μπορεί να κριθεί χωρίς εκδίκαση επί της ουσίας της υπόθεσης. Στη συνέχεια, ο δικαστής έκρινε ότι οι τουρκικές θέσεις για την παραβίαση του νόμου περί Εκβιαστικών Επιδράσεων Διεφθαρμένων Οργανισμών, ήταν νομικά επαρκείς, καθώς οι ισχυρισμοί του τουρκικού κράτους, αρχικά τουλάχιστον, επεσήμαναν κάποια ζημία σε τουρκική περιουσία σύμφωνα με το συγκεκριμένο νόμο. Στο θέμα της παραγραφής των τουρκικών αξιώσεων, ο δικαστής απέρριψε τα επιχειρήματα των εναγομένων, αναφέροντας ότι το τουρκικό κράτος δε γνώριζε την ταυτότητα των ατόμων που είχαν στην κατοχή τους τα αρχαία νομίσματα, μέχρι λίγο πριν την κατάθεση της αγωγής. Συνεπώς, στο χρόνο της παραγραφής δεν ήταν δυνατόν να συμπεριλαμβάνεται και η περίοδος κατά την οποία το τουρκικό κράτος προσπαθούσε να ανακαλύψει τους πραγματικούς αγοραστές των νομισμάτων.

Στην δεύτερη απόφαση του Ομοσπονδιακού Δικαστηρίου το 1993,[141] ο δικαστής αναφέρθηκε στον τουρκικό νόμο περί ιδιοκτησίας αρχαίων αντικειμένων, σημειώνοντας χαρακτηριστικά ότι οι πραγματογνώμονες των εναγόντων θα παρουσίαζαν γνωμάτευση που θα επιβεβαίωνε ότι ο εν λόγω νόμος δεν επιτρέπει τη δημιουργία ιδιοκτησιακού καθεστώτος σε αρχαιότητες, όταν δεν υπάρχει κάποια σχετική πολιτική απόφαση για την απόκτηση των αρχαιοτήτων και καταβολή συγκεκριμένου χρηματικού ποσού για την απόκτηση των αρχαίων αντικειμένων.

Επιπλέον, ο δικαστής αρνήθηκε την αίτηση των εναγόντων για εμφάνιση μαρτύρων εκ μέρους του τουρκικού κράτους, προκειμένου να ερμηνεύσουν τους νόμους του σχετικά με την ιδιοκτησία αρχαιοτήτων και να παρουσιάσουν ντοκουμέντα που να υποστηρίζουν τις τουρκικές θέσεις. Ο δικαστής απλώς επέτρεψε στους ενάγοντες να χρησιμοποιήσουν στοιχεία που είναι προσιτά σε Τούρκους δικηγόρους και πραγματογνώμονες. Στην τρίτη - μη δημοσιευθείσα - απόφαση του 1994, το δικαστήριο αποφάνθηκε ότι ο Τουρκικός νόμος επιτρέπει στην Τουρκία να εγείρει δικαίωμα κυριότητας στα αρχαιολογικά ευρήματα του Ελμαλί και να απαιτήσει την επιστροφή τους. Ταυτόχρονα, το δικαστήριο επανέλαβε την αρχική του θέση να επιτρέψει στην Τουρκία να προωθήσει τις απαιτήσεις της προς το Ομοσπονδιακό Δικαστήριο, με τη νομική βάση που παρουσίασε στην τροποποιημένη αγωγή της και ακολούθως δρομολόγησε τη διαδικασία εκδίκασης της υπόθεσης.

Η εκδίκαση της υπόθεσης των αρχαιολογικών ευρημάτων του Ελμαλί έχει τεράστια σημασία για την Ελλάδα, όχι μόνο για το δεδικασμένο που δημιουργήθηκε, αλλά για τον ιδιαίτερο συσχετισμό του όλου θέματος με τα συμφέροντα της χώρας μας. Είναι προφανές ότι οι τουρκικές θέσεις ευθυγραμμίζονται απόλυτα με τα ελληνικά συμφέροντα για την πάταξη της αρχαιοκαπηλίας και την επιστροφή αρχαίων αντικειμένων στη χώρα που δημιούργησε τον πολιτισμό και έχει έναν απέραντο αρχαίο πλούτο, πλην όμως διάσπαρτο.

Πέρα από το νομικό ενδιαφέρον της υπόθεσης αυτής, η αποφασιστικότητα της Τουρκίας στη χρήση της δικαστικής οδού και η ευαισθησία του αμερικανικού δικαστικού σώματος στην επιστροφή του αρχαιολογικού πλούτου του Ελμαλί, δημιουργεί ένα δικαστικό προηγούμενο για την Ελλάδα να διεκδικήσει και δικά της αρχαία ευρήματα. Η εφημερίδα Boston Globe, σε πρωτοσέλιδο αφιέρωμά της για την υπόθεση αυτή, έθεσε το εξής ερώτημα: «Ακόμα και τώρα που οι δύο πλευρές ετοιμάζονται για το δικαστικό αγώνα, το ηθικό δίλημμα παραμένει. Ποιος έχει την δίκαια αξίωση για τέτοια σπάνια ίχνη του παρελθόντος;» Κατά την εκδίκαση της υπόθεσης διατυπώθηκαν απόψεις παραπλήσιες με τις αξιώσεις του ελληνικού κράτους για την επιστροφή πολλών άλλων αρχαιοτήτων. Αξίζει να σημειωθεί, ότι αν η Ελλάδα είχε κινήσει τη σχετική διαδικασία για την ίδια υπόθεση και το δικαστήριο έκρινε ότι τα νομίσματα είχαν βρεθεί στην ελληνική επικράτεια, το ελληνικό κράτος δε θα μπορούσε να απαιτήσει την επιστροφή τους λόγω παραγραφής της σχετικής αξίωσης. Βέβαια, εν προκειμένω, το ελληνικό κράτος απουσίασε παντελώς από την πολυετή δικαστική διαδικασία.

Η Τουρκία και η γενοκτονία των Αρμενίων

Στις 26 Οκτωβρίου του 2005, δύο καθηγητές λυκείου, ένας φοιτητής και η Συνέλευση Αμερικανοτουρκικών Ομοσπονδιών κατέθεσαν αγωγή στο Ομοσπονδιακό Δικαστήριο της Μασαχουσέτης, κατά του Συμβουλίου Εκπαίδευσης της πολιτείας, αμφισβητώντας τη συνταγματικότητα της πολιτειακής νομοθεσίας, η οποία διαμορφώνει τα πρότυπα διδασκαλίας γύρω από τα θέματα ανθρωπίνων δικαιωμάτων. Συγκεκριμένα, η νομοθεσία που ψηφίστηκε στην πολιτεία της Μασαχουσέτης το 1998, ορίζει το Συμβούλιο Εκπαίδευσης της Πολιτείας, ως όργανο υπεύθυνο για τον προσδιορισμό της διδακτέας ύλης στις ενότητες που αφορούν στη δουλεία, στο λιμό της Ιρλανδίας, στο φασισμό στην Ιταλία και στη γενοκτονία των Εβραίων και των Αρμενίων.

Όλο το νομοθετικό πλαίσιο είναι δημιούργημα δύο αδελφών, του Στηβ και του Γούρεν Τόλμαν, οι οποίοι μεγάλωσαν στην περιοχή του Watertown της Μασαχουσέτης, μια από τις πιο πυκνοκατοικημένες περιοχές της αρμενικής παροικίας στις ΗΠΑ. Έχοντας συναναστραφεί με οικογένειες αρμενίων και έχοντας ακούσει αμέτρητες ιστορίες για τη γενοκτονία των προγόνων τους, προώθησαν τη συγκεκριμένη νομοθεσία η οποία αναφέρει τα ακόλουθα: «Το Συμβούλιο Εκπαίδευσης θα διατυπώσει συστάσεις σχετικά με το εκπαιδευτικό υλικό στα ζητήματα της γενοκτονίας και των ανθρωπίνων δικαιωμάτων, και οδηγίες για τη διδασκαλία αυτών των ενοτήτων. Η εν λόγω διδακτέα ύλη μπορεί να συμπεριλάβει, χωρίς περιορισμούς, την περίοδο του υπερατλαντικού εμπορίου δούλων, τη μεγάλη περίοδο πείνας στην Ιρλανδία, την Αρμενική γενοκτονία, την Εβραϊκή γενοκτονία, το φασιστικό καθεστώς του Μουσολίνι, κα-

Δημήτρης Ιωαννίδης

θώς και άλλες - διεθνώς και ιστορικά - αναγνωρισμένες παραβιάσεις ανθρωπίνων δικαιωμάτων. Για τη διατύπωση αυτών των συστάσεων, το Συμβούλιο Εκπαίδευσης θα συμβουλευτεί εν ενεργεία δασκάλους, διευθυντές σχολείων, επιθεωρητές και συντονιστές διδασκαλίας της Πολιτείας, όπως και εμπειρογνώμονες, ειδικούς στα ανωτέρω ζητήματα. Οι εν λόγω συστάσεις θα απευθύνονται σε όλες τις σχολικές περιοχές της Πολιτείας και θα έχουν συμβουλευτικό χαρακτήρα, ενώ η γραμματεία του Πολιτειακού Κογκρέσου θα τις αρχειοθετήσει, το αργότερο έως την 1η Μαρτίου του 1999».

Οι αδελφοί Τόλμαν πίστευαν ότι η νομοθεσία ήταν απαραίτητη, γιατί «αυτοί που δεν ξέρουν ιστορία είναι καταδικασμένοι να την επαναλάβουν», ενώ «τα ιστορικά γεγονότα αποδεικνύουν ότι υπήρξε γενοκτονία των Αρμενίων, με 1,5 εκατομμύρια ανθρώπων να έχουν σφαχτεί». Το Συμβούλιο Εκπαίδευσης, αρχικά, μελέτησε διάφορα ιστορικά συγγράμματα πάνω στα θέματα της γενοκτονίας και δημιούργησε τον «Οδηγό της Μασαχουσέτης για την επιλογή και τη χρήση εκπαιδευτικού υλικού σε θέματα γενοκτονίας και ανθρώπινων δικαιωμάτων». Το πρώτο σχέδιο δόθηκε στη δημοσιότητα, ώστε η ακαδημαϊκή κοινότητα να μπορέσει να το σχολιάσει και να το μελετήσει και οι τελικές προτάσεις να έχουν ιστορική βάση και εγκυρότητα. Το τελικό κείμενο του «Οδηγού Γενοκτονίας», ήταν αποτέλεσμα αυτής της διαδικασίας και παρέπεμπε σε αναγνωρισμένα συγγράμματα, τα οποία αναφέρονται στη γενοκτονία των Αρμενίων, ενώ το Συμβούλιο Εκπαίδευσης παρέλειψε σκόπιμα διάφορες πηγές τουρκικών οργανισμών που δεν αναγνώριζαν τη γενοκτονία.

Στην αγωγή που κατέθεσαν οι τουρκικές οργανώσεις, ισχυρίζονται ότι είναι αντισυνταγματική η απόφαση του Συμβουλίου Εκπαίδευσης να μη συμπεριλάβει συγκεκριμένο εκπαιδευτικό υλικό, σύμφωνα με το οποίο η σφαγή των Αρμενίων την περίοδο του Πρώτου Παγκοσμίου Πολέμου δεν αποτελεί γενοκτονία, όπως αυτή η έννοια προσδιορίζεται από ιστορικές πηγές και νομικές διατάξεις, (π.χ. η Συνθήκη των Ηνωμένων Εθνών για την Αποτροπή και Τιμωρία Αδικημάτων Γενοκτονίας του 1984). Επίσης, οι τουρκικοί οργανισμοί ζητούν από το Συμβούλιο Εκπαίδευσης να επανεισαγάγει τις συγκεκριμένες ιστοσελίδες και το εκπαιδευτικό υλικό στον Οδηγό Εκπαίδευσης, παρόλο που το υλικό αυτό δεν είναι αποδεκτό από την επικρατούσα κοινότητα ιστορικών και εκφράζει απλώς την άποψη κάποιας μικρής μειονότητας.

Αμέσως μετά την κατάθεση της αγωγής, διάφορες αρμενικές οργανώσεις και επιφανή άτομα της αμερικανοαρμενικής παροικίας, (όπως ο καθηγητής της ιατρικής σχολής του Πανεπιστημίου της Βοστόνης, Άραμ Τσομπάνιαν-Aram V. Chobanian), άσκησαν αίτηση παρεμβάσεως στην υπόθεση, ισχυριζόμενοι ότι η αγωγή φέρει το μανδύα άσκησης συνταγματικών δικαιωμάτων, σε μια πρωτοφανή προσπάθεια να ωθήσουν τα Ομοσπονδιακά δικαστήρια να επέμβουν στην εκπαιδευτική πολιτική της πολιτείας της Μασαχουσέτης. Επίσης, οι ενάγοντες υποκινούνται από ανυπόστατους πολιτικούς ισχυρισμούς μερικών ατόμων και ομάδων που συνεχίζουν να αρνιούνται τη γενοκτονία των Αρμενίων. Για τις αρμενικές οργανώσεις, η προσπάθεια των τουρκικών συμφερόντων να φέρουν το θέμα ενώπιον των αμερικανικών δικαστηρίων, αποτελεί προσπάθεια σφετερισμού του ρόλου των εκπαιδευτών, υπόδειξης του κατάλληλου γι' αυτούς εκπαιδευτικού υλικού για τα σχολεία της πολιτείας και έναν κακόβουλο δικαστικό αγώνα για τον προσδιορισμό της διδακτέας ύλης που αναφέρεται σε γεγονότα πριν από 90 χρόνια.

Οι αρμενικές οργανώσεις επίσης, ανέφεραν ότι η φιλοτουρκική πλευρά επικαλείται αβάσιμα επιχειρήματα περί συνταγματικότητας, προκειμένου να αλλοιωθεί η διδακτέα ύλη, κατά τρόπο που να διαστρεβλώνεται η ιστορία. Αν επιτύχει η προσπάθεια αυτή, ισχυρίζονται οι Αρμένιοι, τότε οι εκπρόσωποι αυτών των συμφερόντων που δεν αναγνωρίζουν τη γενοκτονία των Εβραίων ή την αθλιότητα της δουλοκτημοσύνης στις ΗΠΑ, μπορούν κάλλιστα να επιφέρουν την αναδιαμόρφωση της διδακτέας ύλης ακόμα και σε αυτά τα δεδομένα ιστορικά γεγονότα. Αποτέλεσμα αυτής της διαδικασίας θα είναι, τα ομοσπονδιακά δικαστήρια να αναλάβουν εποπτικά καθήκοντα σε όλα τα εκπαιδευτικά θέματα και να γίνουν τελικά οι επιδιαιτητές σε ζητήματα που αφορούν στην εκπαιδευτική κοινότητα. Για την αρμενική πλευρά, ο ρόλος αυτός ανήκει μόνο στη νομοθετική αρχή και στο Συμβούλιο Εκπαίδευσης της Πολιτείας και όχι στα δικαστήρια.

Στην ένστασή τους, οι τουρκικοί οργανισμοί ισχυρίστηκαν ότι οι θέσεις της αρμενικής πλευράς απέχουν από το πνεύμα της αγωγής, το οποίο αποβλέπει στη συνταγματική προστασία ατομικών δικαιωμάτων, χωρίς να παίρνει θέση στην ιστορική διαμάχη των δύο πλευρών. Αξιοσημείωτος είναι επίσης ο ισχυρισμός των τουρκικών οργανισμών ότι το δικαστήριο δεν έχει ούτε τη δικαιοδοσία ούτε και τις ειδικές γνώσεις που απαιτούνται, για να κρίνει την ιστορική διαμάχη, καθώς και ότι η παρεμβαίνουσα αρμενική πλευρά δεν έχει κανένα δικαίωμα που να χρήζει προστασίας στα πλαίσια της συγκεκριμένης υπόθεσης. Για παράδειγμα, οι αρμενικές οργανώσεις δεν έχουν έννομο συμφέρον και λόγω της καταγωγής τους, για την καθιέρωση συγκεκριμένης διαδικασίας προσδιορισμού της διδακτέας ύλης από έμπειρους εκπαιδευτικούς στα σχολεία της Πολιτείας.

Για τις τουρκικές οργανώσεις, η διδακτέα ύλη που τελικά αποκόπηκε από το Συμβούλιο Εκπαίδευσης, περιείχε κείμενα, στα οποία οι μαθητές και οι δάσκαλοι μπορούν να έχουν πρόσβαση μέσω του διαδικτύου, χωρίς να απαιτείται να δημιουργηθεί ειδικός χώρος στις τάξεις ή στις σχολικές βιβλιοθήκες. Μάλιστα, οι δάσκαλοι και οι μαθητές θα έχουν την ευχέρεια να αποφασίσουν αν η άποψη της πλειοψηφίας μπορεί να συμβαδίσει με την άποψη της μειοψηφίας, στα πλαίσια ενός ελεύθερου και δημοκρατικού διαλόγου και μέσα από επιστημονική έρευνα.

Η αντίδραση της αρμενικής πλευράς ήταν άμεση: «Η αγωγή είναι μια *προφανής προσπάθεια που αποσκοπεί στη δικαστική επισφράγιση της* αβάσιμης θέσης της τουρκικής κυβέρνησης ότι η σφαγή 1,5 εκατομμυρίων Αρμενίων την περίοδο 1895-1920 δεν αποτελεί γενοκτονία.» Αν και οι τουρκικές θέσεις προβάλλουν παραπειστικά επιχειρήματα για δήθεν προστασία συνταγματικών δικαιωμάτων, η όλη προσπάθεια βασίζεται στην άποψη ότι η γενοκτονία των Αρμενίων δε συνέβη. Συνεπώς, η απόφαση της Εκπαιδευτικής Επιτροπής να μη συμπεριλάβει πηγές που υποστηρίζουν αυτή την άποψη, δεν μπορεί να είναι αντισυνταγματική.

Για την αρμενική πλευρά, τα συμφέροντα των δύο μερών στην έκβαση του δικαστικού αγώνα είναι πανομοιότυπα, αφού και οι δύο έχουν σημαντικό όφελος από τη διαμόρφωση της διδακτέας ύλης στα σχολεία της Μασαχουσέτης. Ωστόσο, το κεντρικό σημείο της αρμενικής θέσης είναι ότι: «η Πολιτεία, μέσα από τα κοινοβουλευτικά της όργανα και την Επιτροπή Εκπαίδευσης, έκριναν σωστά το περιεχόμενο της διδακτέας ύλης και η απόφαση αυτή θεωρείται κυβερνητική πράξη.» Σύμφωνα με την ίδια άποψη, δηλαδή της αρμενικής πλευράς, οι κυβερνητικές επιλογές δεν είναι απαραίτητο να τηρούν ουδέτερη στάση σε συγκεκριμένα θέματα και τέλος, δε θα έπρεπε να επιτρέπεται η άσκηση δικαστικών προσφυγών με επίκληση συνταγματικών δικαιωμάτων, για θέματα που απορρέουν από αποφάσεις του κυβερνητικού μηχανισμού.

Η αρμενική πλευρά επίσης, αντέδρασε στις κατηγορίες της τουρκικής πλευράς, ότι παρακώλυσε τη διαδικασία επιλογής της διδακτέας ύλης χρησιμοποιώντας ποικίλα πολιτικά μέσα, προκειμένου να επηρεάσει την Εκπαιδευτική Επιτροπή. Επίσης, χαρακτήρισε τις τουρκικές προσπάθειες ως μια αντίδραση προσβλητικού χαρακτήρα, για τον αποκλεισμό από τη διδακτέα ύλη, κειμένων και συγγραμμάτων που αρνούνται τη γενοκτονία των Αρμενίων.

Η συγκεκριμένη υπόθεση αντιμετωπίζει επιφανειακά το συνταγματικό δικαίωμα διαφόρων οργανισμών, να διαμορφώσουν την ύλη που διδάσκεται στην Πολιτεία της Μασαχουσέτης, σε θέματα που σχετίζονται με γενοκτονίες. Η περιγραφείσα προσπάθεια της τουρκικής πλευράς αποδεικνύει πόσο σημαντική είναι η παρουσία της τουρκικής πολιτικής σε όλα τα επίπεδα της αμερικανικής ζωής. Οι οργανώσεις των Αρμενίων έχουν προωθήσει αρκετά ψηφίσματα και έχουν επιτύχει σημαντικά βήματα στη χώρα αυτή, πάνω στο θέμα της γενοκτονίας των προγόνων τους, κάτι που δεν επιτύχαμε αντιστοίχως για τη γενοκτονία των Ποντίων και τη Μικρασιατική καταστροφή. Όπως χαρακτηριστικά είπε και ο βουλευτής Tolman, «αυτοί που δεν ξέρουν ιστορία είναι καταδικασμένοι να την επαναλάβουν» και αυτή θα πρέπει να είναι και η δική μας προσέγγιση στην αναγνώριση κάποιων θλιβερών σελίδων της ιστορίας μας.

Η υπόθεση τελικά εκδικάστηκε από το Εφετείο των ΗΠΑ όπου τον Αύγουστο του 2010,[142] το δικαστήριο απέρριψε την αγωγή ως αβάσιμη, χαρακτηρίζοντας την διδακτέα ύλη ως μέρος του προγράμματος σπουδών των φοιτητών που δεν θίγει τις ατομικές ελευθερίες. Οι τυχόν αναθεωρήσεις στην ύλη μετά την υποβολή της στο νομοθετικό σώμα, ακόμα και αν είχαν πραγματοποιηθεί μετά από πολιτικές πιέσεις, δεν εμπλέκουν το Πρώτο Συμπληρωματικό Άρθρο του Συντάγματος περί προστασίας των προσωπικών ελευθεριών.

Διακρατικές Συνθήκες με τις ΗΠΑ

Όπως αναφέρθηκε και ανωτέρω, η αδυναμία της ελληνικής εξωτερικής πολιτικής τα τελευταία χρόνια, να προωθήσει τους εθνικούς μας στόχους στις ΗΠΑ, δεν οφείλεται σε συγκεκριμένα πρόσωπα, αλλά στην έλλειψη μιας σταθερής στρατηγικής που να αντιλαμβάνεται συγχρόνως τον τρόπο με τον οποίο διαμορφώνεται η αμερικανική εξωτερική πολιτική. Ακόμα και σε θέματα διμερών συμφωνιών, το ελληνικό κράτος θα έπρεπε να μελετά την αμερικανική νομοθεσία, προτού υπογράψει συμβάσεις με την κυβέρνηση των ΗΠΑ, ώστε να εξασφαλίσει τα ελληνικά συμφέροντα στο καλύτερο δυνατό επίπεδο.

Συγκεκριμένα, ο Αμερικανικός Κώδικας για την αντιμετώπιση της Διεθνούς Τρομοκρατίας («United States Code Annotated»), περιέχει περίπου 80 άρθρα τα οποία βρίσκονται διάσπαρτα σε διάφορες νομοθετικές διατάξεις και προβλέπουν τη λήψη πολλών και αυστηρών μέτρων, τόσο ποινικού όσο και αστικού χαρακτήρα, για την αντιμετώπιση της διεθνούς τρομοκρατίας. Το αμερικανικό Κογκρέσο ψήφισε το 1992 την ισχύουσα Αντιτρομοκρατική Νομοθεσία, η οποία περιγράφει και ποινικοποιεί πολλές πράξεις διεθνούς τρομοκρατίας, προβλέποντας ακόμα και τη θανατική ποινή για δολοφονίες Αμερικανών πολιτών εκτός χώρας. Στην εισηγητική έκθεση του νόμου αυτού αναφέρεται ότι: «Η διεθνής τρομοκρατία είναι ένα σοβαρότατο ποινικό ζήτημα που απειλεί συμφέροντα ζωτικής σημασίας για τις ΗΠΑ. Επιδρά τόσο στο εθνικό όσο και στο διεθνές εμπόριο της χώρας, προσβάλλοντας με αυτό τον τρόπο και τη σταθερότητα της παγκόσμιας αγοράς...»

Σύλληψη Τρομοκρατών σε Αλλοδαπές Χώρες

Τον Ιούλιο του 1993, πράκτορες του FBI συνέλαβαν τον Παλαιστίνιο Ομάρ Μοχάμεντ Αλι Ρεζάκ (Omar Mohammed Ali Rezaq) στη Νιγηρία και τον μετέφεραν στις ΗΠΑ. Ο Παλαιστίνιος είχε κατηγορηθεί για την αεροπειρατεία ενός αεροπλάνου που εκτελούσε το δρομολόγιο «Αθήνα-Κάιρο» το 1985, για τη δολοφονία ενός Αμερικανού πολίτη και τον τραυματισμό ενός άλλου. Αρχικά, ο Ρεζάκ συνελήφθη στη Μάλτα, όπου το αεροπλάνο είχε προσγειωθεί για ανεφοδιασμό και καταδικάσθηκε από τα δικαστήριά της σε ποινή κάθειρξης 25 ετών. Στην συνέχεια, διέταξαν την απελευθέρωσή του μετά από πολιτική πίεση που άσκησε η Λιβύη και ο Ρεζάκ αναζήτησε καταφύγιο στην Γκάνα. Οι αμερικανικές αρχές αμέσως μετά εξέδωσαν το ένταλμα σύλληψής του και το FBI κατέστρωσε ένα καλά συντονισμένο σχέδιο, ώστε ο Ρεζάκ να μεταφερθεί στην τότε πολιτικά ασταθή Νιγηρία, όπου και συνελήφθη από τους πράκτορες του FBI.

Αν και το αμερικανικό Σύνταγμα δεν προβλέπει κάποια συγκεκριμένη ρύθμιση για τις συλλήψεις κατηγορουμένων σε αλλοδαπές χώρες, το αμερικανικό Κογκρέσο ψήφισε το 1986 νόμο που επιτρέπει στο FBI να συλλάβει τρομοκράτες σε άλλες χώρες, χωρίς τη συγκατάθεση των αρχών του κράτους όπου γίνεται η σύλληψη.[143] Το 1989, η κυβέρνηση του Προέδρου Μπους δέχθηκε την συμβουλευτική ερμηνεία του Νομικού Συμβουλίου του κράτους, κατά την οποία αναγνωριζόταν η «θεσπιζόμενη νόμιμη αρχή» του FBI στη σύλληψη ατόμων εκτός συνόρων, παρά το γεγονός ότι το ίδιο το Συμβούλιο υποστήριζε ότι αυτές οι συλλήψεις παραβίαζαν το διεθνές εθιμικό δίκαιο («customary international law») και το άρθρο 2(4) του Καταστατικού Χάρτη των Ηνωμένων Εθνών. Την ίδια πολιτική γραμμή ακολούθησε και η κυβέρνηση Κλίντον στην αντιμετώπιση της τρομοκρατίας.

Από την πλευρά του, το Α.Δ. των ΗΠΑ τάσσεται υπέρ της νομιμότητας των συλλήψεων κατηγορουμένων σε αλλοδαπές χώρες από τις Αμερικανικές αρχές, παρά την παραβίαση της διεθνούς νομοθεσίας. Το Δικαστήριο ασχολήθηκε με το θέμα αυτό για πρώτη φορά, στην υπόθεση *Ker v. Illinois*[144], όπου ο κατηγορούμενος Κερ διέφυγε στο Περού, όταν κατηγορήθηκε από τις αρχές της Πολιτείας του Illinois για κλοπή. Την εποχή εκείνη δεν υπήρχε κυβέρνηση στο Περού, διότι οι στρατιωτικές δυνάμεις της Χιλής είχαν καταλάβει τη χώρα και ο αμερικανός πράκτορας που είχε το ένταλμα σύλληψης του κατηγορουμένου Κερ, προχώρησε στην σύλληψη και επιστροφή του στις ΗΠΑ με δική του πρωτοβουλία. Το Δικαστήριο απέρριψε την ένσταση του κατηγορουμένου για παράνομη προσαγωγή και έκρινε ότι η σύλληψή του στο Περού από πράκτορα του αμερικανικού κράτους και η μετέπειτα επιστροφή του στις ΗΠΑ δεν ήταν τίποτα παραπάνω από απλή «παρατυπία».

Στην υπόθεση *Frisbie v. Collins*,[145] οι αρχές της Πολιτείας του Michigan συνέλαβαν τον κατηγορούμενο Κόλινς στην Πολιτεία του Ιλινόις και τον μετέφεραν στην Πολιτεία του Μίσιγκαν, όπου δικάστηκε. Το Δικαστήριο επανέλαβε τη θέση που είχε διατυπώσει στην υπόθεση Κερ, λέγοντας ότι η τυχόν παράνομη προσαγωγή του κατηγορουμένου δεν αποκλείει τη δικαιοδοσία των Δικαστηρίων. Χαρακτηριστικά ανέφερε: *«Το Δικαστήριο δεν παρέκλινε ποτέ από την αρχή που διατύπωσε στην υπόθεση Κερ, ότι δηλαδή η εξουσία του δικαστηρίου να εκδικάζει ποινικές υποθέσεις δε δύναται να αποκλεισθεί από το γεγονός ότι η παρουσία του κατηγορουμένου στο Δικαστήριο εξασφαλίσθηκε με τη βίαιη προσαγωγή του [...] Καμία διάταξη του Συντάγματος δεν επιβάλλει στο Δικαστήριο, να παράσχει στους κατηγορουμένους τη δυνατότητα να ασκήσουν κάποιο ένδικο βοήθημα, για το λόγο ότι η παρουσία τους στο δικαστήριο επιτεύχθηκε χωρίς τη θέλησή τους.»*

Αν και αυτές οι δύο υποθέσεις δεν αφορούν συλλήψεις κατηγορουμένων σε ανεξάρτητες τρίτες χώρες, δηλαδή εκτός ΗΠΑ, το Δικαστήριο διέπλασε το γενικό κανόνα ότι ακόμα και οι, κατά παράβαση των κανόνων του Διεθνούς Δικαίου, συλλήψεις των κατηγορουμένων δε θεμελιώνουν επαρκώς την ένσταση κατά της δικαιοδοσίας των Δικαστηρίων να εκδικάζουν αυτές τις υποθέσεις.

Πιο πρόσφατα, στην υπόθεση *United States v. Alyarez-Machain*,[146] το Α.Δ. έκρινε ότι η σύλληψη του Ουμπέρτο Αλιαρέζ-Μαχέν (Humberto Alyarez-Machain) στο Μεξικό και η μεταφορά του στην Πολιτεία του Texas, όπου δικάστηκε για τη δολοφονία του ειδικού πράκτορα του Αμερικανικού Γραφείου Δίωξης Ναρκωτικών, δεν μπορεί να αποκλείσει την αρμοδιότητα των αμερικανικών δικαστηρίων, ακόμα και όταν υπάρχει συνθήκη έκδοσης των κατηγορουμένων μεταξύ των δύο κρατών.

Στην εν λόγω υπόθεση, το Α.Δ. μελέτησε το κείμενο της Συνθήκης που υπεγράφη μεταξύ της Αμερικής και του Μεξικού και έκρινε ότι δεν υπάρχει καμία διάταξη που να απαγορεύει τη βίαιη προσαγωγή ατόμων από τις αρχές του άλλου κράτους ή να αναφέρει τις συνέπειες μιας τέτοιας προσαγωγής. Επίσης, το Δικαστήριο απέρριψε την επιχειρηματολογία ότι η υπογραφή της Συνθήκης αυτής αποτελεί σιωπηρή αποδοχή της ανάγκης που έχει το αμερικανικό κράτος να υποβάλει αίτηση προς τις αρχές του Μεξικού για την έκδοση των κατηγορουμένων. Μάλιστα, το Α.Δ. έκρινε ότι κανένας κατηγορούμενος δεν μπορεί να υπερασπισθεί τη θέση του σε παρόμοια θέματα αν δεν αποδείξει, είτε με αναφορά σε σημείο της Συνθήκης, είτε με επίκληση του εθιμικού δικαίου, ότι η Αμερική έχει καταφατικά (affirmatively) συμφωνήσει να μη χρησιμοποιήσει μεθόδους βίαιης προσαγωγής στην επικράτεια του άλλου κράτους.

Στην υπόθεση *United States v. Noriega*, το Ομοσπονδιακό Εφετείο των ΗΠΑ έκρινε τη σύλληψη του Στρατηγού Μανουέλ Νοριέγκα (Manuel Noriega) και την εκδίκαση της υπόθεσής του από τα δικαστήρια της Πολιτείας της Φλόριντας.[147] Η υπόθεση αυτή ξεκίνησε το 1988, όταν το ορκωτό σώμα της Πολιτείας της Φλόριντα ψήφισε την έκδοση του κατηγορητηρίου κατά του Νοριέγκα για διακίνηση ναρκωτικών και συμμετοχή σε μια διεθνή συνωμοσία που σκοπό είχε την εισαγωγή κοκαΐνης στις ΗΠΑ. Επίσης, κατηγορήθηκε ότι είχε εκμεταλλευτεί την επίσημη ιδιότητά του ως αρχηγού του κράτους του Παναμά, αφού έλαβε χρηματικά ποσά από το Medellin Καρτέλ της Κολομβίας, για την ελεύθερη διακίνηση ναρκωτικών από τον Παναμά με προορισμό την Αμερική.

Αν και η υπόθεση Νοριέγκα είναι η μόνη που αφορά στη σύλληψη του αρχηγού ενός κράτους, το Εφετείο ακολούθησε το δεδικασμένο της υπόθεσης *Alyarez-Machain* και απέρριψε την αίτηση του Νοριέγκα να ανατρέψει την καταδίκη του από τα αμερικανικά δικαστήρια για το λόγο ότι βασιζόταν σε παράνομη προσαγωγή. Επίσης, το Εφετείο έκρινε ότι η Συνθήκη έκδοσης κρατουμένων μεταξύ του Παναμά και των ΗΠΑ δεν αναφερόταν σε προσαγωγές και συλλήψεις κατηγορουμένων και συνεπώς δεν απαγορεύει στις αμερικανικές αρχές να συλλαμβάνουν κατηγορούμενους σε αλλοδαπές χώρες.

Τα τελευταία χρόνια, ιδιαίτερα μετά την τραγωδία στην πόλη της

Οκλαχόμα, το Κογκρέσο προέβη σε αρκετές νομοθετικές αλλαγές που επιτρέπουν την αντιμετώπιση της τρομοκρατίας με σκληρά ποινικά και αστικά μέτρα. Το 1986 ο - τότε - Πρόεδρος Ρήγκαν ανέφερε στην τελετή υπογραφής της νομοθεσίας για την «Διπλωματική Ασφάλεια και τον Αντιτρομοκρατικό Νόμο του 1986» («Omnibus Diplomatic Security and Antiterrorism Act of 1986»): «Ο νόμος αυτός για μια ακόμα φορά προειδοποιεί όλους αυτούς που υποκινούν ή εκτελούν τρομοκρατικές ενέργειες εναντίον Αμερικανών υπηκόων ή εναντίον της ιδιοκτησίας-περιουσίας τους, ότι δεν θα μας αποτρέψουν από τις υποχρεώσεις μας στη διεθνή σκηνή. Δεν μπορούμε ποτέ να νομοθετήσουμε το τέλος της τρομοκρατίας. Πρέπει όμως, να παραμείνουμε προσηλωμένοι στην υποχρέωσή μας, να αντιμετωπίζουμε αυτή την εγκληματική συμπεριφορά με κάθε μέσο διπλωματικό, οικονομικό, νομικό και όταν απαιτείται, στρατιωτικό.»

Στην περίπτωση των κατηγορουμένων για συμμετοχή σε τρομοκρατικές οργανώσεις στην Ελλάδα και διάπραξη εγκληματικών ενεργειών σε βάρος Αμερικανών ή αμερικανικών συμφερόντων, τα αμερικανικά δικαστήρια έχουν αναγνωρίσει τη Συνθήκη μεταξύ Ελλάδας και Αμερικής του 1931 και έχουν επανειλημμένα εκδώσει κατηγορουμένους που διώκονται από τις ελληνικές αρχές.[148] Όμως, καμιά υπόθεση δεν έχει εκδικασθεί από τα αμερικανικά δικαστήρια που να ξεκίνησε με τη βίαιη προσαγωγή στην Ελλάδα, κατηγορουμένων για τρομοκρατικές ενέργειες εναντίον Αμερικανών ή αμερικανικών συμφερόντων. Σε περίπτωση που συμβεί κάτι τέτοιο, τα αμερικανικά δικαστήρια θα έχουν τη δικαιοδοσία να εκδικάσουν την υπόθεση, καθώς η Συνθήκη μεταξύ της Ελλάδας και των ΗΠΑ για την έκδοση εγκληματιών, ή το εθιμικό δίκαιο που έχει διαμορφωθεί στις σχέσεις μεταξύ των δύο χωρών, δεν απαγορεύει (με πολύ σαφή τρόπο) τη βίαιη προσαγωγή των κατηγορουμένων στις ΗΠΑ, χωρίς την έκδοσή τους από την Ελλάδα. Συγκεκριμένα, η Συνθήκη Έκδοσης του 1931 και το Πρωτόκολλο Αμοιβαίας Δικαστικής Αρωγής σε ποινικά θέματα του 1999, μεταξύ Ελλάδας και Αμερικής, δεν αναφέρουν ρητά την απαγόρευση των βίαιων προσαγωγών από τις αμερικανικές αρχές.

Η δυνατότητα αυτή των αμερικανικών δικαστηρίων, αποκτά ιδιαίτερη σημασία για τις περιπτώσεις των εγκλημάτων εκείνων, τα οποία στην Ελλάδα κινδυνεύουν να παραγραφούν, ενώ στις ΗΠΑ δεν υπάρχει αντίστοιχη πρόβλεψη. Το δικαίωμα των αμερικανικών αρχών, να συλλάβουν και να μεταφέρουν στις ΗΠΑ κατηγορουμένους, για τρομοκρατικές ενέργειες που διέπραξαν στην Ελλάδα κατά αμερικανικών στόχων, αποτελεί πραγματικότητα, έστω και αν τελικά οι αμερικανικές αρχές δεν προβούν σε αυτές τις ενέργειες για πολιτικούς λόγους.

Εξίσου σημαντικό είναι το γεγονός ότι αν και οι βίαιες προσαγωγές παραβιάζουν το διεθνή νόμο και την εδαφική ακεραιότητα μιας χώρας, τα αμερικανικά ομοσπονδιακά δικαστήρια που καλούνται να μελετήσουν αυτές τις υποθέσεις, συχνά καταλήγουν σε διαφορετικά συμπεράσματα. Η δύναμη του ισχυρού πολλές φορές εξαρτάται από τον τρόπο με τον οποίο εκδικάζονται οι υποθέσεις, ενώ οι αποφάσεις των αμερικανικών δικαστηρίων, συχνά ακολουθούν άλλες ερμηνείες σε συνθήκες που έχει συνάψει το αμερικανικό κράτος με άλλα κράτη. Το παράδειγμα με τις βίαιες προσαγωγές αποδεικνύει ότι σε θέματα διμερών σχέσεων με τις ΗΠΑ, πρέπει πάντα να εξετάζεται το δεδικασμένο παρόμοιων υποθέσεων, ακόμα και όταν αυτό δε συμβαδίζει με το διεθνές δίκαιο, ώστε να εξασφαλίζεται το καλύτερο δυνατό επίπεδο συνεργασίας.

ΚΕΦΑΛΑΙΟ ΕΝΔΕΚΑΤΟ

Η Ανάγκη Εξασφάλισης Επαγγελματικών Μεθόδων Λόμπι για την Ελληνική Εξωτερική Πολιτική

Η δύναμη στην πολιτική σκηνή των ΗΠΑ βρίσκεται στο Κογκρέσο, ενώ οι ψηφοφόροι από τις εκλογικές τους περιφέρειες έχουν τον πρώτο λόγο στις επαφές με τα μέλη της Γερουσίας και της Βουλής των Αντιπροσώπων. Το Κογκρέσο εγκρίνει τον προϋπολογισμό και τις κρατικές δαπάνες, νομοθετεί και ακόμα, κηρύσσει τον πόλεμο, ενώ η αποτελεσματικότητα μια προσπάθειας λόμπι απαιτεί την υποστήριξη των επίμαχων θεμάτων από μεγάλο αριθμό μελών του Κογκρέσου. Συνεπώς, η πρόσβαση στους εκλεγμένους βουλευτές και η σωστή προώθηση των θεμάτων από ψηφοφόρους που τους έχουν υποστηρίξει κατά τη διάρκεια της προεκλογικής εκστρατείας τους είναι το μυστικό της επιτυχίας.

Για παράδειγμα, μια έρευνα του περιοδικού «Fortune» πριν μερικά χρόνια, με πολύ εύστοχο τρόπο έδειξε ότι το Αμερικανικό Εμπορικό Επιμελητήριο - μια ισχυρή ομάδα λόμπι - εξετάζει την ιδέα εγκατάλειψης της πανάκριβης διαφημιστικής τηλεοπτικής εκστρατείας και τη συνέχιση της προώθησης των συμφερόντων του, μέσα από τη μαζική ενεργοποίηση της λαϊκής του βάσης.

Αν αναλογιστούμε ότι στην Αμερική το ποσοστό αποχής από τις κάλπες είναι πολύ υψηλό, με μόνο το 30%-40% των εγγεγραμμένων ψηφοφόρων να ψηφίζουν και ότι οι πολίτες χρηματοδοτούν σε πολύ μεγάλο βαθμό τις προεκλογικές εκστρατείες των πολιτικών, η ιδέα της απλής, σωστής και έγκυρης μετάδοσης πληροφοριών από τους ψηφοφόρους προς τους βουλευτές που τους εκπροσωπούν, είναι ουσιαστικά η μέθοδος λόμπι, η οποία σήμερα έχει τη μεγαλύτερη λειτουργικότητα και αποτελεσματικότητα. Γίνεται αυτονόητο ότι το εκλογικό αποτέλεσμα κρίνεται πολλές φορές από ελάχιστες ψήφους. Ταυτόχρονα, οι υποψήφιοι βου-

λευτές βασίζονται σε μικρά ποσοστά ψηφοφόρων για τα έξοδα του προ-
εκλογικού τους αγώνα και για την εκλογή τους, και από την άλλη πλευρά
η πρόσβαση προς τους βουλευτές από τους ψηφοφόρους που τελικά
ψηφίζουν, είναι πολύ εύκολη. Αυτό αποδεικνύει τελικά ότι οι διαφημιστικές
εκστρατείες για την προβολή των ελληνικών απόψεων στον αμερικανικό
κυβερνητικό χώρο είναι μάλλον ανώφελες.

Ταυτόχρονα, η έλλειψη επαγγελματισμού στο χειρισμό του λόμπι από
την ελληνική κυβέρνηση και από τους ομογενειακούς παράγοντες πρέ-
πει να αντιμετωπισθεί με σοβαρότητα, όπως και η προβολή πολλών επι-
φανών ομογενών που δεν δύνανται (λόγω έλλειψης γνώσεων ή φόρτου
εργασίας) να εκτιμήσουν και να προωθήσουν τα ελληνικά συμφέροντα.
Με δεδομένη την παρούσα κατάσταση και τις απαιτούμενες προϋποθέ-
σεις για τη διενέργεια επιτυχημένων δραστηριοτήτων λόμπι, η ελληνική
ομογένεια, παρόλα τα προβλήματά της, είναι ο ανεκμετάλλευτος πλού-
τος της Ελλάδας και ο μόνος αποτελεσματικός δίαυλος επικοινωνίας με
την αμερικανική κυβέρνηση, προκειμένου να επιχειρηθεί μια ολοκληρω-
μένη και αποτελεσματική εκστρατεία προώθησης των εθνικών μας συμ-
φερόντων. Το παράδειγμα του Ισραήλ είναι εύστοχο και εφικτό για την
Ελλάδα, λόγω της πολυπληθούς ελληνικής ομογένειας, η οποία πρέπει
να οργανωθεί και να λειτουργήσει ως η εμπροσθοφυλακή προώθησης
των συμφερόντων του ελληνισμού στην Ουάσιγκτον.

Όμως, μία ολοκληρωμένη προσπάθεια λόμπι στις ΗΠΑ μπορεί να
λειτουργήσει αποτελεσματικά μόνο με μεθόδους και μέσα που προω-
θούνται από επαγγελματίες, σε συντονισμό με στοχευμένες κινητοποι-
ήσεις του ανθρώπινου δυναμικού της ελληνικής ομογένειας. Και τούτο
διότι ο ψηφοφόρος δεν είναι σε θέση να γνωρίζει τις διαδικασίες στο
Κογκρέσο ούτε να έχει άμεση επαφή με τον κυβερνητικό μηχανισμό. Η
ομογένεια χρειάζεται μια κατευθυντήρια γραμμή, ώστε να γνωρίζει ποιοι
βουλευτές έχουν σημαντική φωνή στο Κογκρέσο, ποιες επιτροπές προω-
θούν τα συγκεκριμένα νομοθετικά μέτρα, ποιοι βουλευτές υποστηρίζουν
τα τουρκικά συμφέροντα ή δεν αποδέχονται τις ελληνικές θέσεις κτλ. Για
την κάλυψη αυτών των αναγκών, απαιτείται η πρόσληψη ατόμων ή εται-
ρειών που ασχολούνται επαγγελματικά με τα θέματα αυτά και έχουν ως
κύρια απασχόλησή τους την πρόσβαση σε κυβερνητικά στελέχη. Συνε-
πώς, οι εταιρείες δημοσίων σχέσεων και οι επαγγελματίες λομπίστες είναι
αυτοί που θα μεταφέρουν τις πληροφορίες στα κυβερνητικά και ομογε-
νειακά όργανα. Αυτονόητη βέβαια προϋπόθεση είναι η στενή συνεργα-
σία μεταξύ της ελληνικής κυβέρνησης και των ομογενειακών φορέων,
προκειμένου να υπάρχει ταύτιση απόψεων και συνεργασία σε στρατη-
γικά θέματα.

Η τουρκική κυβέρνηση έχει λάβει μέτρα, αν και δεν υπάρχει οργανω-
μένη τουρκική ομογένεια, ώστε να προωθεί τα συμφέροντά της στην Ου-
άσιγκτον μέσα από εταιρείες λόμπι και λομπίστες που θεωρούνται ότι

έχουν την καλύτερη πρόσβαση στα κυβερνητικά όργανα. Το δύσκολο για την Τουρκία είναι, ότι δεν μπορεί εύκολα να αναπτύξει τον παράγοντα της «ομογένειας», εξαιτίας της μεταναστευτικής νομοθεσίας των ΗΠΑ.

Η ελληνική πλευρά υπολείπεται σε όλους τους τομείς, ενώ όλο και περισσότερο τα εθνικά μας θέματα δεν έχουν την απαραίτητη ανταπόκριση στους κυβερνητικούς κύκλους της Ουάσιγκτον. Η αναγνώριση των Σκοπίων με το συνταγματικό τους όνομα ως «Δημοκρατία της Μακεδονίας» από τις ΗΠΑ, τα δυσεπίλυτα προβλήματα με την Τουρκία, όπως οι προκλήσεις στο Αιγαίο, το θέμα της υφαλοκρηπίδας, οι «γκρίζες ζώνες», το Κυπριακό και όλες οι άλλες υποτιθέμενες διαφορές που θέτει η γειτονική χώρα, δείχνουν την αδικαιολόγητη αμέλεια και αδιαφορία των ελληνικών κυβερνήσεων για την προώθηση των ελληνικών συμφερόντων στις Η.Π.Α, μέσα από σύγχρονες μεθόδους άσκησης της εξωτερικής πολιτικής.

Η έλλειψη επίσης κάποιας βασικής στρατηγικής για την προβολή και ικανοποίηση των ελληνικών συμφερόντων και ο αρνητισμός στους κύκλους των ελληνικών κυβερνήσεων για τη χρήση συγκεκριμένου προγράμματος λόμπι και εταιρειών δημοσίων σχέσεων στις Η.Π.Α (σε αντίθεση με τα Σκόπια, Αλβανία και Τουρκία) δημιουργεί μια εικόνα ανικανότητας στην προώθηση της ελληνικής εξωτερικής πολιτικής στις ΗΠΑ. Για παράδειγμα, οι περισσότερες εταιρείες δημοσίων σχέσεων στην Ουάσιγκτον, δεν υπολογίζουν σοβαρά την ελληνική κυβέρνηση σε θέματα λόμπι, εξαιτίας αρκετών αποτυχημένων προσπαθειών στο παρελθόν, όπου το ελληνικό κράτος έδειξε κάποιο αρχικό ενδιαφέρον να προσλάβει κάποια εταιρεία, χωρίς όμως να συνεχισθεί η συνεργασία και να υπάρξει αποτέλεσμα. Οι εταιρείες αυτές συνεπώς, δεν είναι πρόθυμες να επαναλάβουν αυτό τον πολυδάπανο κύκλο εργασιών παρουσιάζοντας προτάσεις στην ελληνική κυβέρνηση, χωρίς όμως τελικά να οριστικοποιούνται οι αποφάσεις εκ μέρους της τελευταίας.

Πιθανότατα, η απροθυμία αυτή οφείλεται στο γεγονός ότι τα κυβερνητικά στελέχη στην Ελλάδα αποφεύγουν να αναλάβουν ευθύνες για τη χρηματοδότηση δημοσίων σχέσεων, επειδή το όλο θέμα του λόμπι δεν είναι κάτι χειροπιαστό και τα αποτελέσματά του δεν είναι άμεσα. Σε πολλές περιπτώσεις, η χρηματοδότηση μιας συγκεκριμένης εκστρατείας δεν οδηγεί απαραίτητα στα προσδοκώμενα αποτελέσματα, γεγονός που μπορεί να επισύρει ευθύνες σε μέλη της κυβέρνησης που προώθησαν τη συγκεκριμένη άποψη και δέχτηκαν να την υλοποιήσουν. Η αγορά, για παράδειγμα, ενός πολεμικού αεροσκάφους και η καταβολή του σχετικού τιμήματος δεν μπορεί να συγκριθεί εύκολα με την αγορά άυλων αγαθών-υπηρεσιών, των οποίων μάλιστα η αποτελεσματικότητα δεν είναι βέβαιη. Η έλλειψη αποφασιστικότητας και ο φόβος του πολιτικού κόστους εκ μέρους των Ελλήνων κυβερνητικών στελεχών, είναι οι κύριοι παράγοντες για την έλλειψη δημοσίων σχέσεων στις ΗΠΑ.

Πίνακας 10. Συνολικά έσοδα για τις μεγαλύτερες εταιρείες λόμπι της Ουάσιγκτον - σε εκατομμύρια δολάρια[149]

ΕΤΑΙΡΕΙΑ	Α' Τρίμηνο 2011	Α' Τρίμηνο 2010	% Διαφορά
Patton Boggs	12.3	10.4	18%
Akin Gump	8.7	8.7	0%
Podesta Group	7.0	7.1	-1%
Van Scoyoc	5.6	6.5	-13%
Cassidy & Associates	5.5	5.5	0%
Brownstein Hyatt Farber Schreck	5.2	5.8	-10%
Holland & Knight	4.8	5.5	-13%
K&L Gates	4.6	4.9	-6%
Ogilvy Government Relations	4.5	4.3	5%
Williams & Jensen	4.4	4.2	5%
BGR Holdings	4.3	3.5	23%
Hogan Lovells	3.6	4.4	-18%
Dutko Worldwide	3.5	4.4	-20%
Cornerstone Government Affairs	3.2	3.5	-9%
McBee Strategic Consulting	3.2	3.2	0%
Prime Policy Group	3.0	3.0	0%
Mehlman Vogel Castagnetti	2.9	3.0	-3%
Alston & Bird	2.9	2.7	7%
Capitol Tax Partners	2.9	3.2	-9%
Σύνολο	**92.1**	**93.8**	**-1.7%**

Η Σημασία του Λόμπι

Οι ειδικές οργανώσεις στις ΗΠΑ και οι λομπίστες που χρησιμοποιούν έχουν δηλώσει ότι από το 1998 μέχρι το 2004 ξόδεψαν συνολικά $13 δις για να επηρεάσουν το Κογκρέσο, το Λευκό Οίκο και τα περίπου 200 ομο-σπονδιακά κυβερνητικά γραφεία. Οι λομπίστες στην Ουάσιγκτον επίσης, ανέφεραν ότι το 2003 χρέωσαν στους πελάτες τους, συνολικά, $2,4 δις,

166

ενώ υπολογίζεται ότι για το 2004 υπερέβησαν τα $3 δις.

Φυσικά, η πραγματική οικονομική έκταση του λόμπι στις ΗΠΑ είναι δύσκολο να αποτιμηθεί, διότι δεν υπάρχουν οι απαιτούμενοι οικονομικοί πόροι ούτε και τα κυβερνητικά στελέχη που να εξετάζουν και να διώκουν περιπτώσεις παρατυπίας. Για παράδειγμα, μία στις πέντε εταιρείες λόμπι δεν καταθέτει τις απαραίτητες δηλώσεις, ενώ υπάρχουν περίπου 14.000 δηλώσεις από το 1998, οι οποίες στην πραγματικότητα δεν υφίστανται, συμπεριλαμβανομένων και των δηλώσεων που δεν κατέθεσαν 49 από τις 50 μεγαλύτερες, εταιρείες λόμπι. Αυτό σημαίνει ότι τα δημόσια έγγραφα που καταθέτουν οι λομπίστες και οι ξένοι πράκτορες που δραστηριοποιούνται στην αμερικανική πρωτεύουσα, δε συμπεριλαμβάνουν ένα πολύ μεγάλο μέρος των κονδυλίων που επενδύουν οι διάφορες οργανώσεις και τα ξένα κράτη στην προώθηση των συμφερόντων τους.

Για πολλούς αναλυτές, το λόμπι θεωρείται σήμερα ότι είναι το τέταρτο ανεπίσημο κυβερνητικό όργανο στην Ουάσιγκτον. Το λόμπι σήμερα στην Αμερική δεν είναι όπως παλαιότερα, τότε που η πρόσβαση στο κυβερνητικό σύστημα λειτουργούσε με φακελάκια και αμέτρητα «πλαστά» τηλεφωνήματα ή χιλιάδες πανομοιότυπες επιστολές από ψηφοφόρους. Το επιτυχημένο λόμπι βασίζεται σε ένα συγκερασμό πολλών παραγόντων και απαιτεί επαγγελματισμό, συστηματική έρευνα, σοβαρότητα και κυρίως σημαντική οικονομική υποστήριξη.

Για την περίπτωση της χώρας μας, η επίτευξη των εθνικών στόχων δε γίνεται μόνο με μια απλή ανάθεση της προώθησης των συμφερόντων σε εταιρείες δημοσίων σχέσεων ή σε λομπίστες (κάτι που δεν έχει γίνει ακόμα), ούτε μέσω ιστορικών επιχειρημάτων και πανομογενειακών συλλαλητηρίων στην αμερικανική πρωτεύουσα. Ένα επιτυχημένο λόμπι συμπεριλαμβάνει:

Εκπαίδευση

1. Οργάνωση ελληνικών φοιτητικών συλλόγων σε πανεπιστήμια των ΗΠΑ, προκειμένου να προωθούνται προσωπικότητες με ηγετικά χαρακτηριστικά που πρόκειται να αναλάβουν διοικητικές θέσεις στο μέλλον.

2. Άμεση επαφή των φοιτητικών οργανώσεων με τα αρμόδια Υπουργεία στην Ελλάδα και τα τοπικά προξενεία, ώστε να καταστεί δυνατή η προώθηση διαφόρων θεμάτων που αφορούν στη χώρα, όπως το επενδυτικό πλάνο, οι εμπορικές συναλλαγές, η πολιτική επικαιρότητα και τα πολιτιστικά νέα. Επίσης, οι φοιτητικοί σύλλογοι θα έπρεπε να έχουν τη δυνατότητα να ετοιμάζουν δελτία τύπου, για όλα τα ανωτέρω ζητήματα, τα οποία στη συνέχεια να προωθούν στα μέσα ενημέρωσης των πανεπιστημίων, ώστε να έχουν την ευρύτερη δυνατή απήχηση.

3. Δημιουργία εδρών σε περισσότερα αμερικανικά πανεπιστήμια, με σκοπό την προώθηση της ελληνικής ιστορίας και κληρονομιάς. Η επιτυχία αυτών των προγραμμάτων απαιτεί τη συμμετοχή Ελλήνων επιχειρηματιών και δωρητών, αλλά μάλλον μπορεί να υποστηριχθεί και από το Υπουργείο Παιδείας. Για παράδειγμα, το ίδρυμα του Σωκράτη Κόκκαλη έχει την έδρα του στη σχολή Κέννεντυ του πανεπιστημίου Χάρβαρντ, ενώ το ίδρυμα του Κωνσταντίνου Καραμανλή έχει την έδρα του στην Σχολή διπλωματίας του Φλέτσερ στη Μασαχουσέτη. Αμφότερα χρειάζονται μεγαλύτερη οικονομική ενίσχυση για να προσελκύσουν το ενδιαφέρον της πανεπιστημιακής κοινότητας και για να αναπτύξουν την απαιτούμενη δραστηριότητά τους μέσα σε αυτήν. Αξίζει να επισημανθεί ότι δεν υπάρχει καμία έδρα στις ναυτιλιακές επιστήμες, έλλειψη η οποία προφανώς μπορεί να αναπληρωθεί με ενέργειες των Ελλήνων εφοπλιστών σε αρκετά αμερικανικά πανεπιστήμια, όπως το Ινστιτούτο Τεχνολογίας της Μασαχουσέτης.

4. Ανάπτυξη συνεργασιών μεταξύ των ελληνικών σχολείων τις Αρχιεπισκοπής και άλλων ομογενειακών εκπαιδευτικών ιδρυμάτων και σχολείων στην Ελλάδα, προώθηση προγραμμάτων με τη χρήση του διαδικτύου, ώστε τα Ελληνόπουλα της Αμερικής να έρθουν σε επαφή και να δημιουργούν δεσμούς με νέους της ίδιας ηλικίας στην Ελλάδα.

5. Υλοποίηση ποικίλων προγραμμάτων συνεργασίας μεταξύ ελληνικών και αμερικανικών πανεπιστημίων σε όλα τα επίπεδα. Αύξηση των προγραμμάτων διδασκαλίας στην αγγλική γλώσσα για Αμερικανούς φοιτητές που θέλουν να παρακολουθήσουν μαθήματα στα πανεπιστήμια της Ελλάδας και κίνητρα για την αύξηση του αριθμού των ξένων φοιτητών που επισκέπτονται την Ελλάδα.

Εμπόριο

6. Δημιουργία εμπορικών επιμελητηρίων στις ΗΠΑ ικανών να δημιουργήσουν επενδυτικές ευκαιρίες για ελληνικές εταιρείες που δραστηριοποιούνται στις ΗΠΑ και για τις αμερικανικές εταιρείες που δραστηριοποιούνται στην Ελλάδα. Αξίζει να σημειωθεί ότι τα επιμελητήρια αυτά δεν είναι απαραίτητο να προωθήσουν τις συνεργασίες μέσα από τα ομογενειακά όργανα, καθώς το επενδυτικό ενδιαφέρον δεν έχει εθνικότητα. Κατά την ορθότερη μάλλον άποψη, ο ρόλος των επιμελητηρίων δεν πρέπει να είναι στενά συνδεδεμένος με την εθνική πολιτική της Ελλάδος, αλλά να αποβλέπει στην προώθηση εμπορικών συναλλαγών και επενδύσεων μεταξύ ελληνικών και αμερικανικών εταιρειών.

Μέσα από τα επιμελητήρια θα μπορούσαν να χρηματοδοτηθούν ειδικά τουριστικά προγράμματα που να επιδιώκουν την αύξηση του τουρισμού από τις ΗΠΑ στην Ελλάδα, συμπεριλαμβανομένης και της βελτίωσης των αεροπορικών συνδέσεων. Για παράδειγμα, θα μπορούσαν να δοθούν κίνητρα στις αεροπορικές εταιρείες για περισσότερες απευθείας πτήσεις μεταξύ των δύο χωρών και καλύτερα τουριστικά πακέτα για τους Αμερικανούς τουρίστες.

Πολύ σημαντική επίσης, είναι και η άμεση αύξηση του αριθμού των εμπορικών ακολούθων στις προξενικές αρχές στις ΗΠΑ. Για παράδειγμα, το ελληνικό προξενείο στη Νέα Υόρκη έχει έναν εμπορικό ακόλουθο και κατά περιόδους δύο, ενώ το αντίστοιχο εβραϊκό έχει περίπου 100.

Εταιρείες Λόμπι και δημόσιες σχέσεις

7. Πρόσληψη εταιρειών δημοσίων σχέσεων οι οποίες να έχουν πρόσβαση στην αμερικανική κυβέρνηση και να μπορούν εύκολα να μεταφέρουν πληροφορίες στην ελληνική κυβέρνηση, για θέματα που αφορούν στην Ελλάδα και στην ομογένεια. Οι εταιρείες αυτές πρέπει να αξιολογούνται συχνά και να χρηματοδοτούνται από την ελληνική κυβέρνηση, μέσα από ένα μεσοπρόθεσμο πρόγραμμα με ορίζοντα περίπου μιας δεκαετίας. Στην ίδια στρατηγική εντάσσεται και η αξιοποίηση του ανθρώπινου δυναμικού της ομογένειας στην Ουάσιγκτον και η πρόσληψη των επιτυχημένων ομογενών λομπιστών, μαζί με πρώην αμερικανούς πολιτικούς που έχουν συνταξιοδοτηθεί και έχουν υπηρετήσει σε κάποιο πόστο στην Πρεσβεία στην Αθήνα.

8. Δημιουργία ομογενειακών πολιτικών επιτροπών (Political Action Committees-PACs) στις ΗΠΑ, με στόχο την ανάπτυξη συνεχούς επαφής με κυβερνητικά στελέχη και την προώθηση πολιτικών (ανεξαρτήτου εθνικότητας) που υποστηρίζουν τα εθνικά θέματα και τα συμφέροντα της ομογένειας. Η κατεύθυνση αυτή είναι τελείως διαφορετική από τους εθνικο-τοπικούς ομογενειακούς οργανισμούς, οι οποίοι σήμερα βρίσκονται σχεδόν σε πλήρη αδράνεια. Μέσω αυτών των πολιτικών οργανώσεων, θα ήταν αποτελεσματική και η προώθηση στο Κογκρέσο, νομοθετικών μέτρων, ευνοϊκών για τα ελληνικά συμφέροντα.

9. Ενεργοποίηση της ομογένειας μέσα από τα ελληνικά κέντρα και την Αρχιεπισκοπή Αμερικής, δημιουργία ονομαστικών καταλόγων των ομογενών και των ψηφοφόρων σε κάθε εκλογική περιφέρεια, αναγνώριση του σημαντικού ρόλου που διαδραματίζει η εκκλησία στις ΗΠΑ και ενίσχυση της συνεργασίας μεταξύ των ομογενειακών οργανώσεων και της Αρχιεπισκοπής. Πρέπει να αναγνωρισθεί από όλους ότι η ελληνική εκκλησία στις ΗΠΑ έχει διαφορετικό ρόλο από το έργο της εκκλησίας στην Ελλάδα, ενώ συγχρόνως είναι απαραίτητο να αναβαθμισθεί η συνεργασία με την ελληνική κυβέρνηση σε όλα τα επίπεδα. Αναγκαία είναι επίσης η υποστήριξη των προγραμμάτων εκπαίδευσης της Αρχιεπισκοπής, η αύξηση των πολιτιστικών μαθημάτων και η επέκταση της συνεργασίας μεταξύ κυβέρνησης και εκκλησίας, ώστε να προσδιορισθεί διδακτέα ύλη που να ανταποκρίνεται στις ανάγκες της ομογένειας.

10. Δημιουργία ΜΜΕ, απευθυνόμενων στην ομογένεια και με χρήση της αγγλικής γλώσσας, με στόχο την ενημέρωσή της σε θέματα πολιτικής που αφορούν στην Ελλάδα. Στην ίδια κατηγορία εντάσσεται και η προώθηση τοπικών ιστοσελίδων, μόνο για ομογενείς και η εντατικοποίηση των προγραμμάτων εγγραφής των ομογενών στα δημοτολόγια της Ελλάδας. Η διαδικασία απόκτησης ελληνικού διαβατηρίου για τους Ελληνοαμερικανούς δεύτερης και τρίτης γενεάς είναι δραστικό μέσον για την ταύτιση των ομογενών με τα ελληνικά θέματα. Ανάλογης σπουδαιότητας είναι και η απονομή στους ομογενείς, του δικαιώματος εκλέγειν και εκλέγεσθαι στην Βουλή των Ελλήνων, η αύξηση του προσωπικού που χειρίζεται τα ομογενειακά θέματα στο Υπουργείο Εξωτερικών και η πρόσληψη επιφανών ομογενών σε κρίσιμα κυβερνητικά πόστα, ώστε να υπάρξει ισχυρή εκπροσώπηση των ομογενών.

11. Σημαντική αναβάθμιση των ελληνικών προξενικών αρχών στις ΗΠΑ και αύξηση του προσωπικού που χειρίζεται τις εμπορικές σχέσεις, τα θέματα εκπαίδευσης, τη λειτουργία των ΜΜΕ, τη δημιουργία και υποστήριξη των ελληνικών εδρών στα αμερικανικά πανεπιστήμια. Για παράδειγμα, το ελληνικό γενικό προξενείο της Βοστόνης χειρίζεται όλα τα θέματα της ομογένειας 5 Πολιτειών της Νέας Αγγλίας που αναλογούν σε περίπου 300.000 πολίτες με συνολικό προσωπικό 5-6 ατόμων.

12. Προώθηση ειδικών προγραμμάτων για την επίσκεψη των μελών του Κογκρέσου στην Ελλάδα. Ανεξαρτήτως πολιτικών τοποθετήσεων, το ελληνικό κοινοβούλιο και η εκάστοτε κυβέρνηση πρέπει να οργανώσει και να θεσμοθετήσει διαδικασίες με τις οποίες θα επιτευχθεί η συνεχής επαφή με τα μέλη του Κογκρέσου. Επίσης, οι διάφοροι ομογενειακοί παράγοντες και κάποια επιφανή μέλη της ομογένειας από τις εκλογικές περιφέρειες των βουλευτών και γερουσιαστών θα ήταν κατάλληλοι για τη στελέχωση μιας επιτροπής που θα τους συνόδευε στην Ελλάδα. Αντιστοίχως, και από το ελληνικό κοινοβούλιο θα έπρεπε να προωθηθεί η άμεση επαφή με Αμερικανούς βουλευτές και μέλη του κοινοβουλίου, μέσω τακτικών επισκέψεων στις ΗΠΑ.

Πέραν όλων των ανωτέρω, οφείλουμε να παραδεχθούμε ότι το επιτυχημένο λόμπι δεν επιφέρει άμεσα τα αποτελέσματά του. Απαιτείται σχεδιασμός και στρατηγική δεκαετιών, ενώ η υλοποίησή του δεν πρόκειται να επιτευχθεί μόνο με τις ενέργειες της ελληνικής κυβέρνησης και των εταιρειών λόμπι. Η ουσιαστική δύναμη του λόμπι για την Ελλάδα είναι η ομογένεια, η οποία και πρέπει να αναλάβει τις ευθύνες της, σε συνεργασία πάντα και με την πλήρη υποστήριξη του ελληνικού κράτους. Η σημερινή κατάσταση με την Τουρκία όμως, δεν μας επιτρέπει να χάνουμε χρόνο και να αφήνουμε ευνοϊκά δεδομένα ανεκμετάλλευτα.

Δημήτρης Ιωαννίδης

Η Οικονομική Κρίση στην Ελλάδα

Η οικονομική κρίση που πλήττει την Ευρώπη και τις ΗΠΑ, οδήγησε το αμερικανικό κράτος να χρηματοδοτήσει την περίοδο 2007-2008 τις τράπεζες και τις μεγάλες χρηματιστηριακές εταιρείες. Βασικός λόγος για αυτήν την ξέφρενη πτώση των αγορών το 2007 ήταν οι μεταρρυθμίσεις στις ΗΠΑ που ψήφισε η κυβέρνηση Κλίντον (με τους υποστηριχτές της απελευθερωμένης αγοράς, όπως ο Τιμ Γκάιτνερ (Tim Geithner), Λάρη Σόμερς (Larry Summers) και Μπεν Μπερνάκε (Ben Bernanke). Ουσιαστικά, η απελευθέρωση του τραπεζικού συστήματος και στους μηχανισμούς ελέγχου της χρηματαγοράς σημαίνει ότι οι διαχειριστές κερδοσκοπικών κεφαλαίων μπορούν πλέον ελεύθερα να ποντάρουν σε πιστωτικές κρίσεις και να παίζουν με κρατικά ομόλογα.

Οι συνέπειες, δυστυχώς, εμφανίστηκαν αρκετά χρόνια μετά όταν η φούσκα στα στεγαστικά δάνεια έσκασε και προκάλεσε τις απώλειες που καλά γνωρίζουμε. Αν και η κυβέρνηση Ομπάμα προσπάθησε το 2010 να ψηφίσει κάποιες νομοθετικές μεταρρυθμίσεις που να περιορίζουν τα κερδοσκοπικά παιχνίδια, δεν φαίνεται να είναι διατεθειμένη να προχωρήσει σε ριζικές αλλαγές που να δίνουν λύσεις στα προβλήματα της ανεξέλεγκτης αγοράς. Από την πλευρά της η Γερμανία προσπαθεί να πολεμήσει το βρώμικο παιχνίδι των εταιρειών και πιθανολογείται ότι αυτό θα είναι ένα θέμα αντιπαράθεσης μεταξύ της ΕΕ και των ΗΠΑ τα επόμενα χρόνια.

Ωστόσο, το πρόβλημα με την Ελλάδα έγκειται στο γεγονός ότι είναι αρκετά απομακρυσμένη από το πολιτικό και οικονομικό γίγνεσθαι των ΗΠΑ καθώς δεν αντιπροσωπεύεται από κάποια ομάδα ανατροπής της αμερικανικής κοινής γνώμης ή ομάδα αντιμετώπισης κρίσεων με αξιόλογες διασυνδέσεις στο αμερικανικό πολιτικό και οικονομικό σύστημα. Όπως και τα πολιτικά ζητήματα που αφορούν στις σχέσεις μας με τους γείτονές μας, έτσι και τα οικονομικά θέματα, τυγχάνουν της ανάλογης προσοχής. Οι ελληνικές κυβερνήσεις αποτυγχάνουν να ακολουθήσουν μια μακροχρόνια στρατηγική που να αποτελείται από σύγχρονες μεθόδους δημοσίων σχέσεων-λόμπι. Η εικόνα που παρουσιάζουν τα αμερικανικά μέσα μαζικής ενημέρωσης για την κατάσταση στην Ελλάδα είναι καταστροφική, ενώ στην πραγματικότητα η κρίση αυτή είναι αποτέλεσμα κερδοσκοπικών εταιρειών που χρησιμοποιούν κάθε μέσο, ώστε να εξασφαλίσουν τεράστια οφέλη ακόμα και σε στιγμές κατάρρευσης του ελληνικού κοινωνικού κράτους.

Αν και είναι πια εύκολο να κάνουνε την αυτοκριτική μας για τους λόγους που οδηγηθήκαμε στο σημείο αυτό, μεγάλο μέρος της αποτυχίας αυτής έχει σχέση με την έλλειψη κατανόησης από το ίδιο το κράτος ότι σήμερα τα οικονομικά και πολιτικά γεγονότα ανά τον κόσμο καθορίζονται στην Wall Street και την Ουάσιγκτον. Χωρίς ομάδα ειδικών συμβούλων - λομπίστες - για την αντιμετώπιση κρίσεων, που να υπάγεται στο γραφείο του πρωθυπουργού (και όχι σε υπουργεία) και να ασχολείται επαγγελματικά και σε μακροχρόνιο ορίζοντα με θέματα δημοσίων σχέσεων (λόμπι), δεν υπάρχει περίπτωση να επηρεάσουμε τις οικονομικές και πολιτικές αποφάσεις στις ΗΠΑ, όσο αρνητικές κι αν είναι για τον τόπο μας.

Ας μη συνεχίζουμε την πορεία μας με την ψευδαίσθηση ότι η αρχαία ελληνική ιστορία και το ένδοξο παρελθόν μας θα εξασφαλίζει για πάντα τα κυριαρχικά μας δικαιώματα, γιατί δεν έχουμε σε τίποτα δικαίωμα, εκτός από αυτό που εμείς οι ίδιοι διαφυλάσσουμε και προστατεύουμε με θυσίες, έργα και πολλούς κόπους.

ΒΙΒΛΙΟΓΡΑΦΙΑ

Atieh, Jahad. «Foreign Agents: Updating FARA to Protect American Democracy.» University of Pennsylvania Journal of International Law. 1052 (Fall 2009).

Baumgartner, Frank R., and Beth L. Leech. Basic Interests: The Importance of Groups in Politics and in Political Science (1998).

Bigelow Page Elizabeth, Lobbying Law in the States: A Comparative Study, (New York, N.Y.: National Municipal League, 1980).

Blanes i Vidal, Jordi; Mirko Draca and Christian FonsRosen: Revolving Door Lobbyists, 5th Annual Conference on Empirical Legal Studies Paper, July 2010.

Bravin, Jess and Mullins, Brody. Foreign Spending on Politics Fought. Wall Street Journal. January 9, 2010

Clemens, Elisabeth S. The People»s Lobby: Organizational Innovation and the Rise of InterestGroup Politics in the United States, 1890–1925 (1997).

Congressional Quarterly Service, Legislators and the Lobbyists, (Washington, 1968).

Darrell M. West and Burdett A. Loomis, The Sound of Money: How Political Interests Get What They Want (New York: W. W. Norton and Company, 1998)

Deckin, James, The Lobbyists, (Public Affairs Press, Washington, D.C. 1966).

deKieffer, Donald E., How to Lobby Congress, (Dodd, Mead & Co., N.Y. 1981).

Dexter, Lewis Anthony, How Organizations are Represented in Washington, (BobbsMerrill Co., Inc. Indianapolis and New York, 1969).

Eastman, Hope, Lobbying; a Constitutionally Protected Right, (Washington: American Enterprise Institute for Public Policy Research, 1977).

Godwin, R. Kenneth, Money Technology and Political Interests: The Direct Marketing of Politics, in Mark P. Petracca, ed., The Politics of Interests: Interest Groups Transformed (Boulder, CO: Westview Press, 1992).

Hecker, Louis and Benjamin Kendrick, The United States since 1865, (3rd ed., N.Y., Crofts, 1941).

Hall, Donald R., CoOperative Lobbying the Power of Pressure, (The University of Arizona Press, 1969).

Hansen, John M. Gaining Access: Congress and the Farm Lobby, 1919–1981 (1991).

Hood, H. R., Interest Group Politics in America: A New Intensity (Englewood Cliffs, NJ: Prentice Hall, 1990).

Holtzman, Abraham, Interest Groups and Lobbying, (Macmillan Co. N.Y., (1966).

Kaiser, Robert G. «So Damn Much Money: The Triumph of Lobbying and the Corrosion of American Government» (2009).

Keffer, Jone M. and Hill, Roland Paul. Ethical Approach to Lobbying Activities of Businesses in the United States, Journal of Business Ethics, 16.12/13 (1997).

Lane, Edgar, Lobbying and the Law, (Berkeley, University of California Press, 1964).

Loomis, Christopher M. «The Politics of Uncertainty: Lobbyists and Propaganda in Early TwentiethCentury America,» Journal of Policy History Volume 21, Number 2, 2009.

Makielski, S.J., Jr., Pressure Politics in America, (University Press of

America, Louisiana, 1980).

Milbraith, Lester, The Washington Lobbyists, (Greenwood Press, Conn. 1963).

Pertschuk, Michael, Giant Killers (W.W. Norton & Co; New York, London, 1963).

Report by the Committee on the Judiciary, 70th Congress, Rep. No. 342.

Report by the House Select Committee on Lobbying Activities, 81st Congress., Report No. 3239.

Schlotman, Kay Lehman and Tierney, John, Organized Interests in American Democracy, (Publ. Harper Row Publishers, New York, 1986).

Schriftgiesser, Karl, The Lobbyists, (Little, Brown & Co., Boston, 1951).

Scott, Andrew M. and Margaret A. Hunt, Congress and Lobbies, (The University of North Carolina Press, Chapel Hill 1965).

Silverstein, Ken. Their Men in Washington: Undercover with D.C.»s lobbyists for hire. Harpen»s Magazine. July 2007.

Special Committee to Investigate Political Activities, Lobbying and Campaign Contributions. Final Report., 85th Congress, Report No. 395.

Thompson, Margaret S. The «Spider Web»: Congress and Lobbying in the Age of Grant (1985) on 1870s'

Tichenor, Daniel J. and Richard A. Harris, «Organized Interests and American Political Development,» Political Science Quarterly 117 (Winter 2002–3):

Wunderle, William and Andre Briere, U.S. Foreign Policy and Israel»s Qualitative Military Edge: The Need for a Common Vision, Washington Institute for Near East Policy, Policy Focus #80, January 2008.

Wooton, Graham, Interest Groups Policy & politics in...(PrenticeHall Inc., Englewood Cliffs N.J. 1985).

Wilson, Graham, Interest Groups in the United States, (Clarendon Press, Oxford, 1981).

Zelizer, Julian E. Arsenal of Democracy: The Politics of National Security

From World War II to the War on Terrorism (2009).

Zhang, Juyan. «World system and its agents: An analysis of the registrants of Foreign Agent Registration Act (FARA)» Paper presented at the annual meeting of the International Communication Association, New Orleans Sheraton, New Orleans, LA, May 27, 2004.

Σημειώσεις

1. www.cato.org/speeches/sp-dc062398.html

2. Κατάθεση του Γερουσιαστή Έντουαρντ Κένεντι, Hearings before Committee on Government Operations, United States Senate, On Lobbying Reform Legislation, April 22, 1975, σελίδα 8. www.archive.org/stream/lobbyreformlegis00unit/ lobbyreformlegis00unit_djvu.txt

3. Lewis Anthony Dexter, How Organizations are Represented in Washington, (The Bobbs-Merill Co., Inc. Indianapolis and New York, 1969) p. 39.

4. U.S. News World & Report, Sept. 19, 1983.

5. www.opensecrets.org/lobby/

6. Edgar Lane, Lobbying and the Law, (Berkeley, University of California Press, 1964).

7. Center for Public Integrity | The Washington Post

8. Edgar Lane, Lobbying and the Law, (Berkeley, University of California Press, 1964), p. 22.

9. Louis Hecker and Benjamin Kendrick, The United States since 1865, (3rd ed., N.Y., Crofts, 1941) p.161.

10. Congressional Quarterly Service, Legislators and the Lobbyists, Washington D.C. 1968) σελίδα 7.

11. www.fara.gov

12. Lester W. Milbraith, The Washington Lobbyists, (Conn., Greenwood Press, 1963) σελίδα 315

13. Report by the Committee on the Judiciary, 70th Congress, Rep. No. 342.

14. S.J. Makielski Jr., Pressure Politics in America, (New Orleans, Louisiana University Press of America, 1980) σελίδα 3.

15. S.J. Makielski Jr., Pressure Politics in America, (New Orleans, Louisiana University Press of America, 1980) σελίδα 3.

16. Report by the House Select Committee on Lobbying Activities, 81st Congress., Report No. 3239. P. 5.

17. Special Committee to Investigate Political Activities, Lobbying and Campaign Contributions. Final Report., 85th Congress, Report No. 395, σελίδες 65-66.

18. 345 U.S. 41 (1953)

19. Rumely v. United States, 197 F.2d 166, σελίδες 173-174, 177 (D.C. Cir. 1952).

20. 347 U.S. 612 (1954)

21. David Landau, Public Disclosure of Lobbying: Congress and Associational Privacy after Buckley v. Valeo, (22 Howard Law Journal 27, 1979) σελίδες 43, 52.

22. 424 U.S. 1 (1976), www.fec.gov/law/litigation/424_US_1.pdf

23. David Landau, Public Disclosure of Lobbying: Congress and Associational Privacy after Buckley v. Valeo, (22 Howard Law Journal 27, 1979) σελίδες 43, 52.

24. http://www.senate.gov/reference/resources/pdf/contacting10465.pdf

25. Η Υπηρεσία δημοσίων εγγράφων της Γερουσίας, ένα γραφείο που υπάγεται στην Γραμματεία της Γερουσίας, παρέχει πρόσβαση στις εγγραφές και τις απαραίτητες δηλώσεις στο διαδίκτυο στην ηλε-κτρονική διεύθυνση [http://sopr.senate.gov/].

26. http://frwebgate.access.gpo.gov/cgi-bin/getdoc.cgi?dbname=110_cong_bills&docid=f:s1enr.txt.pdf

27. www.fara.gov/

28. 2 U.S.C. §441b(a)

29. http://www.clarkandweinstock.com/

30. http://www.vsadc.com/

31. http://bcr.us

32. http://www.cov.com/

33. http://www.prismpublicaffairs.com/

34. http://www.linkedin.com/pub/stoyan-bakalov/13/58/4ab

35. http://www.bgrdc.com/

36. http://www.orion-strategies.com/
37. http://www.apcoworldwide.com/
38. http://www.theharbourgroupllc.com/
39. http://www.joneswalker.com/
40. http://www.livingstongroupdc.com/
41. Ο Στήβεν Σολάρζ ήταν βουλευτής στο Κογκρέσο από το 1974 και πρόεδρος της εταιρείας Solarz Associates. Είχε το δεύτερο του σπίτι στην Τουρκία και πέθανε το 2010.
42. http://www.gloverparkgroup.com/
43. http://i-consult.org/
44. http://www.arnoldporter.com/
45. http://www.mslworldwide.com/
46. http://www.mww.com/
47. http://www.rubenstein.com/
48. http://www.ruderfinn.com/
49. http://www.sidley.com/
50. http://www.arentfox.com/
51. http://www.geoffreyweill.com/
52. http://www.elandau.co.il/
53. Conference of Presidents of Major American Jewish Organizations (www.conferenceofpresidents.org)
54. www.ameinu.net
55. American Friends of Likud (www.thelikud.org)
56. The America - Israel Friendship League (AIFL) (www.aifl.org)
57. American Jewish Joint Distribution Committee (www.jdc.org)
58. (www.aort.org)
59. (www.americansephardifederation.org)
60. American Zionist Movement (www.azm.org)
61. Americans for Peace Now (www.peacenow.org)
62. (www.amitchildren.org)
63. Anti-Defamation League (www.adl.org)
64. http://www.adl.org/ADL_Opinions/International_Affairs/20050510-Turkey+Op-ed.htm
65. http://www.adl.org/PresRele/Mise_00/4604_00.htm

66. www.adl.org/PresRele/ASInt_13/4730_13.htm
67. http://www.adl.org/PresRele/Mise_00/4193_00.htm
68. Association of Reform Zionists of America (www.arza.org)
69. www.bnaibrith.org
70. www.bnaizion.com)
71. Central Conference of American Rabbis (www.ccarnet.org)
72. Committee for Accuracy in Middle East Reporting in America - www.camera.org
73. Development Corporation for Israel (www.israelbonds.com)
74. www.emunah.org
75. www.israelsoldiers.org
76. www.hadassah.org
77. www.americangathering.com
78. Jewish Institute for National Security Affairs (www.jinsa.org)
79. Jewish Labor Committee (www.jewishlabor.org)
80. Jewish National Fund (www.jnf.org)
81. Jewish Reconstructionist Federation (www.jrf.org)
82. Jewish War Veterans of the USA (www.jwv.org)
83. Jewish Women International (www.jewishwomen.org)
84. www.mercazusa.org
85. www.naamat.org
86. Zionist Organization of America (www.zoa.org)
87. Advocates on behalf of Jews in Russia, Ukraine, the Baltic States and Eurasia (www.ncsj.org)
88. Πηγή: Ιστοσελίδα της οργάνωσης Υποστηριχτών των Μεταναστών
89. www.ncjw.org
90. National Council of Young Israel (www.ncjw.org)
91. Rabbinical Assembly (www.rabbinicalassembly.org)
92. Rabbinical Council of America (www.rabbis.org)
93. Religious Zionists of America (www.rza.org)
94. www.mizrachi.org
95. Union of American Hebrew Congregations (www.urj.org)

96. Union of Orthodox Jewish Congregations of America (www.ou.org)

97. The Jewish Federations of North America (www.jewishfederations. org/)

98. United Synagogue of Conservative Judaism (www.uscj.org)

99. Women»s International Zionist Organization (www.wizo.or

100. American Jewish Committee (www.ajc.com)

101. American Jewish Congress (www.ajcongress.org)

102. Jewish Council for Public Affairs (www.jewishpublicaffairs.org)

103. Jewish Community Centers (www.jcca.org)

104. American Israel Public Affairs Committee (www.aipac.com)

105. AIPAC»s Lobbying By Dennis Bernstein and Jeffrey Blankfort FlashPoints Transcript of radio program, 6 Ιανουαρίου, 2005.

106. AIPAC»s Lobbying By Dennis Bernstein and Jeffrey Blankfort FlashPoints Transcript of radio program, 6 Ιανουαρίου, 2005.

107. Al-Ahram, June 20-27, 2002.

108. http://web.hks.harvard.edu/publications/workingpapers/citation. aspx?PubId=3670).

109. http://www.ksg.harvard.edu/research/working_papers/ facultyresponses.htm

110. www.huffingtonpost.com/alan-dershowitz/a-challenge-to-walt-and-m_b_33191.html. Οι δύο καθηγητές επιχείρησαν να απαντήσουν στην κριτική των θέσεων τους στις 12 Δεκεμβρίου του 2006. http://us.macmillan.com/uploadedFiles/FSGAdult/Setting_the_Record_Straight.pdf

111. Πηγή: «Facts Book: Department of Defense, Security Assistance Agency,» September 30, 2005. Το Πρόγραμμα FMF (Foreign Military Sales) είναι η Εξωτερική Στρατιωτική Χρηματοδότηση (Απευθείας στρατιωτική βοήθεια); Το πρόγραμμα DCS (Direct Commercial Sales) είναι οι απευθείας εμπορικές πωλήσεις.

112. Πηγή: «Congressional Budget Justification for Foreign Operations,» Fiscal Years 2001-2007. Το Πρόγραμμα FMF είναι η Εξωτερική Στρατιωτική Χρηματοδότηση (Απευθείας στρατιωτική βοήθεια). Το Πρόγραμμα ESF (Economic Support Fund) είναι η Χρηματοδότηση Οικονομικής Βοήθειας, Economic Support Fund (χωρίς περιορισμούς οικονομική βοήθεια που μπορεί να χρησιμοποιηθεί ως αντιστάθμισμα για στρατιωτικούς εξοπλισμούς και για την αγορά πολεμικού υλικού. Τα πρόσθετα προγράμματα είναι βοήθεια που δίνεται μια φορά ως συμπληρωματική βοήθεια στα άλλα προ-

γράμματα όπως τα NADR-ATA, Non-proliferation, Anti-Terrorism, Demining, & παρόμοια προγράμματα.

113. Πηγή: International Institute for Strategic Studies, The Military Balance 2006 (London: IISS, May 2006) U.S. aid commitment to Israel is vital.

114. Πηγή: www.aipac.org/issues/foreign-aid

115. R. Nicholas Burns, Under Secretary of State for Political Affairs, Remarks and Press Availability at Signing Ceremony for Memorandum of Understanding on U.S. Military Assistance, Released by the American Embassy Tel Aviv – Press Section, August 16, 2007.

116. www.pattonboggs.com

117. Center for public integrity - www.publicintegrity.org

118. www.livingstongroupdc.com

119. www.caspiangroupconsulting.com

120. www.cohengroup.net

121. www.abmac.com

122. www.fleishman.com

123. www.americanturkishcouncil.org

124. Αγοράστηκε από την εταιρεία URS Corp, το 2007 για $2,7 δις (http://www.urscorp.com/index.php)

125. The Assembly of Turkish American Associations - ATAA (www.ataa.org)

126. http://thomas.loc.gov/cgi-bin/query/D?c111:2:./temp/~c111gDqXHu:

127. www.hellenicbarassociation.com

128. (Center for Public Integrity - www.publicintegrity.org)

129. www.steitz.com

130. Foroglou v. INS, 170 F.3d 68 (1st Cir.), cert. denied, 528 U.S. 819 (1999).

131. Foroglou v. INS, 120 S. Ct. 60 (1999).

132. Convention Against Torture and Other Cruel, Inhuman or Degrading Treatment or Punishment, Dec. 10, 1984, 1465 U.N.T.S. 85.

133. Foreign Affairs Reform and Restructuring Act of 1998, § 2242, Pub. L. No. 105-277, 112 Stat. 2681-761, -822 to -823 (1998) (codified at 8 U.S.C. § 1231 note (Supp. V 1999)).

134. Foroglou v. Reno, 241 F.3d 111 (1st Cir. 2001).

135. Olympic Airways v. Husain, 540 U.S., (2004).
http://www.law.cornell.edu/supct/pdf/02-1348P.ZO

136. Βλέπε Olympic Airways v. Husain, 116 F. Supp. 2d 1121 (ND Cal. 2000).

137. Βλέπε Olympic Airways v. Husain, 316 F. 3d 829 (2002).

138. Βλέπε Air France v. Saks, 470 U.S. 392, 396 (1985).

139. The Republic of Turkey v. OKS Partners, et al, 797 F. Supp. 64,

140. (United States v. McClain, 545 F.2d 988 (5th Cir. 1977), United States v. McClain, 593 F.2d 658 (5th Cir. 1979)

141. The Republic of Turkey v. OKS Partners, et al, 146 F. R. D.24,

142. http://www.ca1.uscourts.gov/pdf.opinions/09-2002P-01A.pdf

143. Βλέπε 18 U.S.C. Section 2331 (1993).

144. 119 U.S. 436 (1886)

145. 342 U.S. 519 (1952),

146. 504 U.S. 655, (1992),

147. 117 F.3d 1206 (11th Cir. 1997),

148. Βλέπε υποθέσεις: Koskotas v. Roache, 931 F.2d 169 (1st Cir. 1991); Koskotas v. Roache, 740 F. Supp. 904 (1990); United States v. Koskotas, 888 F.2d 254 (2nd Cir. 1989); United States v. Koskotas, 695 F.Supp. 96 (S.D.N.Y. 1988); United States v. Koskotas, 1988 WL 187501 (D.Mass.); Extradition of Koskotas, 127 F.R.D. 13 (1989); Bank of Crete, S.A. v. Koskotas, 733 F.Supp. 648 (S.D.N.Y. 1990); United States v. Diacolios, 837 F.2d 79 (2nd Cir. 1988); United States v. Nicholas, 1991 WL 251649, *1 (N.D.Ill.); United States v. Arvanitis, 667 F.Supp. 593 (N.D. Illinois, 1987); United States v. Papadakis, 572 F.Supp. 1518 (S.D. New York, 1983); United States v. Potamitis, 564 F.Supp. 1518 (S.D.N.Y.1983); In the Matter of Mylonas, D.C.Ala. 1960; Petition of Georgakopoulos, 81 F.Supp. 411 (U. S. D. C. E.D. Pennsylvania, 1948); Republic of Greece v. Koukouras, 264 Mass. 318, 162 N.E. 345 (1928).

149. Πηγή: http://thehill.com/business-a-lobbying/157117-lobbying-revenue-1st-quarter-2011.

Δημήτρης Ιωαννίδης

Λίγα λόγια για τον συγγραφέα

Ο Δημήτρης Ιωαννίδης γεννήθηκε στην Κατερίνη και σε ηλικία 12 ετών μετανάστευσε στις ΗΠΑ όπου και ζει μέχρι και σήμερα. Το 1986, αποφοίτησε από το Τμήμα Οικονομικών και Πολιτικών Επιστημών του Πανεπιστημίου της Βοστόνης (Boston University), όπου φοίτησε με τετραετή ακαδημαϊκή υποτροφία. Το 1990, έλαβε διδακτορικό τίτλο από τη Νομική Σχολή του Πανεπιστημίου της Βοστόνης, από όπου απέσπασε διακρίσεις σε θέματα αγόρευσης, κατέχοντας ταυτόχρονα και τη θέση του Διευθύνοντος Συμβούλου των δικαστηρίων πρακτικής άσκησης της Νομικής Σχολής του Πανεπιστημίου της Βοστόνης.

Από το 1990, ασκεί δικηγορία στα Πολιτειακά Δικαστήρια της Μασαχουσέτης, στο Ομοσπονδιακό Δικαστήριο της Μασαχουσέτης και στο Ομοσπονδιακό Εφετείο των ΗΠΑ. Το 1992, διορίστηκε Νομικός Σύμβουλος του Γενικού Προξενείου της Ελλάδας στη Βοστόνη, θέση την οποία διατηρεί μέχρι και σήμερα. Έχει επίσης διατελέσει Νομικός Σύμβουλος της Ομοσπονδίας Ελληνο-Αμερικανικών Σωματείων Νέας Αγγλίας καθώς και μέλος του οργανισμού «Hellenic Resources Institute», διάφορων φοιτητικών οργανώσεων και πολλών ομογενειακών συλλόγων.

Πρόσφατα συνεργάστηκε με το Γραφείο του Εισαγγελέα των ΗΠΑ ως ειδικός συνεργάτης, ενώ στο παρελθόν έχει εκπροσωπήσει το Ελληνικό Κράτος, το Πανεπιστήμιο Χάρβαρντ, το Δημοκρίτειο Πανεπιστήμιο Θράκης και το Μουσείο Καλών Τεχνών της Βοστόνης. Κατά την περίοδο 1996-1997, ήταν μέλος επιτροπής για θέματα διεθνών εμπορικών συναλλαγών της Νομικής Σχολής του Πανεπιστημίου της Βοστόνης. Έχει επίσης συνεργαστεί με τράπεζες στην Αγγλία και την Ελβετία και έχει αντιπροσωπεύσει αμερικανικές εταιρείες μέτρων ασφαλείας που συμμετείχαν στη διοργάνωση των Ολυμπιακών Αγώνων της Αθήνας το 2004.

Έχει παρουσιάσει σειρά διαλέξεων στο Αριστοτέλειο Πανεπιστήμιο Θεσσαλονίκης, στο Πανεπιστήμιο Πατρών, στο Αμερικανικό Κολέγιο Ελλάδος Deree College και στο Κολέγιο Ανατόλια της Θεσσαλονίκης. Εί-

185

ναι τακτικός συνεργάτης του νομικού περιοδικού «Συνήγορος», ενώ έχει αρθρογραφήσει στον «Οικονομικό Ταχυδρόμο» και σε διάφορες ομογενειακές εφημερίδες, και στο ηλεκτρονικό νομικό περιοδικό, Jurist, της Νομικής Σχολής του Πανεπιστημίου του Πίτσμπουργκ (Pittsburgh www. jurist.org). Αξιόλογες υποθέσεις που έχει χειριστεί στα αμερικανικά δικαστήρια και που έχουν δημοσιευθεί είναι οι ακόλουθες: Getty Petroleum Corporation v. Aris Getty, Inc., 55 F.3d 718 (1st Cir. 1995) και Dorchester Mut. Fire v. First Kostas Corp., 731 N.E.2d 569 (Mass.App.Ct.2000).

www.ingramcontent.com/pod-product-compliance
Lightning Source LLC
Chambersburg PA
CBHW072237270326
41930CB00010B/2165